핵심 무역결제론

김상만

박영사

머리말

    무역거래는 수출자의 수출이행과 수입자의 대금결제로 마무리된다. 대금결제조건에 따라 각 당사자의 위험에는 큰 차이가 있고, 대금결제조건은 각 당사자의 현금흐름(cash flow)에도 큰 영향을 미친다. 따라서 수출자는 무역결제조건을 협상함에 있어 대금미결제위험과 현금흐름(또는 운전자금)을 모두 고려해야 하고, 수입자는 물품미인도위험과 현금흐름(또는 운전자금)을 모두 고려해야 한다. 따라서 무역거래조건의 협상에서 대금결제조건은 핵심 요소가 되며, 어떤 면에서는 계약금액(가격)보다 중요하다고 볼 수 있다.

    대금결제조건의 협상과정에서는 대금미결제위험(또는 물품미인도위험) 이외에 현금흐름(운전자금과 무역금융 포함)을 고려해야 한다. 따라서 무역거래를 성공적으로 마무리하기 위해서는 다양한 무역대금결제방식과 무역금융기법에 대한 이해가 요구된다.

    대표적인 무역대금결제방식에는 오픈어카운트방식(open account), 추심결제방식(documentary collection), 신용장방식(documentary credit), 선지급방식(payment in advance) 등이 있다.

    한편, 무역금융기법은 선적전금융(pre-shipment financing)과 선적후금융(post-shipment financing)으로 구분되는데, 선적전금융은 수출품의 제조·생산에 필요한 자금의 조달로서 수출운전자금, 선적전무역금융, 내국신용장개설 등이 있고, 선적후금융은 물품 선적(용역 제공) 후에 수출채권을 활용하는 자금의 조달로서 수출환어음매입(negotiation), 수출팩토링(export factoring), 국제포페이팅(international forfaiting) 등이 있다. 이러한 무역금융의 제공주체는 금융기관인바, 무역거래를 촉진하기 위해서는 금융기관의 적극적인 역할이 절실히 요구된다.

수출보험(또는 수출신용보증)은 본래 수출대금미결제위험을 담보하는 제도로 도입되었지만, 최근에는 선적전금융과 선적후금융을 원활하게 하는 기능이 강조되고 있다.

이 책에서는 다양한 무역대금결제방식과 무역금융의 핵심내용을 중심으로 기술하였다. 그리고 무역대금결제방식과 무역금융의 이해를 돕기 위하여 무역결제서류에 대하여 간략히 기술하였다.

끝으로 인류의 행복을 위하여 무역거래의 발전을 기원하며, 이 책의 출간에 도움을 주신 여러분들께 감사드립니다.

2021년 1월
김상만

CONTENTS
차례

무역대금결제 개관

　　물품이나 용역을 아무리 높은 가격으로 수출하더라도 대금결제가 없다면 수출자
는 큰 손해를 입게 된다. 마찬가지로 물품이나 용역을 아무리 낮은 가격으로 수입하더
라도 대금결제 후에 물품인도(또는 용역제공)가 없다면 수입자는 큰 손해를 입게 된다.

　　무역거래는 수출자의 수출이행(물품인도, 용역제공 등)과 수입자의 대금결제로 마
무리된다. 대금결제조건에 따라 각 당사자의 위험에는 큰 차이가 있고, 대금결제조건
은 각 당사자의 현금흐름(cash flow)에도 큰 영향을 미친다. 따라서 수출자는 무역결제
조건을 협상함에 있어 대금미결제위험과 현금흐름(또는 운전자금)을 모두 고려해야 하
고, 수입자는 물품미인도위험과 현금흐름(또는 운전자금)을 모두 고려해야 한다. 따라
서 무역거래조건의 협상에서 대금결제조건은 핵심 요소가 되며, 어떤 면에서는 무역
대금결제조건은 계약금액(가격)보다 중요하다고 볼 수 있다.

　　특히 각 무역대금결제방식의 장단점은 수출입자간에 정반대가 되는바, 무역대금
결제조건의 협상은 일종의 제로섬게임(zero-sum game)이 된다고 볼 수 있다. 이런 점
에서 무역대금결제조건의 협상은 가장 어려운 절차가 된다.

　　무역거래에서는 당사자가 직접 대금을 주고 받는 것이 현실적으로 곤란하므로
은행(금융기관)의 참여가 필수적이다. 은행은 수입자의 요청에 따라 결제대금을 송금
하고, 수출자의 요청에 따라 수출대금을 추심하기도 한다. 또한, 수입자의 요청에 따
라 신용장을 개설하고, 수출자의 요청에 따라 이행보증서를 발행한다. 그리고 은행은
선적전무역금융, 수출채권매입(수출환어음매입), 포페이팅, 팩토링 등의 수출금융을 제
공한다. 무역대금결제방식은 은행의 역할에 따라 발전되어 왔다.

　　수입자의 대금미결제위험에 대한 담보장치로 수출보험이 이용되어 왔다. 본래
수출보험은 수입자의 대금미결제위험을 담보하는 제도로 출발하였지만, 수출금융(선
적전금융과 선적후금융)을 원활하게 하는 금융적 기능이 중시되고 있다.

Section 02 주요 무역대금결제방식 개관 ━━━━━━━━━

1. 개설

기본적으로 무역대금결제방식은 선지급방식(payment in advance), 오픈어카운트방식(open account), 추심결제방식(documentary collection), 그리고 신용장방식(documentary credit)으로 분류된다.

한편, 대금지급방식(또는 수단)에 따라 전신송금, 신용카드결제, 전자지급결제, 송금수표 등으로 분류할 수 있고, 지급시기에 따라 선지급방식, 동시지급방식, 후지급방식 등으로 분류할 수 있다.

무역대금결제방식의 분류

Category	Terms of Payments
Payment in Advance(선지급방식)	Cash in Advance: 선지급방식(선수금방식)
Open Account(오픈어카운트방식)	Open Account(O/A: 오픈어카운트) * cash in arrears
Documentary Collection (or bank collection) (추심결제방식)	Documents against Payment(D/P): 지급인도조건 * sight draft, cash against documents
	Documents against Acceptance(D/A): 인수인도조건 * time draft
Documentary Credit (신용장방식)	Sight credit : 일람지급신용장
	Deferred Payment credit : 연지급신용장
	Acceptance credit : 인수신용장
	Negotiation credit : 매입신용장
Other Methods(기타 방식)	Bank Payment Obligation (BPO방식)
	Consignment (위탁판매결제)
By the Technical Methods of Payment(지급수단에 따른 분류)	Telegraphic Transfer(T/T)(전신송금) ▪ advance remittance(사전송금) ▪ later remittance(사후송금)
	Credit Card(신용카드)
	Demand Draft(D/D) or Check(송금수표)
	e-Payment(전자지급결제)

Category	Terms of Payments
By the time of payment (지급시기에 따른 분류)	Advance Payment(선지급방식)
	Concurrent Payment(동시지급방식) ▪ CAD(Cash against Documents)(서류상환지급방식) ▪ COD(Cash on Delivery)(물품인도지급방식)
	Deferred Payment or Payment in Arrears(연지급(후지급)방식)

- O/A방식 : 수출자가 수출물품을 선적하고 상업송장과 운송서류 등을 은행을 경유하지 않고 직접 수입자에게 발송하며 선적서류를 수취한 수입자는 약정된 기일에 대금을 수출자에게 송금하는 방식
- usance L/C (usance credit) [기한부신용장]: "acceptance credit"을 의미하는 것으로 사용하는 금융기관도 있고, "acceptance credit"와 "deferred payment credit"을 모두 포함하는 의미로 사용하는 금융기관도 있음.

2. 선지급방식(Payment in Advance)

선지급방식(payment in advance)이란, 수출자가 물품을 인도하기 전에(또는 수입자에게 용역을 제공하기 전에) 대금을 지급받는 방식이다. 수출자는 수출이행 전에 수출대금을 현금으로 지급받기 때문에 사전현금지급방식(cash in advance)이라고도 한다.

수출자는 물품 인도(또는 용역 제공) 전에 대금을 받기 때문에 미결제위험과 자금부담이 없다. 그러나 수입자는 물품 인도(또는 용역 제공) 전에 대금을 결제해야 하므로 물품미인도위험에 노출되고, 자금부담이 크다.

수출경쟁이 치열하기 때문에 상품무역거래에서 선지급방식은 많지 않다(다만, 해외건설이나 플랜트수출에서는 계약금액의 10~30%의 선수금이 관행). 선지급방식의 경우에도 계약금액 전액을 선지급하는 경우는 드물고, 계약금액 일부만 선지급하고, 잔여 계약금액은 후지급하는 경우가 많다.

3. 오픈어카운트방식(Open account)

오픈어카운트방식(Open Account)이란, 수출자가 물품을 선적하고 선적서류(운송서류, 상업송장, 포장명세서 등)를 수입자에게 직접 송부하며, 선적서류를 수취한 수입자는 약정된 기일에 대금을 수출자에게 송금하는 방식이다. 간단히 'O/A방식'이라고 하고, 선적통지 결제방식, 사후송금방식, 선적통지부 사후송금방식 등이라고도 한다.

이론적으로는 수출입자가 서로 잘 알고 오랜 거래 경험이 있는 경우에 이용된다고 설명하는데, 수출경쟁이 치열하기 때문에 대부분의 무역거래는 오픈어카운트방식에 의한다. 오픈어카운트방식은 선적서류 등이 은행을 경유하지 않고 수입자에게 직

접 송부된다는 점에서 추심결제방식이나 신용장방식과 차이가 있다.

오픈어카운트방식에서 대금지급은 대부분 전신송금에 의한다. 이에 따라 오픈어카운트방식을 사후송금방식으로 부르기도 한다. 오픈어카운트방식은 송금방식 중 사후송금방식에 해당된다고 말할 수 있다. 그러나 송금방식(T/T)과 오픈어카운트방식(O/A)을 동일한 것으로 표현하는 것은 잘못된 것이다. 송금방식(T/T)은 기술적인 지급방식에 의한 분류로서 오픈어카운트방식(O/A) 이외의 대금결제방식에서도 이용되기 때문이다.

4. 추심결제방식(Documentary Collection)

추심결제방식(documentary collection)이란, 수출자가 물품을 선적한 후 수입자를 지급인으로 하는 환어음을 발행하여 수출국에 소재하는 추심의뢰은행(remitting bank)에 추심을 요청하고, 추심의뢰은행은 수입국에 소재하는 추심은행(collecting bank)에 다시 추심을 의뢰하며, 추심은행이 수입자에게 환어음을 제시하여 수출대금을 회수하는 결제방식이다.

통상 수출자가 물품을 선적한 후 환어음과 선적서류(B/L, 상업송장, 포장명세서, 검사증명서 등)를 첨부하여 자신의 거래은행(추심의뢰은행)에 추심요청을 하고, 동 추심의뢰은행이 수입자의 거래은행(추심은행)에 추심의뢰를 하며, 추심은행이 수입자로부터 추심하여 받은 대금을 추심의뢰은행에 송금한다. 그리고 추심의뢰은행은 동 대금을 수출자 계좌로 입금한다.

추심결제방식에는 Documents against Payment(D/P-지급인도)과 Documents against Acceptance(D/A-인수인도)가 있다. D/P에서는 환어음의 지급인(수입자)이 선적서류를 받고 이와 동시에 환어음을 결제하고, D/A에서는 환어음의 지급인(수입자)이 환어음을 인수하여 선적서류를 받고 환어음의 만기일에 환어음을 결제한다. D/P는 동시지급방식에 해당하고, D/A는 후지급방식(외상방식)에 해당한다.

D/P

수출자가 수입자와의 매매계약에 따라 물품을 선적한 후 수입자를 지급인으로 하는 일람출급환어음(sight draft)을 발행하여 운송서류와 함께 거래은행(추심의뢰은행)에 추심의뢰하고,

동 추심의뢰은행(remitting bank)이 수입자의 거래은행(추심은행) 앞으로 추심을 의뢰하고, 동 추심은행(collecting bank)이 수입자에게 환어음을 제시하여 수입자가 환어음대금을 지급하면 그와 동시에 운송서류를 수입자에게 인도하고, 추심은행이 그 환어음대금을 추심의뢰은행에 송금하여 수출자가 수출대금을 지급받는 방식

D/A

수출자가 수입자와의 매매계약에 따라 물품을 선적한 후 수입자를 지급인으로 하는 기한부 환어음(time draft)을 발행하여 운송서류와 함께 거래은행(추심의뢰은행)에 추심의뢰하고, 동 추심의뢰은행(remitting bank)이 수입자의 거래은행(추심은행)앞으로 추심을 의뢰하고, 동 추심은행(collecting bank)이 수입자에게 환어음을 제시하여 수입자가 환어음을 인수하면 그와 동시에 운송서류를 수입자에게 인도하고, 환어음의 만기일에 추심은행이 수입자로부터 환어음대금을 지급받아 추심의뢰은행에 송금하여 수출자가 지급받는 방식

5. 신용장방식(Documentary Credit)

신용장방식에서는 수출계약에서 대금결제조건을 신용장방식으로 정하고, 수입자(개설의뢰인)의 신용장개설 신청에 의해 개설은행은 신용장을 개설한다. 수출자(수익자)는 수출계약을 이행하고, 신용장에서 요구한 서류를 준비하여 개설은행에 제시하며, 서류제시가 신용장조건과 일치하면, 개설은행은 수출자(수익자)에게 신용장대금을 지급한다.

신용장(documentary credit)이란, 신용장조건과 일치하는 서류가 제시되면 개설은행이 신용장대금을 지급하기로 하는 지급확약이다. 신용장통일규칙(UCP 600)에서는 '신용장은 그 명칭과 상관없이 개설은행이 일치하는 제시에 대하여 결제(honour)하겠다는 확약으로서 취소가 불가능한 모든 약정을 의미한다고 규정하고 있다(제2조).

수출입자별 대금결제방식 순위

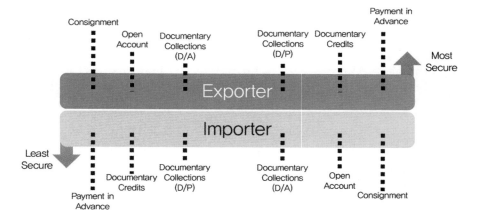

EXERCISES

01 가장 기본적인 무역대금결제방식 4가지는(영어로)?

02 가장 기본적인 무역대금결제방식 4가지 중에서 가장 많이 이용되는 방식은?

03 대금지급수단에 따른 무역대금결제방식은(4개)?

04 오픈어카운트방식(Open Account)이란?

05 다음의 무역대금결제방식을 수출자에게 유리한 순서로 나열하시오.
   ❶ open account
   ❷ sight documentary credit
   ❸ document against payment
   ❹ document against acceptance
   ❺ payment in advance

※ 다음 중 옳은 것은 (×), 옳지 않은 것은 (○)로 표시하시오.
   ❶ 무역대금결제조건을 협의하는 과정에서 수출자는 대금미결제위험과 현금흐름(또는 운전자금)을 모두 고려해야 한다. (   )
   ❷ 대금결제조건에 따라 각 당사자의 위험에는 큰 차이가 있고, 대금결제조건은 각 당사자의 현금흐름(cash flow)에도 큰 영향을 미친다. (   )

❸ 'payment in advance 방식'은 'cash against documents 방식'이라고도 한다. ( )

❹ 신용장(documentary collection)이란, 신용장조건과 일치하는 서류가 제시되면 개설은행이 신용장대금을 지급하기로 하는 지급확약이다. ( )

‖ 정답 및 해설

01   가장 기본적인 무역대금결제방식 4가지는(영어로 작성)?

　　　❶ payment in advance (or cash in advance)　❷ open account

　　　❸ documentary collection　❹ documentary credit

02   가장 기본적인 무역대금결제방식 4가지 중에서 가장 많이 이용되는 방식은?

　　　오픈어카운트방식(open account)

03   지급방식(또는 수단)에 따른 무역대금결제방식은?

　　　❶ 전신송금　❷ 신용카드결제　❸ 전자지급결제　❹ 송금수표

04   오픈어카운트방식(Open Account)이란?

　　　수출자가 물품을 선적하고 선적서류(운송서류, 상업송장, 포장명세서 등)를 수입자에게 직접 송부하며, 선적서류를 수취한 수입자는 약정된 기일에 대금을 수출자에게 송금하는 방식.

05   다음의 무역대금결제방식을 수출자에게 유리한 순서로 나열하시오.

　　　❺ → ❷ → ❸ → ❹ → ❶

※   다음 중 옳은 것은 (×), 옳지 않은 것은 (○)로 표시하시오.

　　　❶ 무역대금결제조건을 협의하는 과정에서 수출자는 대금미결제위험과 현금흐름(또는 운영자금)을 모두 고려해야 한다. (○)

❷ 대금결제조건에 따라 각 당사자의 위험에는 큰 차이가 있고, 대금결제조건은 각 당사자의 현금흐름(cash flow)에도 큰 영향을 미친다. (O)

❸ 'payment in advance 방식'은 'cash against documents 방식'이라고도 한다. (×)

해설 cash against documents 방식 → cash in advance 방식

❹ 신용장(documentary collection)이란, 신용장조건과 일치하는 서류가 제시되면 개설은행이 신용장대금을 지급하기로 하는 지급확약이다. (×)

해설 신용장(documentary collection) → 신용장(documentary credit)

02

무역대금결제 서류

　　무역대금결제에는 다양한 서류가 요구된다. 무역서류(무역대금결제서류)는 상업서류와 금융서류로 분류하기도 하고, 기본서류와 임의서류로 분류하기도 한다. 금융서류(financial document)는 환어음, 약속어음, 수표, 기타 금전의 지급을 받기 위한 서류를 말하고, 상업서류(commercial document)는 송장, 운송서류, 기타 이와 유사한 서류로 금융서류가 아닌 모든 서류를 말한다(URC 522 제2조).

　　대표적인 금융서류에는 환어음(bill of exchange/documentary draft), 약속어음(promissory note), 수표 등이 있고, 대표적인 상업서류에는 상업송장(commercial invoice), 포장명세서(packing list), 선하증권(B/L), 항공화물운송장(AWB), 해상화물운송장(SWB), 보험증권, 검사증명서, 원산지증명서 등이 있다.

　　무역대금결제서류는 수입자의 대금결제와 화물인수에 필요한 서류이다. 대부분의 무역대금결제서류는 수출자가 수입자에게 제공하게 되는데, 전달경로는 각 무역대금결제방식에 의존한다. 무역대금결제서류는 수출자가 무역금융을 제공받는 경우에 요구되기도 한다.

1. 환어음

1) 의의

환어음(bill of exchange)이란, 발행인(drawer)이 지급인(drawee)에게 일정 금액을 수취인(지시인 또는 소지인)에게 지급일에 지급할 것을 무조건적으로 위탁하는 유통증권(negotiable instrument)이다.

지급인이 지급위탁을 수락하는 것(즉 환어음 지급확약)을 '인수(acceptance)'라고 한다. 인수행위는 지급인이 환어음에 서명하는 방법으로 한다.

환어음 도해

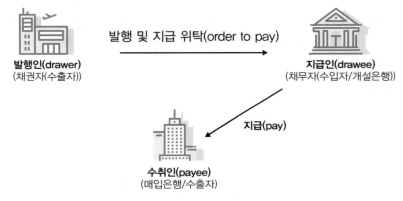

영국 환어음법(Bill of Exchange Act 1882)상 환어음의 정의

A bill of exchange is an unconditional order in writing addressed by one person to another signed by the person giving it requiring the person to whom it is addressed to pay on demand or at a fixed or determinable future time a sum certain in money to or to the order of a specified person or to bearer.

환어음이란, 어음발행인(drawer)이 지급인(drawee)으로 하여금 일정금전을 특정인(또는 특정인의 지시인, 또는 소지인)에게 지급청구시(또는 확정장래일 또는 확정할 수 있는 장래일)에 지급할 것을 무조건적으로 위탁하는 서면이다.

2) 환어음의 당사자

환어음의 주요 당사자는 발행인(drawer), 지급인(drawee), 그리고 수취인(payee)이다. 발행인은 환어음를 발행하는 자로 무역거래에서 매도인(수출자)이 되고, 지급인은 환어음의 지급을 위탁받은 자로 무역거래에서는 매수인(수입자) 또는 신용장 개설은행이 된다. 수취인은 환어음 금액을 지급받는 자로 무역거래에서는 매입은행 또는 매도인(수출자)이 된다. 한편, 지급인(drawee)이 환어음을 인수하면, 인수인(acceptor)이 된다.

환어음의 당사자 및 관련자

1) 발행인(drawer)

발행인은 환어음이 인수되고 만기에 지급될 것을 보장한다. 환어음이 인수되지 않거나 만기에 지급되지 않는 경우 환어음의 소지인은 발행인에게 상환청구권을 행사할 수 있다. 발행인에게 상환청구권을 행사하기 위해 지급거절증서의 작성이 필요한데, 실무적으로 지급거절증서를 면제하는 조건으로 환어음을 양도한다. 한편, '상환청구불능조건(without recourse)'으로 환어음을 양도한 경우, 발행인은 상환의무가 없다.

2) 지급인(drawee)

누구든지 환어음상에 서명하지 않는 한 책임이 없다. 지급인(drawee)은 지급 요구를 받은 자를 의미하는데, 반드시 지급 요구룰 수락해야 하는 것은 아니다. 지급 요구를 수락하는 것을 인수(accept)라고 하는데, 지급인이 인수하면, 인수인(acceptor)이 되며, 인수인은 환어음대금을 지급해야 한다. 즉 환어음의 인수 후에는 지급인이 환어음상의 주채무자가 된다. 지급인은 원인계약인 수출계약상의 항변사유로 환어음의 제3의 정당한 소지인에게 대항할 수 없다.

3) 배서인(endorser)

환어음의 배서인은 환어음의 발행인과 유사한 지위에 서게 된다. 환어음이 지급되지 않는 경우 배서인은 환어음의 소지인에 대하여 상환의무를 부담한다.

4) 소지인(holder)

환어음의 정당한 소지인은 어음금의 지급을 청구할 수 있다. 그러나 환어음의 소지인도 즉각적으로 환어음을 인수제시하고, 지급기일에 지급청구를 해야 한다. 또한, 환어음의 부도(인수거절 또는 지급거절) 사실을 발행인 및 배서인에게 통지하여 발행인과 배서인이 채권을 보전할 수 있도록 해야 한다. 그러나 추심에 관한 통일규칙(URC 522)에서는 특별한 지시가 없으면, 은행은 지급거절증서를 작성할 의무가 없다고 규정하고 있는데(제24조), 이 경우 은행이 추심을 하는 경우 은행이 지급거절증서를 작성하지 않았어도 은행에 직접적인 책임을 주장할 수는 없다. 다만, 추심에 관한 통일규칙 제9조에서는 은행의 선관주의의무를 규정하고 있는바, 이 조항에 따른 책임이 발생할 수 있는 있다.

5) 은행(bank)

환어음에 대하여 은행은 다양한 지위를 가진다. 은행은 환어음의 지급인, 배서인, 수취인 등이 될 수 있다. 신용장거래에서는 개설은행은 환어음의 지급인이 되고, 매입은행은 환어음의 수취인이 되며, 매입은행이 환어음을 다시 배서양도하는 경우 배서인이 된다.

3) 무역거래에서 환어음의 기능

수입자나 개설은행이 환어음을 인수하고 대금을 지급하지 않는 경우 신속한 어음소송을 제기할 수 있다. 또한, 환어음은 수출계약과는 독립적이기 때문에 환어음의 지급인은 환어음의 정당한 소지인(holder in due course)에게 수출계약상의 항변사유를 주장할 수 없다. 이에 따라 환어음이 있는 경우 수출채권의 양도 또는 매입(nego)이 용이하다. 일단 환어음이 인수되면, 지급인은 수출계약상의 항변을 주장할 수 없다. 환어음이 지급거절(또는 인수거절)되는 경우 매입은행은 환어음의 발행인인 수출자에게 상환청구권을 행사하여 환어음 매입대금을 상환받을 수 있다.

정당한 소지인(holder in due course)

영국 환어음법에서는 정당한 소지인(holder due course)을 다음과 같이 정의함.

29 Holder in due course.

A holder in due course is a holder who has taken a bill, complete and regular on the face of it, under the following conditions; namely,

(a) That he became the holder of it before it was overdue, and without notice that it had been previously dishonoured, if such was the fact:

(b) That he took the bill in good faith and for value, and that at the time the bill was negotiated to him he had no notice of any defect in the title of the person who negotiated it.

4) 수표와의 구분

수표(check)는 지급구조나 내용면에서는 환어음과 동일하나, 수표에서는 지급인은 반드시 은행이 된다. 이에 따라 수표를 지급인(drawee)이 은행인 요구불증권이라고 한다. 수표의 경우 기본거래상의 채무자가 자신의 지급계좌가 개설되어 있는 은행을 지급인으로 수표를 발행하는데, 발행인의 계좌에 잔고가 충분하면 은행은 수표를 결제할 의무가 있다. 따라서 잔고가 있음에도 불구하고 은행이 악의적으로 수표지급을 거절한 경우 발행인인 고객은 이로 인하여 발생된 손해에 대해 은행에 손해배상을 청구할 수 있다. 그러나 고객의 잔고가 부족한 경우, 은행은 수표를 결제할 의무가 없다. 한편, 고객의 잔고가 부족함에도 불구하고 은행은 수표를 결제할 수 있는데, 이 경우 고객은 은행에 상환의무가 있다. 환어음에는 네 가지의 만기(확정일출급, 발행일자후정기출급, 일람후정기출급, 일람출급)가 인정되지만, 수표에는 일람출급(즉시 지급)만 인정된다.

한편, 일상에서 "cashier's check"라는 것이 사용되는데, 이는 발행인(drawer)과 지급인(drawee)이 동일한 은행인 수표이다. 다시 말해, 특정은행이 자기자신을 지급인으로 발행하는 수표이다. 따라서 매우 확실한 지급담보력을 지닌다. 국내에서의 은행 발행 자기앞수표와 동일한 것으로 보면 된다.

환어음과 수표의 비교

구 분	환어음	수표
만 기	확정일출급, 발행일자후정기출급, 일람후정기출급, 일람출급	일람출급
기 능	신용창조기능, 지급기능	지급기능
지급인의 자격	제한 없음	은행에 한정
발행인	채권자(Seller)	채무자(Buyer)
지급인	채무자(Buyer)	은행(당좌예금 예치은행) * 은행은 채무자 아님 　(발행인의 예금잔액 범위 내에서 지급)

5) 환어음 예시 및 해설 (신용장방식 수출거래의 환어음)

① BILL OF EXCHANGE

NO. ② _____   DATE ③ Aug 10, 2020 KOREA

FOR ④ U$1,000,000

AT ⑤ 60 Days FROM B/L DATE Aug 05, 2020 OF ⑥ THIS FIRST BILL OF EXCHANGE (⑦ SECOND OF THE SAME TENOR AND DATE BEING UNPAID) PAY TO ⑧ WOORI Bank OR ORDER THE SUM OF ④ SAY US DOLLARS ONE MILLION ONLY
_____

⑭ VALUE RECEIVED AND CHARGE THE SAME TO ACCOUNT OF ⑨ SANDONG COMPANY, 50-1, XINGYI ROAD, SHANGHAI, CHINA_____

DRAWN UNDER BANK OF CHINA, SHANGHAI, CHINA,_____

L/C NO. ⑪_____   dated ⑫ July 10, 2020

TO ⑩ BANK OF CHINA_____   ⑬ SAMHO COMPANY____

40-2, XINGYI ROAD, SHANGHAI, CHINA   *GIL-DONG HONG*____

① 환어음의 표시 : 환어음의 명칭(Bill of Exchange)을 기재하는데, 통상 환어음양식에 인쇄되어 있다.

② 환어음 번호 : 환어음의 번호를 기재한다. 발행자가 자신이 정한 방식에 따라 번호를 기재하는 데, 필수사항은 아니다.

③ 발행일 및 발행지 : 환어음의 발행일과 발행지를 기재한다. 수출자가 환어음을 발행하므로 발행 지는 통상 수출국이 된다. 발행지는 어음법 적용의 근거가 되며, 환어음의 효력은 발행지법에 의하므로 반드시 기재해야 한다.

④ 환어음금액 : 환어음금액을 기재한다. 통상 전반부에는 숫자를 후반부에는 문자를 기재한다.

⑤ 환어음의 지급기일 : 환어음의 지급기일을 기재한다. 지급기일에는 다음과 같은 유형이 있다.

지급기일의 유형

• 일람출급 : 어음의 지급을 위하여 지급인에게 제시하는 날이 어음의 만기일이 된다. 즉 지 급인에게 제시하면 지급인은 바로 지급해야 한다. 지급기일을 기재하는 난에 'at sight'로

기재한다. (일람출급환어음 : sight bill, sight draft)

- 일람후정기출급 : 지급인에게 제시된 날로부터 일정기간이 지난 후에 어음의 만기일이 된다. 지급기일을 지재하는 난에 'at ___ days after sight'라고 기재한다.
- 확정일자후정기출급 : 특정일로부터 일정기간이 지난 후에 어음의 만기일이 된다. 지급기일을 기재하는 난에 'at ___ days from B/L date' 등으로 기재한다.
- 확정일출급 : 어음상에 확정된 날, 즉 만기일을 기재하며, 그 날짜가 만기일이 된다.
  * 일람후정기출급, 확정일자후출급, 확정일출급 → 기한부환어음(time draft, usance bill, term bill)

⑥ 복본번호 : 환어음은 동일한 내용의 환어음을 2통 발행하는 것이 통례이고, 이 경우 각 어음에 번호를 붙여야 한다. 첫 번째 환어음은 'This First Bill of Exchange', 두 번째 환어음은 'This Second Bill of Exchange'라고 표시한다. 이러한 표시가 없으면, 별개의 환어음으로 본다. 2통 이상 발행되는 환어음을 "set bill"이라고 하고, 1통만 발행되는 환어음을 "sole bill"이라고 한다.

⑦ 파훼문구 : 2통 이상 발행된 복본어음(set bill)은 각 환어음이 동일한 효력을 가지고 있으나, 어느 1통의 환어음이 지급되면 다른 환어음은 자동적으로 효력을 상실한다. 이것을 분명히 하기 위해 파훼문구를 기재한다.

"same tenor": 동일한 만기일(지급기일)

"second of the same tenor"는 동일한 만기일(지급기일)의 두 번째 환어음을 의미함.

⑧ 수취인 : 환어음의 수취인(payee)을 기재한다. 'Pay to ~' 다음에 기재되는 자가 수취인이 되는데, 수출자 본인을 기재할 수도 있지만, 환어음을 매도하는 경우 매입은행을 수취인으로 기재한다. 수취인을 기재하는 방식에는 다음의 3가지가 있는데, 환어음의 양도를 용이하게 하기 위해 지시식이 많이 이용된다.

- 지시식 : Pay to XXX Bank Or Order, Pay to the order of XXX Bank
- 기명식 : Pay to XXX Bank
- 소지인식 : Pay to Bearer

⑨ 계정결제인 : 계정결제인(accountee)을 기재한다. 신용장거래의 경우 지급인은 개설은행이지만, 계정결제인은 수입자가 되므로 수입자를 기재한다.

⑩ 지급인 : 지급인(drawee)을 기재한다. 무신용장방식(D/P, D/A 등)에서는 수입자가 지급인이 되고, 신용장거래의 경우 개설은행이 지급인이 된다. 'TO ~' 이하에 지급인을 기재한다.

⑪ 신용장 또는 계약서 번호 : 환어음 발행의 근거가 되는 신용장이나 계약서의 번호를 기재한다.

⑫ 신용장개설일 또는 계약체결일 : 신용장개설일 또는 계약체결일을 기재한다.

⑬ 어음발행인의 기명날인 : 어음발행인(drawer)이 기명날인해야 한다. 통상 수출자가 어음발행인이 된다.

⑭ "VALUE RECEIVED"는 발행인이 어음의 대가를 수령했다는 것을 의미하는데, 이는 환어음이 발행인의 수령증으로 사용되었던 관습에 따른 것이다. "CHARGE THE SAME TO ACCOUNT OF XXX"는 신용장방식에서 발행인이 지급인에게 "XXX"의 계정으로 청구하라고 지시하는

것이며, "XXX"에는 수입자를 기재한다.

2. 약속어음

1) 의의

약속어음(Promissory Note)이란, 발행인(Maker)이 일정한 금액을 수취인(Payee)에게 지급할 것을 약속하는 유가증권이다. 채무자가 발행하며, 발행인이 지급인이 된다. 수출계약에서는 수입자가 발행하며, 대출계약에서는 차주가 발행한다.

약속어음 도해

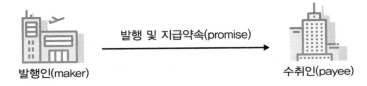

영국 환어음법(Bill of Exchange Act 1882)상 약속어음의 정의
83. Promissory note defined.
A promissory note is an unconditional promise in writing made by one person to another signed by the maker, engaging to pay, on demand or at a fixed or determinable future time, a sum certain in money, to, or to the order of, a specified person or to bearer.
약속어음(promissory note)이란, 일정금전을 특정인(또는 특정인의 지시인, 또는 소지인)에게 지급청구시(또는 확정장래일 또는 확정할 수 있는 장래일)에 지급할 것을 무조건적으로 약속하는 서면이다.

---

2) 환어음 및 수표와의 차이

환어음과 수표도 약속어음과 마찬가지로 유가증권 또는 유통증권에 해당된다. 그러나 환어음과 수표는 발행인이 제3자에게 일정한 금액을 지급할 것을 위탁하는 것이고, 약속어음은 본인이 직접 지급할 것을 약속하는 것이다.

미국에서는 약속어음, 환어음, 그리고 수표는 유통증권(negotiable instrument)으로 분류된다. 그리고 유통증권이란, 증권에 표창된 권리를 증권의 배서 및 교부, 또는 교부만으로 이전되고, 그 증권을 선의(in good faith)·유상(with value)으로 취득한 자는 양도인이 가졌던 권리에 하자가 있었다고 해도 완전히 유효한 권리를 취득한다.

3) 약속어음 예시

PROMISSORY NOTE

Place of issue:
Date of issue:
Value:
Issuer:

For value received, we ABC Co with Commercial Registration number − − − − as the issuer, unconditionally and irrevocably undertake to pay to the order of [수취인] the sum of US$ [   ] on demand.
The holder may obtain recourse without notice or protest of non−payment.

Signature of Authorised Representative of Issuer:
[NAME]

For and on behalf of
[STAMP]

1. 운송서류

1) 선하증권(Bill of Lading)

선하증권(Bill of Lading)이란, 해상운송인이 운송물을 수령 또는 선적하였음을 증명하고, 이것과 상환으로 목적지에서 운송물을 인도할 의무를 표창하는 유통증권(negotiable instrument)이다.

선하증권은 운송물의 인도청구권을 표창하는 증권으로서 선하증권과 운송물은 실질적으로 동일하며, 권리증서로서 운송물의 점유를 통제한다. 또한, 선하증권은 물품수령증(receipt), 운송계약(contract of transportation), 그리고 권리증서(document of title)가 된다.

운송인은 운송물을 수령한 후(그리고 운송물의 선적전)에 선하증권을 발행할 수 있는데, 이를 수취선하증권(received B/L)이라고 한다. 그 후 운송물을 선적한 후 운송인은 선적선하증권(on board B/L, shipped B/L)을 발행하거나 수취선하증권에 '선적 표시(on board notation)'를 한다. 한편, 운송인은 선장 또는 그 밖의 대리인에게 선하증권의 발행 또는 '선적 표시'를 위임할 수 있다. 실무적으로 소량화물의 경우 운송인이 운송주선인(freight forwarder)에게 마스터 선하증권(master B/L)[또는 집단선하증권(groupage B/L)]을 발행하고, 운송주선인은 이 마스터 선하증권을 근거로 각 개별 화주들에게 하우스 선하증권(house B/L)[또는 포워더 선하증권(forwarder's B/L)]을 발행한다.

수 통(무역거래에서는 통상 3통 발행)의 선하증권이 발행된 경우 선하증권의 1통을 소지한 자가 운송물의 인도를 청구하는 경우 운송인은 운송물을 인도해야 하며, 이 경우 다른 선하증권은 그 효력을 잃는다.

2) 해상화물운송장(Sea waybill)

해상화물운송장(Sea waybill)은 유통성이 없어 비유통해상화물운송장(non-negotiable sea waybill)이라고 불린다. 해상화물운송장은 비유통증권(non-negotiable instrument)으로서 권리증권이 아니다. 해상화물운송장에 유통성을 부여하지 않는 이유는 선적 후 당일 또는 수일 내에 목적지에 도착하기 때문에 운송장을 유통시킬 시간이 없기 때문이다.

3) 항공화물운송장(air waybill)

통상 송하인이 항공사 소정의 항공화물운송장(air waybill)에 내용을 기재하여 항공운송인에게 제시하면 항공운송인이 운송물을 인수하고 항공운송장에 서명한다. 항공운송장은 비유통증권(non-negotiable instrument)으로서 항공운송인이 화물을 수취, 운송하였다는 것을 확인하는 증거서류에 지나지 않는다.

화물을 수령하기 위해 반드시 항공화물운송장 원본이 요구되지 않으며, 항공화물운송장의 수하인이라는 것만 확인되면 화물을 수령할 수 있다. 그리고 항공화물운송장 원본을 소지하고 있어도 항공화물운송장상의 수하인이 아닌 자는 화물을 수령할 수 없다.

선적선하증권과 항공화물운송장 비교

구 분	선적선하증권	항공화물운송장
유가증권성	유가증권	비유가증권(화물운송장)
유통성	유통성 있음(유통증권)	유통성 없음(비유통증권)
수하인기재방식	지시식 또는 기명식	기명식
작성시기	화물 선적 후 발행	화물 수령 후 발행

2. 기타 상업서류

1) 상업송장(commercial invoice)

상업송장(commercial invoice)은 매도인(수출자)이 직접 작성하여 매수인(수입자)에게 보내는 수출상품의 계산서이며, 수출대금의 청구서이다. 상업송장은 수출자가 직접 작성하며, 상품명세의 판단은 상업송장을 기준으로 하기 때문에 국제거래에서 중요한 기본서류이다. 상업송장은 상품의 적요서, 선하증권이 계약에 일치함을 증명하는 용도, 물품구매서, 계산서 및 대금청구서, 수입통관시의 과세자료 등으로 활용된다. 이에 따라 상업송장은 물품의 정확한 규격과 수량, 중량, 포장상태, 하인 등을 구체적으로 기재해야 한다.

상업송장은 구매서의 역할을 하므로 수출입자의 이름과 주소, 발행일자와 수입자의 참조번호, 상품의 규격 및 개수, 포장상태 및 하인 등이 표시되어야 하며, 수입시 화물수취안내서와 수입상품의 정확성 및 진정성을 입증하기 위한 세관신고의 자료가 된다. 또한, 신용장서류심사에서 가장 중요한 서류이다. 상업송장은 신용장조건과 엄격하게 일치해야 한다. 따라서 대부분의 신용장 서류하자는 상업송장에서 발생한다.

기타 송장(invoice)
- pro-forma invoice(견적송장) : 무역계약이 체결되기 전에 상대방에게 보내는 일종의 청약서이며, 이에 대해 상대방이 서명하면 사실상 계약서가 된다. (provisional invoice(가송장))
- customs invoice(세관송장) : 수입국에서 수입물품에 대한 과세가격의 기준을 정하거나 덤핑여부를 확인할 목적의 송장으로 수출자가 작성한다. 세관송장은 수입국 국가마다 소정의 양식을 보유하고 있어 이 양식대로 작성해야 한다.
- consular invoice(영사송장) : 수입가격을 높게 정해 외화를 도피하는 것을 방지할 것을 목적으로 하는 신용장으로 수출국에 소재하는 수입국 영사가 작성한다.
- * 신용장에서 "invoice"의 제시를 요구한 경우, commercial invoice, customs invoice, consular invoice 등은 수리가능하나, pro-forma invoice 및 provisional invoice는 수리되지 않는다. (UCP 600 Article 18. a)

(신용장에서 요구되는 송장)
- * 송장은 원칙적으로 수익자가 발행한 것으로 보여야 하고, 개설의뢰인앞으로 발행되며, 신용장과 같은 통화로 발행되어야 한다. (UCP 600 Art. 18. a)
- * 신용장에서 "invoice"의 제시를 요구한 경우, commercial invoice, customs invoice, consular invoice 등은 수리가능하나, pro-forma invoice(가송장) 및 provisional invoice(견적송장)은 수리되지 않는다. (ISBP 745 C1) a.)

2) 포장명세서(packing list)

포장명세서(packing list)는 포장에 관한 사항을 상세히 기재한 서류를 말하는 것으로, 포장 내의 수량과 순중량·총중량·용적·화인·포장의 일련번호 등을 기재한다. 수출상이 운송화물의 명세서를 상세하게 작성하여 수입상에게 제시하고 수입상은 포장명세서에 명시된 내용으로 우송화물을 관리할 수 있다. 포장명세서에는 포장단위별로 내용물의 목록을 모두 기재하나 상업송장과는 달리 통상 가격은 기재하지 않는다. 포장명세서에는 화인, 포장개수, 컨테이너 일련번호, 상품명세서, 수량, 순중량, 총통수, 용적, 원산지 등이 기재된다.

포장명세서는 상업송장을 보충하는 서류로서 화물을 외견상 구별하기 위해 사용되며, 수출입통관절차에서 수출입신고서를 작성할 때 활용되고, 수입지에서 화물의 분류 및 관리, 판매단계에서도 이용된다.

3) 검사증명서(inspection certificate)

검사증명서(inspection certificate)는 수입국의 수입관련 법규의 충족여부를 확인하기 위해, 사기를 방지하기 위해, 수입자가 물품의 품질을 확인하기 위해 요구되는 서류이다.

4) 원산지증명서(certificate of origin)

원산지증명서(certificate of origin)는 물품이 어느 국가에서 생산되었는지를 증명하는 서류이다. 수입국에서는 수입상품의 통계와 수입상품의 제한요건의 충족여부, 국별 할당량관리 등을 위해 원산지증명서를 요구한다. 우리나라에서는 대한상공회의소에서 원산지증명서를 발행한다.

Chapter 02

EXERCISES

01 무역대금결제서류 중에서 대표적인 금융서류는(영어로)?

02 환어음이란?

03 환어음에서 인수(acceptance)란?

04 환어음의 기본적인 당사자는(영어로)?

05 약속어음이란?

06 운송주선인(freight forwarder)이 발행하는 선하증권은?

07 해상화물운송장에 유통성을 부여하지 않는 이유는?

※ 다음 중 옳은 것은 (×), 옳지 않은 것은 (O)로 표시하시오.
  ❶ 환어음의 수취인은 환어음금액을 지급받는 자로 무역거래에서는 신용장 개설은행 또는 매도인(수출자)이 된다. (   )
  ❷ 수표(check)는 지급구조나 내용면에서는 환어음과 동일하나, 수표에서는 지급인은 반드시 은행이 된다. (   )

❸ 일상에서 "cashier's check"라는 것이 사용되는데, 이는 발행인(drawer)과 지급인(drawee)이 서로 다른 은행인 수표이다. (　　)

❹ 수 통(무역거래에서는 통상 3통 발행)의 선하증권이 발행된 경우 선하증권의 1통을 소지한 자가 운송물의 인도를 청구하는 경우 운송인은 운송물의 인도를 거부해야 한다. (　　)

❺ 해상화물운송장(sea waybill)은 물품수령증(receipt), 운송계약(contract of transportation), 그리고 권리증서(document of title)가 된다. (　　)

❻ 신용장에서 "invoice"의 제시를 요구한 경우, commercial invoice, customs invoice, consular invoice, pro-forma invoice(가송장), provisional invoice (견적송장) 모두 수리된다. (　　)

▌정답 및 해설

01　무역대금결제서류 중에서 대표적인 금융서류는(영어로)?

❶ bill of exchange (or documentary draft)　❷ promissory note　❸ check

02　환어음이란?

환어음이란, 발행인이 지급인에게 일정 금액을 수취인(지시인 또는 소지인)에게 지급일에 지급할 것을 무조건적으로 위탁하는 유통증권이다.

03　환어음에서 인수(acceptance)란?

지급인이 지급위탁을 수락하는 것(즉 환어음 지급확약).

04　환어음의 기본적인 당사자는(영어로)?

❶ drawer　❷ drawee　❸ payee

05　약속어음이란?

발행인(Maker)이 일정한 금액을 수취인(Payee)에게 지급할 것을 약속하는 유가증권이다.

06 운송주선인(freight forwarder)이 발행하는 선하증권은?

house B/L 또는 forwarder's B/L

07 해상화물운송장에 유통성을 부여하지 않는 이유는?

선박이 선적 후 당일 또는 수일 내에 목적지에 도착하므로 운송장을 유통시킬 시간이 없기 때문에

※ 다음 중 옳은 것은 (×), 옳지 않은 것은 (○)로 표시하시오.

❶ 환어음의 수취인은 환어음금액을 지급받는 자로 무역거래에서는 신용장 개설은행 또는 매도인(수출자)이 된다. (×)

해설 신용장 개설은행 → 매입은행

❷ 수표(check)는 지급구조나 내용면에서는 환어음과 동일하나, 수표에서는 지급인은 반드시 은행이 된다. (○)

❸ 일상에서 "cashier's check"라는 것이 사용되는데, 이는 발행인(drawer)과 지급인(drawee)이 서로 다른 은행인 수표이다. (×)

해설 발행인(drawer)과 지급인(drawee)이 동일한 은행인 수표이다. 국내에서 사용되는 자기앞수표와 동일하다고 볼 수 있다.

❹ 수 통(무역거래에서는 통상 3통 발행)의 선하증권이 발행된 경우 선하증권의 1통을 소지한 자가 운송물의 인도를 청구하는 경우 운송인은 운송물의 인도를 거부해야 한다. (×)

해설 운송인은 운송물을 인도해야 하며, 이 경우 다른 선하증권은 그 효력을 잃는다.

❺ 해상화물운송장(sea waybill)은 물품수령증(receipt), 운송계약(contract of transportation), 그리고 권리증서(document of title)가 된다. (×)

해설 해상화물운송장(sea waybill) → 선하증권(bill of lading)
해상화물운송장은 비유통증권이며, 권리증서가 되지 않는다.

❻ 신용장에서 "invoice"의 제시를 요구한 경우, commercial invoice, customs invoice, consular invoice, pro-forma invoice(가송장), provisional invoice(견적송장) 모두 수리된다. (×)

해설 신용장에서 "invoice"의 제시를 요구한 경우, commercial invoice, customs invoice, consular invoice 등은 수리가능하나, pro-forma invoice(가송장) 및 provisional invoice(견적송장)은 수리되지 않는다. (ISBP 745 C1) a.)

선지급방식
(Payment in Advance)

Section 01   선지급방식의 의의 _____

　　선지급방식(payment in advance)이란, 수출자가 물품을 인도하기 전에(용역의 경우 수입자에게 용역을 제공하기 전에) 대금을 지급받는 방식이다. 수출자는 사전에 수출대금을 현금으로 지급받기 때문에 사전현금지급방식(cash in advance)이라고도 한다.

선지급방식 거래 도해

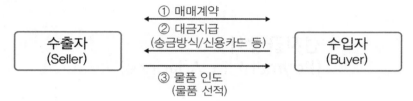

　　수출자는 물품 인도(또는 용역 제공) 전에 대금을 받기 때문에 무역대금 미결제위험과 자금부담을 경감할 수 있다. 그러나 수입자는 물품 인도(또는 용역 제공) 전에 대금을 결제해야 하므로 자금부담이 크고, 수출자의 수출불이행위험에 노출된다.
　　수출경쟁이 치열하기 때문에 상품무역거래에서 선지급방식은 많지 않다(다만, 해외건설이나 플랜트수출에서는 계약금액의 10~30%의 선수금이 관행). 선지급방식의 경우에도 계약금액 전액을 선지급하는 경우는 드물고, 계약금액 일부만 선지급하고, 잔여 계약금액은 후지급하는 경우가 많다.
　　선지급방식에서는 수출자가 물품을 인도(또는 용역 제공)하지 않는 경우 수입자는 선수금을 손해 보게 되므로 이를 담보하기 위해 선수금환급보증서(advance payment bond)를 요구한다.

선수금환급보증서(advance payment bond, advance payment guarantee)
금융기관이 수입자를 수익자로 하여 발행하는 보증서로 수출자가 수출이행을 하지 않고 지급받은 선수금도 수입자에게 반환하지 않는 경우 수익자(수입자)의 지급청구에 따라 즉시 청구금액(선수금 + 발생이자)을 지급하겠다는 독립적인 지급확약(보증)

Section 02 선지급방식의 특징과 장단점

1. 특징

선지급방식에서는 물품 인도 전에 대금이 지급된다. 대부분의 상품은 수출경쟁이 치열하기 때문에 선지급방식의 무역거래는 많지 않은 편이다. 선지급방식이 사용되는 경우에도 계약금액은 일부(5~30%)만 선지급방식으로 정하고, 나머지 부분은 기타 결제방식(오픈어카운트방식, 추심결제방식, 신용장방식 등)으로 정한다. 참고로 해외건설이나 자본재 수출거래에서는 계약금액의 15~30%를 착수금(down payment)으로 정하는 것이 관행이다.

2. 장단점

1) 수출자입장에서 장단점

수출자는 대금미결제위험(non-payment risk)을 제거할 수 있고, 선지급금을 사용하여 수출물품 생산 또는 구매가 가능하다. 따라서 선지급방식은 대금미결제위험과 운전자금조달면에서 수출자에게 매우 유리하다. 다만, 선지급방식 이외의 대금결제조건을 제시하는 경쟁 수출기업들과의 경쟁에서 우위를 점하기 위해서는 가격을 인하해야만 할 것이다. 따라서 경쟁기업이 있는 경우에는 가격협상에서 불리하게 된다.

2) 수입자입장에서 장단점

수입자는 물품미인도위험(non-delivery risk)에 노출되고, 자금부담을 겪게 된다. 외상거래의 경우 수입자는 수입물품을 수입국내에서 처분하여 그 자금으로 결제하기 때문에 자금부담이 적다. 그러나 선지급방식에서는 선지급을 위한 자금을 조달해야 하는 부담이 있다.

선지급방식은 수출자 우위의 시장(seller's market)에서 사용되고, 수출입자 간에 첫 거래인 경우 계약금액의 일부를 선지급하는 조건으로 정하기도 한다.

EXERCISES

01 선지급방식(payment in advance)이란?

02 수출자입장에서 선지급방식(payment in advance)의 장점은?

03 선지급금(선수금)에 대한 담보로 수입자가 요구하는 것은?

04 무역거래에서 선지급방식이 많이 사용되지 않는 이유는?

※ 다음 중 옳은 것은 (×), 옳지 않은 것은 (○)로 표시하시오.
  ❶ 계약금액의 일부(5~30%)만 선지급방식으로 정하는 경우 나머지 부분은 신용장방식으로 정한다. (   )
  ❷ 해외건설이나 상품 수출거래에서는 계약금액의 15~30%를 착수금(down payment)으로 정하는 것이 관행이다. (   )

▌ 정답 및 해설

01   선지급방식(payment in advance)?
        출자가 물품을 인도하기 전에(용역의 경우 수입자에게 용역을 제공하기 전에) 대금을 지급받는 방식

02 수출자입장에서 선지급방식(payment in advance)의 장점은?

- 대금미결제위험(non−payment risk) 제거

- 현금흐름(cash flow) 또는 운전자금(working capital) 개선

03 선지급금(선수금)에 대한 담보로 수입자가 요구하는 것은?

선수금환급보증(advance payment bond)

04 무역거래에서 선지급방식이 많이 사용되지 않는 이유는?

수출경쟁이 치열하기 때문에

※ 다음 중 옳은 것은 (×), 옳지 않은 것은 (○)로 표시하시오.

❶ 계약금액의 일부(5~30%)만 선지급방식으로 정하는 경우 나머지 부분은 신용장 방식으로 정한다. (×)

해설 신용장방식 → 기타 결제방식(오픈어카운트방식, 추심결제방식, 신용장방식 등)

❷ 해외건설이나 상품수출거래에서는 계약금액의 15~30%를 착수금(down payment) 으로 정하는 것이 관행이다. (×)

해설 상품수출거래 → 플랜트수출

오픈어카운트방식
(Open Account)

1. 개념

오픈어카운트방식(Open Account)이란, 수출자가 물품을 선적하고 선적서류(운송서류, 상업송장, 포장명세서 등)를 수입자에게 직접 송부하며, 선적서류를 수취한 수입자는 물품을 인수하고, 약정된 결제기일에 수출자에게 대금을 송금하는 방식이다. 간단히 'O/A방식'이라고 하고, 선적통지 결제방식, 사후송금방식, 선적통지부 사후송금방식 등이라고도 한다.

이론적으로는 수출입자가 서로 잘 알고 오랜 거래 경험이 있는 경우에 이용된다고 설명하는데, 수출경쟁이 치열하기 때문에 대부분의 무역거래는 오픈어카운트방식에 의한다. 오픈어카운트방식은 선적서류 등이 은행을 경유하지 않고 수입자에게 직접 송부된다는 점에서 추심방식이나 신용장과 차이가 있다.

오픈어카운트방식에서 대금지급은 대부분 전신송금에 의한다. 이에 따라 오픈어카운트방식을 사후송금방식으로 부르기도 한다. 오픈어카운트방식은 송금방식 중 사후송금방식에 해당된다고 말할 수 있다. 그러나 송금방식(T/T)과 오픈어카운트방식(O/A)을 동일한 것으로 표현하는 것은 잘못된 것이다. 송금방식(T/T)은 기술적인 지급방식에 의한 분류로서 오픈어카운트방식(O/A) 이외의 대금결제방식에서도 이용되기 때문이다.

한편, 국내외국환은행에서는 '선적통지부 사후송금방식 수출거래'를 'Open Account 거래'라고 부르고 있는데, 이러한 수출대금채권도 매입하는 경우가 있으며, 이를 수출대금채권 매입거래라 하여 수출환어음 매입거래와 구분하고 있다.

외국환은행의 '외국환거래약정서'
제1조(적용범위) 이 약정은 다음 각항의 현재 및 장래의 모든 거래(전자문서교환방식에 의한 거래를 포함합니다)에 적용하기로 합니다.
① 수출거래
　1. 화환어음(환어음이 첨부되지 않은 선적서류를 포함합니다. 이하 이 약정에서 같습니다.)의 매입 및 추심

    2. 보증신용장 등에 의한 무화환어음(Clean Bill)의 매입

    3. 기타 전 각호에 준하는 거래

② 수입거래

    1. 신용장 발행

    2. 화환어음의 인도 및 결제

    3. 보증신용장에 의한 무화환어음의 인도 및 결제

    4. 기타 전 각호에 준하는 거래

③ 내국신용장발행거래

④ 내국신용장환어음 또는 판매대금추심의뢰서(이하 "내국신용장어음 등"이라 합니다)의 매입(추심)거래

⑤ 선적통지부 사후송금방식 수출거래(Open Account Transaction)에 의한 수출대금채권 매입거래(이하 수출대금채권 매입거래라 합니다)

2. 거래절차

무역실무에서 오픈어카운트방식의 수출거래절차는 다음과 같다.

① 수출자와 수입자는 오픈어카운트방식의 대금결제조건으로 수출계약(매매계약)을 체결한다.

② 수출자는 수출계약에 따라 물품을 선적한다.

③ 수출자는 수출계약서에 따른 선적서류를 수입자에게 직접 송부한다.

④ 수입자는 선적서류를 통해 물품을 인수하고, 결제기일에 거래은행을 통해 송금을 요청한다.

⑤ 수입자의 송금요청에 따라 수입자 거래은행은 수출자 거래은행에 송금한다.

⑥ 수출자 거래은행은 송금받은 대금을 수출자 계좌로 입금한다.

오픈어카운트 거래 도해

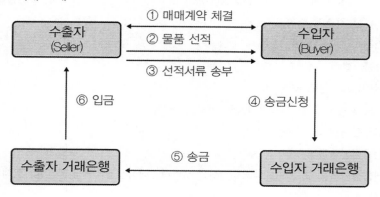

Section 02 오픈어카운트방식의 특징과 장단점

1. 특징

오픈어카운트방식은 거래가 간단하고 은행수수료 및 기타 비용을 최소화할 수 있다. 수입자는 대금지급 전에 물품을 검사할 수 있어 상대적으로 유리하나, 수출자는 아무런 담보장치 없이 수입자에게 물품을 보내기 때문에 수입자의 신용도에 의존할 수밖에 없다. 오픈어카운트방식의 수출거래에서 수출채권매입의 경우 은행의 입장에서는 환어음이 발행되지 않고 선적서류 원본 없이 수출채권을 매입하게 되어 담보권 행사가 불가능하게 되어 수출자의 신용도가 확실한 경우에 한하여 매입을 하게 된다.

오픈어카운트방식은 수출자에게 가장 불리한 결제방식이지만, 대부분의 무역거래는 오픈어카운트방식에 의하고 있다. 그 주된 이유는 수출경쟁이 치열하기 때문이다. 한편, 수출보험을 통하여 수입자의 대금미결제위험을 담보받을 수 있기 때문에 수출보험도 오픈어카운트방식의 증가에 기여하고 있다고 볼 수 있다.

Open Account의 특징은 ① 환어음이 발행되지 않고 ② 선적서류를 은행을 경유하지 않고 수출자가 직접 수입자에게 송부한다는 것이다.

2. 장단점

1) 수출자입장에서 장단점

오픈어카운트방식은 수출자에게 가장 불리한 결제조건으로 볼 수 있으며, 다음과 같은 단점이 있다.

- 대금결제 없이 물품의 통제권 상실
- 대금결제에 대한 담보장치(환어음, 신용장, 대금지급보증서 등) 없음
- 자금조달 부담 및 현금흐름 문제 발생
- 무역금융 활용의 어려움
- 대금미결제위험과 마켓클레임에 노출

2) 수입자입장에서 장단점

오픈어카운트방식은 수입자에게 가장 유리한 결제조건으로 볼 수 있으며, 다음과 같은 장점이 있다.

- 자금조달 부담 및 현금흐름 문제 없음
- 대금결제전에 물품 검사 가능
- 물품 미인도위험(non-delivery risk) 없음

무역계약에서 사용되는 O/A의 문구 예시

1) T/T 60 days from B/L date
2) T/T 120 days from B/L date
3) Payment shall be made by O/A (T/T) within 60 days after B/L date
4) Payment shall be made by T/T within 60 days after AWB date
5) Payment shall be made by T/T within 60 days after the date of receipt of the goods by the Buyer
6) Payment shall be made by open account (T/T) immediately but not later than 3 days after the date of delivery of the goods to a forwarder designated by the Buyer.

EXERCISES

01 오픈어카운트방식(Open Account)이란?

02 수출자입장에서 open account의 단점은?

03 무역거래에서 오픈어카운트방식이 가장 많이 이용되는 이유는?

04 무역계약에서 사용되는 open account 문구는?

※ 다음 중 옳은 것은 (×), 옳지 않은 것은 (○)로 표시하시오.
   ❶ 송금방식(T/T)과 오픈어카운트방식(O/A)은 동일한 것이다. (   )
   ❷ O/A방식은 선적서류 등이 은행을 경유하여 수입자에게 송부된다는 점에서 추심방식과 동일하고 신용장과 차이가 있다. (   )

▌정답 및 해설

01   오픈어카운트방식(Open Account)이란?
        수출자가 물품을 선적하고 선적서류(운송서류, 상업송장, 포장명세서 등)를 수입자에게 직접 송부하며, 선적서류를 수취한 수입자는 약정된 기일에 대금을 수출자에게 송금하는 방식

02 수출자입장에서 open account의 단점은?

- 대금결제 없이 물품의 통제권 상실
- 대금결제에 대한 담보장치(환어음, 신용장, 대금지급보증서 등) 없음
- 자금조달 부담 및 현금흐름 문제 발생
- 무역금융 활용 어려움
- 대금미결제위험과 마켓클레임에 노출

03 무역거래에서 오픈어카운트방식이 가장 많이 이용되는 이유는?

수출경쟁이 치열하기 때문이다. 한편, 수출보험을 통하여 수입자의 대금미결제위험을 담보받을 수 있기 때문에 수출보험도 오픈어카운트방식의 증가에 기여하고 있다고 볼 수 있다.

04 무역계약에서 사용되는 open account 문구는?

T/T 60 Days from B/L Date

※ 다음 중 옳은 것은 (×), 옳지 않은 것은 (O)로 표시하시오.

❶ 송금방식(T/T)과 오픈어카운트방식(O/A)은 동일한 것이다. (×)

해설 송금방식(T/T)과 오픈어카운트방식(O/A)을 동일한 것으로 표현하는 것은 잘못된 것이다. 송금방식(T/T)은 기술적인 지급방식에 의한 분류로서 오픈어카운트방식(O/A) 이외의 대금결제방식에서도 이용되기 때문이다.

❷ O/A방식은 선적서류 등이 은행을 경유하여 수입자에게 송부된다는 점에서 추심방식과 동일하고 신용장과 차이가 있다. (×)

해설 O/A방식은 선적서류 등이 은행을 경유하지 않고 수입자에게 직접 송부된다는 점에서 추심방식이나 신용장과 차이가 있다.

05

추심결제방식
(Documentary Collection)

1. 개념

추심결제방식(documentary collection)이란, 수출자가 물품을 선적한 후 수입자를 지급인으로 하는 환어음을 발행하여 수출국에 소재하는 추심의뢰은행(remitting bank)에 추심을 요청하고, 추심의뢰은행은 수입국에 소재하는 추심은행(collecting bank)에 다시 추심을 의뢰하며, 추심은행이 수입자에게 환어음을 제시하여 수출대금을 회수하는 결제방식이다.

통상 수출자가 물품을 선적한 후 환어음과 선적서류(B/L, 상업송장, 포장명세서, 검사증명서 등)를 첨부하여 자신의 거래은행(추심의뢰은행)에 추심요청을 하고, 동 추심의뢰은행이 수입자의 거래은행(추심은행)에 추심의뢰를 하며, 추심은행이 수입자로부터 추심하여 받은 대금을 추심의뢰은행에 송금한다. 그리고 추심의뢰은행은 동 대금을 수출자 계좌로 입금한다.

추심결제방식에는 Documents against Payment(D/P-지급인도)과 Documents against Acceptance(D/A-인수인도)가 있다. D/P에서는 환어음의 지급인(수입자)이 선적서류를 받고 이와 동시에 환어음을 결제하고, D/A에서는 환어음의 지급인(수입자)이 환어음을 인수하여 선적서류를 받고 환어음의 만기일에 환어음을 결제한다. D/P는 동시지급방식에 해당하고, D/A는 후지급방식(외상방식)에 해당한다.

Documents against Payment (D/P)

'지급인도조건', '지급인도', '어음지급서류인도조건', '지급도방식' 등으로 번역한다. "Documents against Payment"는 "Cash against Payment"라고도 한다.

수출자가 수입자와의 매매계약에 따라 물품을 선적한 후 수입자를 지급인으로 하는 일람출급환어음(sight draft)을 발행하여 운송서류와 함께 거래은행(추심의뢰은행)에 추심의뢰하고, 동 추심의뢰은행(remitting bank)이 수입자의 거래은행(추심은행) 앞으로 추심을 의뢰하고, 동 추심은행(collecting bank)이 수입자에게 환어음을 제시하여 수입자가 환어음대금을 지급하면 그와 동시에 운송서류를 수입자에게 인도하고, 추심은행이 그 환어음대금을 추심의뢰은행에 송금하여 수출자가 수출대금을 지급받는 방식

Documents against Acceptance (D/A)

'인수인도조건', '인수인도', '어음인수서류인도조건', '인수도방식' 등으로 번역한다. "Documents against Acceptance"는 "Cash against Acceptance"라고도 한다.

수출자가 수입자와의 매매계약에 따라 물품을 선적한 후 수입자를 지급인으로 하는 기한부 환어음(time draft)을 발행하여 운송서류와 함께 거래은행(추심의뢰은행)에 추심의뢰하고, 동 추심의뢰은행(remitting bank)이 수입자의 거래은행(추심은행) 앞으로 추심을 의뢰하고, 동 추심은행(collecting bank)이 수입자에게 환어음을 제시하여 수입자가 환어음을 인수하면 그와 동시에 운송서류를 수입자에게 인도하고, 환어음의 만기일에 추심은행이 수입자로부터 환어음대금을 지급받아 추심의뢰은행에 송금하여 수출자가 지급받는 방식

2. 지급인도조건(D/P)

지급인도조건(Documents against Payment : D/P)이란, 수출자가 수입자와의 매매계약에 따라 물품을 선적한 후 수입자를 지급인으로 하는 일람불환어음(sight draft)을 발행하여 운송서류와 함께 거래은행(추심의뢰은행)에 추심을 요청하고, 동 추심의뢰은행(remitting bank)이 수입자의 거래은행(추심은행) 앞으로 추심을 의뢰하며, 동 추심은행(collecting bank)이 수입자에게 환어음을 제시하여 수입자가 환어음을 결제하면 그와 동시에 운송서류를 수입자에게 인도하고, 추심은행이 그 환어음대금을 추심의뢰은행에 송금하여 수출자가 수출대금을 지급받는 방식이다.

D/P에서 추심의뢰은행이나 추심은행은 추심업무처리에 있어 선관주의의무를 부담할 뿐 지급책임은 없다. 수출자 입장에서는 물품을 선적하였으나 수입자가 대금을 지급하지 않을 위험이 있지만, 수입자가 대금을 지급하기 전에는 수입자에게 물품을 인도하지 않으므로 물품은 확보할 수 있다는 이점이 있다. 수입자 입장에서는 운송서류를 통하여 화물에 대한 권리를 확보할 때까지는 대금을 지급하지 않는다는 이점이 있다.

D/P의 거래절차는 다음과 같다.

① 수출자와 수입자간에 대금결제조건을 D/P로 하는 수출계약(매매계약)을 체결한다.

② 수출자는 수출계약에 따라 물품을 선적하고, 선적서류를 구비한다.

③ 선적서류를 구비한 수출자(추심의뢰인)는 수입자를 지급인으로 하는 환어음을 발행하여 선적서류와 함께 자신의 거래은행(추심의뢰은행)에 제시하면서 수출

대금(환어음) 추심을 요청한다.

④ 수출자로부터 추심요청을 받은 은행(추심의뢰은행)은 추심에 필요한 모든 지시사항을 기재한 추심지시서(collection instruction)를 작성하여 수출자의 환어음과 선적서류를 첨부한 후 이를 수입자의 거래은행(추심은행)에 송부하고 수입자로부터 수출대금(환어음)을 추심할 것을 의뢰한다. 추심의뢰은행이 환어음을 매입(negotiation)하는 경우가 많다. 이 경우 추심의뢰은행은 매입은행이 되고, 환어음의 수취인은 매입은행이 된다. 매입은행은 환어음대금에서 환가료(환어음만기일까지의 이자, 매입수수료 등)를 공제한 대금(매입대전)을 수출자에게 지급하며, 추후 환어음이 부도 처리되는 경우 수출자에게 동 대금을 상환청구한다.

⑤ 추심은행은 환어음과 선적서류를 접수하는 즉시 수입자에게 선적서류 도착사실을 통지(arrival notice)한다.

⑥ ～ ⑦ 수입자가 환어음을 지급하는 경우 추심은행은 선적서류를 수입자에게 인도한다(수입자는 선적서류를 통해 운송업자로부터 물품을 인도받고, 수입통관을 한다).

⑧ 추심은행은 수입자로부터 지급받은 대금을 추심의뢰은행에 송금한다.추심지시서에 수출자의 계좌로 직접 입금할 것을 지시한 경우 수출자의 계좌에 직접 입금한다(추심은행이 별도로 추심수수료를 지급받지 않은 경우 자신의 추심수수료를 공제한 금액을 입금한다).

⑨ 추심은행으로부터 대금을 송금받은 경우 추심의뢰은행은 동 대금을 수출자 계좌에 입금한다. 그러나 추심은행이 환어음을 매입한 경우 추심은행(매입은행)이 환어음의 수취인이 되는바, 추심은행(매입은행)은 동 대금을 수출자에게 입금하지 않는다.

D/P 거래 도해

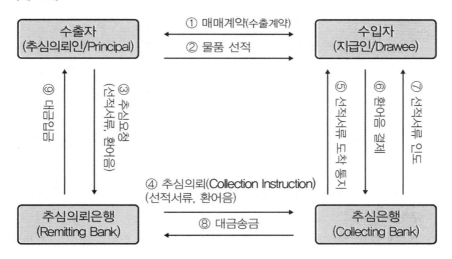

3. 인수인도조건(D/A)

인수인도조건(Documents against Acceptance : D/A)이란, 수출자가 수입자와의 매매계약에 따라 물품을 선적한 후 수입자를 지급인으로 하는 기한부환어음(time draft)을 발행하여 운송서류와 함께 거래은행(추심의뢰은행)에 추심을 요청하고, 동 추심의뢰은행(remitting bank)이 수입자의 거래은행(추심은행) 앞으로 추심을 의뢰하며, 동 추심은행(collecting bank)이 수입자에게 환어음을 제시하여 수입자가 환어음을 인수하면 그와 동시에 운송서류를 수입자에게 인도하고, 환어음의 만기일에 추심은행이 수입자로부터 어음대금을 지급받아 추심의뢰은행에 송금하여 수출자가 수출대금을 지급받는 방식이다.

D/A에서는 수입자의 대금지급 없이 환어음의 인수만으로 선적서류(즉 물품)를 인도하므로 어음만기일에 수입자가 환어음을 지급하지 않는 경우 수출자로서는 물품도 잃게 되는 위험이 있다.

D/A의 거래절차는 다음과 같다.

① 수출자와 수입자간에 대금결제조건을 D/A로 하는 수출계약(매매계약)을 체결한다.

② 수출자는 수출계약에 따라 물품을 선적하고, 선적서류를 구비한다.

③ 선적서류를 구비한 수출자(추심의뢰인)는 수입자를 지급인으로 하는 환어음을 발행하여 선적서류와 함께 자신의 거래은행(추심의뢰은행)에 제시하면서 수출

대금(환어음) 추심을 요청한다.

④ 수출자로부터 추심요청을 받은 은행(추심의뢰은행)은 추심에 필요한 모든 지시
사항을 기재한 추심지시서(collection instruction)를 작성하여 수출자의 환어음
과 선적서류를 첨부한 후 이를 수입자의 거래은행(추심은행)에 송부하고 수입
자로부터 수출대금(환어음)을 추심할 것을 의뢰한다. 추심의뢰은행이 환어음
을 매입(negotiation)하는 경우가 많다. 이 경우 추심의뢰은행은 매입은행이 되
고, 환어음의 수취인은 매입은행이 된다. 매입은행은 환어음대금에서 환가료
(환어음만기일까지의 이자, 매입수수료 등)를 공제한 대금(매입대전)을 수출자에게
지급하며, 추후 환어음이 부도 처리되는 경우 수출자에게 동 대금을 상환청
구한다.

⑤ 추심은행은 환어음과 선적서류를 접수하는 즉시 수입자에게 선적서류 도착
사실을 통지(arrival notice)한다.

⑥ ~ ⑦ 수입자가 환어음을 인수(accept)하는 경우 추심은행은 선적서류를 수입
자에게 인도한다. (수입자는 선적서류를 통해 운송업자로부터 물품을 인도받고, 수입
통관을 한다.)

⑧ 환어음의 만기일에 추심은행은 수입자(환어음의 지급인/인수인)에게 환어음을
지급제시하고, 수입자는 수입자(환어음의 지급인/인수인)는 환어음을 지급한다.

⑨ 추심은행은 지급받은 환어음 대금을 추심의뢰은행에 송금한다. 추심지시서에
수출자의 계좌로 직접 입금할 것을 지시한 경우 수출자의 계좌에 직접 입금
한다(추심은행이 별도로 추심수수료를 지급받지 않은 경우 자신의 추심수수료를 공제한
금액을 입금한다).

⑩ 추심은행으로부터 대금을 송금받은 경우 추심의뢰은행은 동 대금을 수출자
계좌에 입금한다. 그러나 추심은행이 환어음을 매입한 경우 추심은행(매입은
행)이 환어음의 수취인이 되는바, 추심은행(매입은행)은 동 대금을 수출자에게
입금하지 않는다.

D/A 거래 도해

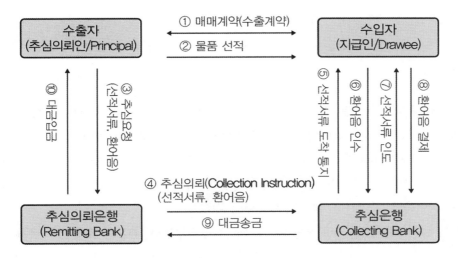

1. 주요 당사자

추심결제방식에 참여하는 당사자에는 추심의뢰인(principal), 추심의뢰은행(remitting bank), 추심은행(collecting bank), 제시은행(presenting bank), 지급인(drawee)이 있다.

추심의뢰인(principal)은 물품을 선적하고 추심을 의뢰하는 자를 말하며, 통상 수출자가 추심의뢰인이 된다. 수출자는 선적을 한 후 환어음을 발행하여 추심의뢰를 하므로 환어음에 있어서는 발행인(drawer)이 된다.

추심의뢰은행(remitting Bank)은 추심의뢰인으로부터 추심을 지시받은 은행을 말한다. 추심의뢰은행은 금융서류와 상업서류를 추심은행앞으로 송부한다. 수출자와 추심의뢰은행은 위임관계에 있으며, 수출자가 본인(principal)이 되고 추심의뢰은행은 대리인(agent)이 된다. 추심의뢰은행은 통상 수출자의 거래은행이 된다. 추심의뢰은행이 선적서류를 매입하고 매입대전을 미리 수출자에게 지급하는 경우가 있는데, 이 경우 추심의뢰은행은 매입은행(negotiating bank)이 된다.

추심은행(collecting bank)은 추심의뢰은행으로부터 추심의뢰를 받고 수입자를 상대로 대금을 추심하는 은행을 말한다. 추심의뢰은행과 추심은행은 위임관계에 있으며, 추심의뢰은행이 본인(principal)이 되고, 추심은행은 대리인(agent)이 된다. 통상 추심은행은 수입자의 거래은행으로서 수입자가 추심은행을 지정한다.

제시은행(presenting bank)은 수입자에게 직접 추심서류를 제시하는 은행으로 넓은 의미의 추심은행에 포함된다. 추심은행이 수입자의 거래은행인 경우 추심은행이 직접 수입자에게 추심서류를 제시하지만, 그렇지 않은 경우 수입자의 거래은행(제시은행)을 통해 추심서류를 수입자에게 제시하게 한다.

지급인(drawee)은 추심의뢰서에 따라 제시은행으로부터 지급 또는 인수를 위한 제시를 받고 만기일에 대금을 지급하는 자를 말한다. 통상 수입자가 지급인이 된다.

2. 추심관계은행의 의무와 책임

추심의뢰은행, 추심은행 등 추심관계은행은 추심의 목적을 달성할 수 있도록 신의성실에 따르고 상당한 주의의무를 기울여야 한다. 그러나 추심관계은행은 다음의 사항에 대해서는 책임이 없다.

ⅰ) 서류의 형식, 진정성, 법적효력 및 서류에 표시된 물품의 명세, 중량, 품질 등에 대한 책임

ⅱ) 통신, 서신 또는 서류송달지연 및 분실로 발생하는 결과

ⅲ) 전신, 텔렉스 또는 전자장치에 의한 통신의 송신중 일어나는 지연, 훼손

ⅳ) 전문용어의 번역 또는 해석상 오류

ⅴ) 천재지변, 폭동, 전쟁 등 불가항력적인 사유와 파업, 직장폐쇄 등으로 인하여 발생하는 결과

ⅵ) 접수된 지시의 명확성을 기하기 위하여 소요된 지연행위

1. 특징

추심결제방식은 신용장방식과 비교하면 다음과 같은 차이가 있다.

ⅰ) 신용장거래에서는 개설은행에 지급책임이 있다. 그러나 추심결제방식에서는 은행은 지급책임이 없고, 대금결제는 수입자의 신용도에만 의존한다. 이에 따라 대금미결제위험이 높다.

ⅱ) 신용장거래에서는 서류만 완벽하면 개설은행은 서류를 인수하고 대금을 지급해야 한다. 그러나 추심결제방식에서는 수입자가 서류인수 및 환어음 결제를 거절할 가능성이 있다.

ⅲ) 신용장거래에서는 일반적으로 개설은행이 환어음의 지급인이 된다. 그러나 추심결제방식에서는 수입자가 환어음의 지급인이 된다.

ⅳ) 신용장거래에서는 개설은행의 신용이 높기 때문에 수출자의 은행이 선적서류와 환어음을 매입하는 경우가 많다. 이 경우 수출자는 선적 후 바로 수출대금을 현금화할 수 있다. 그러나 추심결제방식에서는 수입자의 신용도가 높지 않기 때문에 수출자의 은행이 선적서류와 수출환어음을 매입하지 않고 추심하는 경우가 많다. 이 경우 수출자는 수입자가 선적서류 및 환어음을 인수하고 만기일에 지급해야만 수출대금을 현금화할 수 있다.

추심결제방식과 신용장방식의 비교

구 분	추심방식	신용장방식
은행의 지급책임	은행의 지급책임 없음	은행(개설은행)의 지급책임
대금결제기간	일람출급(D/P), 연지급(D/A)	일람출급(sight), 기한부(usance), 연지급(deferred payment)
환어음의 지급인	수입자	개설은행
대금결제의 안정성	낮다(수입자의 신용도)	높다(개설은행의 신용도)
적용규칙	추심에 관한 통일규칙(URC)	신용장통일규칙(UCP)

2. 장단점

1) 수출자입장에서 장단점

D/P에서는 수입자의 대금지급과 상환으로 선적서류가 수입자에게 교부된다. 따라서 수출자입장에서는 대금결제 없이 물품을 상실하는 경우가 발생하지 않는다.

그러나 D/A에서는 수입자의 환어음 인수와 상환으로 선적서류가 수입자에게 교부된다. 따라서 환어음의 결제기일에 수입자가 환어음을 결제하지 않는 경우 수출자는 대금결제 없이 물품을 상실하게 된다.

추심결제방식에서는 환어음이 발행되기 때문에 오픈어카운트에 비해 수출환어음매입(nego) 또는 수출채권매도가 용이하다. 다만, 시중은행들은 수출환어음매입을 일반여신으로 취급하여 수출자의 여신한도 내에서만 수출환어음매입을 하는 경우가 많은데, 이 경우에는 추심결제방식의 실익이 별로 없다.

2) 수입자입장에서 장단점

D/P에서는 수입자는 선적서류와 상환으로 대금지급하고, 그 선적서류를 통하여 물품을 인도받게 된다. 따라서 인도받은 물품에 하자가 있는 경우 수입자는 손해를 입게 될 가능성이 높다. 이 경우에 수출자를 상대로 계약위반에 따른 손해배상을 청구해야 하는데, 수출자가 협조하지 않는 경우 수출자를 상대로 법적절차를 진행해야 한다.

D/A에서는 수입자는 환어음만 인수하고 선적서류를 받으며, 그 서류를 통하여 물품을 인도받게 된다. 그리고 인도받은 물품에 하자가 있는 경우 수입자는 대금지급을 거절할 수 있다. 그러나 그 환어음의 소지인 또는 수취인이 수출자가 아닌 경우에는 수입자는 물품의 하자를 사유로 환어음대금지급을 거절할 수 없다. 이 경우 수입자는 환어음을 결제하고 수출자를 상대로 계약위반에 따른 손해배상을 청구하고, 법적절차를 진행해야 한다.

추심에 관한 통일규칙(URC 522)

추심결제방식에 대하여 적용되는 국제적 통일규칙으로는 국제상업회의소(ICC)에서 제정한 「추심에 관한 통일규칙(Uniform Rules for Collections : URC 522)」이 있다. ICC에서는 1956년에 "어음 추심에 관한 통일규칙(Uniform Rules for the Collections of Commercial Paper)"을 제정하였다. 이 통일규칙은 1967년에 "추심에 관한 어음 추심에 관한 통일규칙 (Uniform Rules for the Collections : URC 322)"으로 개정되었고, 그 후 동 규칙을 1978년과 1995년에 각각 개정하였다. 1978년 개정본을 줄여서 "URC 422"라고 하고, 1995년 개정본을 줄여서 "URC 522"라고 한다. URC 522는 총 26개 조문으로 구성되어 있다.

Chapter 05

EXERCISES

01 추심결제방식(documentary collection)이란?

02 Documents against Payment(D/P)의 개념은?

03 Documents against Acceptance(D/A)의 개념은?

04 추심결제방식의 주요 당사자는(영어로)?

05 추심결제방식에 적용되는 국제적 통일규칙은?

※ 다음 중 옳은 것은 (×), 옳지 않은 것은 (O)로 표시하시오.
   ❶ D/P는 후지급방식(외상방식)에 해당하고, D/A는 동시지급방식에 해당한다고 볼
     수 있다. (   )
   ❷ 추심결제방식에서 추심은행은 수입자의 대리인이 되는바, 수입자의 지시에 따라야
     한다. (   )
   ❸ D/A에서는 인도받은 물품에 하자가 있는 경우 환어음의 소지인 또는 수취인이 수
     출자가 아닌 경우에는 수입자는 물품의 하자를 사유로 환어음대금지급을 거절할
     수 없다. (   )

01 **추심결제방식(documentary collection)이란?**

추심결제방식(documentary collection)이란, 수출자가 물품을 선적한 후 수입자를 지급인으로 하는 환어음을 발행하여 수출국에 소재하는 추심의뢰은행에 추심을 요청하고, 추심의뢰은행은 수입국에 소재하는 추심은행에 다시 추심을 의뢰하며, 추심은행이 수입자에게 환어음을 제시하여 수출대금을 회수하는 대금결제방식이다.

02 **Documents against Payment(D/P)의 개념은?**

수출자가 수입자와의 매매계약에 따라 물품을 선적한 후 수입자를 지급인으로 하는 일람불환어음(sight draft)을 발행하여 운송서류와 함께 거래은행(추심의뢰은행)에 추심을 요청하고, 동 추심의뢰은행(remitting bank)이 수입자의 거래은행(추심은행) 앞으로 추심을 의뢰하며, 동 추심은행(collecting bank)이 수입자에게 환어음을 제시하여 수입자가 환어음을 결제하면 그와 동시에 운송서류를 수입자에게 인도하고, 추심은행이 그 환어음대금을 추심의뢰은행에 송금하여 수출자가 수출대금을 지급받는 방식

03 **Documents against Acceptance(D/A)의 개념은?**

수출자가 수입자와의 매매계약에 따라 물품을 선적한 후 수입자를 지급인으로 하는 기한부환어음(time draft)을 발행하여 운송서류와 함께 거래은행(추심의뢰은행)에 추심을 요청하고, 동 추심의뢰은행(remitting bank)이 수입자의 거래은행(추심은행) 앞으로 추심을 의뢰하며, 동 추심은행(collecting bank)이 수입자에게 환어음을 제시하여 수입자가 환어음을 인수하면 그와 동시에 운송서류를 수입자에게 인도하고, 환어음의 만기일에 추심은행이 수입자로부터 환어음대금을 지급받아 추심의뢰은행에 송금하여 수출자가 지급받는 방식

04 **추심결제방식의 주요 당사자는(영어로)?**

Principal, Remitting bank, Collecting bank, Presenting bank, Drawee

05 **추심결제방식에 적용되는 국제적 통일규칙은?**

추심에 관한 통일규칙(URC 522)

※ 다음 중 옳은 것은 (×), 옳지 않은 것은 (○)로 표시하시오.

❶ D/P는 후지급방식(외상방식)에 해당하고, D/A는 동시지급방식에 해당한다고 볼
   수 있다. (×)

해설 D/P는 동시지급방식에 해당하고, D/A는 후지급방식(외상방식)에 해당한다고
볼 수 있다.

❷ 추심결제방식에서 추심은행은 수입자의 대리인이 되는바, 수입자의 지시에 따라
   야 한다. (×)

해설 추심은행은 추심의뢰은행의 대리인이 되는바, 추심의뢰은행의 지시에 따라야
한다.

❸ D/A에서는 인도받은 물품에 하자가 있는 경우 환어음의 소지인 또는 수취인이
   수출자가 아닌 경우에는 수입자는 물품의 하자를 사유로 환어음대금지급을 거절
   할 수 없다. (○)

06

신용장방식
(Documentary Credit)

　　국내거래에서는 물품의 인도와 동시에 대금지급이 가능하지만, 국제거래에서는 국경을 넘어 물품이 이동되므로 물품의 인도와 동시에 대금을 지급하는 것이 쉽지 않다. 매도인(수출자)은 먼저 대금을 받고 물품을 인도하려고 하고, 매수인(수입자)은 물품을 인도받은 후 대금을 지급하려고 한다. 선지급방식거래는 매도인에게는 유리하나 매수인은 물품미인도위험에 노출되며, 신용거래(외상거래)는 매수인에게는 유리하나 매도인은 대금미지급위험을 부담하게 된다.

　　화환신용장(documentary credit/documentary letter of credit)은 이러한 위험을 절충한 것으로 매도인은 물품만 선적하면 대금지급을 보장받고, 매수인은 대금지급에 대하여 물품의 인도를 보장받는다. 매도인과 매수인은 매매계약체결 시에 결제조건을 신용장 방식으로 정하고, 매수인은 거래은행에 신용장개설을 의뢰하며, 개설은행은 매도인을 수익자로 하는 신용장을 개설한다. 그리고 매도인이 신용장조건과 일치하는 서류를 제시하면, 개설은행은 신용장조건에 따라 매도인에게 신용장대금을 지급한다. 신용장은 대금지급방식이면서 동시에 무역대금결제에 대한 담보장치로서의 역할도 한다.

화환신용장(documentary credit)과 무화환신용장(non-documentary credit)

신용장(credit/letter of credit)은 지급청구의 요건으로서 서류제시 여부에 따라 "화환신용장(documentary credit/documentary letter of credit)"과 "무화환신용장(non-documentary credit/non-documentary letter of credit/clean credit)"으로 구분된다. 지급청구의 요건으로 화환신용장에서는 선적서류 등의 제시가 요구되고, 무화환신용장에서는 선적서류 등의 제시가 요구되지 않는다. 무역거래에서는 주로 화환신용장이 사용된다. 무화환신용장의 대표적인 예에는 보증신용장(standby letter of credit)이다. 무역거래에서 사용되는 신용장은 주로 "화환신용장"이므로 통상 "화환신용장(documentary credit)"이라는 용어 대신 줄여서 "신용장(credit/letter of credit)"이라는 용어를 사용한다. 따라서 특별한 사정이 없는 한, 무역거래에서 "신용장(credit/letter of credit)"이라는 용어는 "화환신용장(documentary credit/documentary letter of credit)"을 의미하는 것으로 이해하면 된다.

신용장 명칭에 대한 미묘한 차이

신용장의 명칭으로는 'letter of credit', 'commercial credit', 'documentary credit' 등이 사용되며, 모두 신용장상 요구된 서류가 제시되면 개설은행이 지급책임을 지는 것으로 실질적으로 동일하다. 다만, 각각의 미묘한 차이점에 대해 보충 설명하면 다음과 같다.

- letter of credit : 신용장은 letter 양식으로 개설은행이 발행하여 수익자에게 교부하기 때문에 letter of credit라는 용어를 사용하며, 가장 널리 사용된다.
- commercial credit : 상사거래(commercial transaction)의 결제를 위해 개설은행이 신용장을 개설하여 commercial credit라는 용어를 사용한다.
- documentary credit : 신용장조건의 일치 여부를 결정하기 위해 신용장에 기재된 서류의 제시를 요구하므로 documentary credit라는 용어를 사용한다.

출처: Gary Collyer, *the Guide to Documentary Credits 3rd*, 2007, the International Financial Services Association, p.4

신용장은 기본거래인 매매계약을 원인으로 발행되는 것이지만, 기본거래인 매매계약과는 별개의 독립적인 지급확약이므로 제시된 서류의 일치 여부만을 기준으로 지급 여부를 결정한다. 이에 따라 제시된 서류가 일치하기만 하면 매수인의 서류인수(또는 물품인수)의사와는 관계없이 개설은행은 신용장대금을 지급해야 한다. 또한, 기본거래인 매매계약에서 분쟁이 발생한 경우에도 개설은행은 신용장대금을 지급해야 한다. 따라서 신용장을 통해 매도인은 대금지급을 보장받을 수 있다. 그러나 서류의 일치 여부에 대해서는 엄격한 기준이 적용되기 때문에 기본거래인 매매계약을 정상적으로 이행하였음에도 불구하고, 제시된 서류에 하자가 있으면 신용장대금을 지급받지 못한다.

한편, 국제거래에서 신용장의 이용이 높아짐에 따라 신용장에 대해 적용되는 법칙의 통일화 필요성이 제기되었다. ICC에서는 1933년 신용장통일규칙을 제정하였는데, 신용장통일규칙은 거의 모든 신용장에서 사용되고 있어 가장 널리 사용되는 국제적 통일규칙으로 자리 잡고 있다.

신용장은 기본거래인 매매계약과는 독립적인 지급확약이기 때문에 원칙적으로 매매계약이 이행되지 않았다고 하더라도 신용장조건에 일치하는 서류가 제시되면, 개설은행은 대금을 지급해야 한다. 이를 독립성의 원칙(Independence Principle)이라고 한다. 그러나 매매계약을 전혀 이행하지 않고 서류를 위조하여 신용장대금을 청구하는 등 신용장을 악용한 사기적 거래에 대해서도 개설은행의 지급책임을 인정해야 하는지 논란이 되어 왔다. 건전한 국제거래질서를 확립하기 위하여 대다수의 국가에서 이러한 사기적 거래에 대해서는 개설은행의 지급책임을 부정하고 있다. 이를 독립성의 사기예외(Fraud Exception)라고 한다.

1. 개념

신용장(letter of credit)이란, 신용장에서 요구하고 있는 서류가 제시되면 신용장개설은행이 신용장에서 정한 금액을 수익자 앞으로 지급하기로 하는 지급확약이다.

신용장은 개설의뢰인의 신청과 지시에 의해 개설은행이 발행하고 개설은행은 신용장조건에 일치하는 서류가 제시되면 신용장대금을 지급하며, 신용장은 어떤 명칭을 사용하든지 관계없이 이러한 내용을 충족시키면 신용장으로 인정된다.

한편, 신용장통일규칙(UCP 600)에서는 '화환신용장(documentary credit)은 그 명칭과 상관없이 개설은행이 일치하는 제시에 대하여 결제(honour)하겠다는 확약으로서 취소가 불가능한 모든 약정을 의미한다'고 규정하고 있다(UCP 600 제2조). 신용장은 개설의뢰인의 신청과 지시에 의해 개설은행이 발행하고, 개설은행은 신용장조건에 일치하는 서류가 제시되면 신용장대금을 지급하며, 신용장은 어떤 명칭을 사용하든지 관계없이 이러한 내용을 충족하면 신용장으로 인정된다.

신용장통일규칙에서 신용장의 정의
- '신용장(Credit)은 그 명칭과 상관없이 개설은행이 일치하는 제시에 대하여 결제(honour)하겠다는 확약으로서 취소가 불가능한 모든 약정을 의미한다(UCP 600 제2조).
- 'Credit means any arrangement, however named or described, that is irrevocable and thereby constitutes a definite undertaking of the issuing bank to honour a complying presentation.'

* 결제(honour)의 의미
UCP 600에 의하면, 결제(honour)는 a. 신용장이 일람지급에 의하여 이용가능하다면 일람출급으로 지급하는 것. b. 신용장이 연지급에 의하여 이용가능하다면 연지급을 확약하고 만기에 지급하는 것. c. 신용장이 인수에 의하여 이용가능하다면 수익자가 발행한 환어음을 인수하고 만기에 지급하는 것으로 규정하고 있는바, 결국 결제라는 것은 신용장대금을 지급하는 것이다.

☞ 신용장의 독립성의 사기예외(Fraud Exception)를 인정한 미국 최초의 판결인 Sztejn v. J. Henry Schroder Banking Corporation et al.(1941)에서 신용장을 다음과 같이 정의하였다.

'A letter of credit is independent of the primary contract of sale between buyer and seller to whom letter is issued, and issuing bank agrees to pay upon presentation of documents, not goods.'

신용장은 18세기에 널리 사용된 여행자신용장(traveller's letter of credits)과 관련하여 처음 도입된 것으로 보고 있다. 여행자신용장은 은행에 의해 발행되었는데, 고객이 외국 여행을 할 때 많은 현금을 가지고 가는 것은 위험하므로 고객은 자신의 국가에서 여행자신용장(최대 이용가능금액과 유효기일 기재)을 발급받고, 이 신용장을 제시하여 외국 현지은행으로부터 현금을 지급받을 수 있었다.

2. 거래절차

무역실무에서 전형적인 신용장거래의 절차는 다음과 같다.

① 수출자와 수입자간에는 매매계약을 체결한다. 매매계약에서 결제조건을 신용장방식으로 정한다.

② 수입자, 즉 개설의뢰인(applicant)은 자신의 거래은행에 신용장개설을 의뢰한다. 개설은행은 개설의뢰인의 신용도를 심사하여 신용한도(credit limit) 내에서 신용장을 개설한다. 신용한도가 부족한 경우에는 별도의 담보를 요구한다.

③ 개설은행(issuing bank)은 수출자를 수익자(beneficiary)로 하여 신용장을 개설한다. 신용장의 내용은 신용장조건과 일치하는 서류를 제시하면 개설은행이 신용장대금을 지급한다는 확약이다. 통상 SWIFT를 통해 신용장을 수출자의 거래은행인 통지은행(advising bank)에 전송한다.

④ 통지은행은 개설은행의 test key를 이용하여 신용장의 진정성 여부를 확인한다. 그리고 신용장을 출력하여 신용장통지서와 함께 수익자에게 교부한다.

⑤ 수출자, 즉 수익자(beneficiary)는 신용장의 내용을 수출계약서와 대조한다. 신용장의 내용에 이상이 있으면, 수입자에게 신용장 조건변경(amendment)을 요청한다. 한편, 신용장의 내용에 이상이 없으면, 물품을 준비하여 선적하고, 운

송인으로부터 운송서류를 교부받는다. 운송인으로부터 받은 선하증권은 운송계약인 동시에 물품 수령증이 된다.

⑥ 수익자는 선하증권, 상업송장 등 신용장에서 요구되는 서류를 개설은행 앞으로 송부한다. 통상 개설은행 앞으로 직접 송부하지 않고, 자신의 거래은행에 환어음 및/또는 선적서류를 매도(negotiation)한다.

⑦ 매입은행(negotiating bank) 또는 기타 지정은행(nominated bank)은 개설은행 앞으로 신용장에서 요구되는 서류를 송부한다.

⑧ 실무적으로 서류가 도착하면 개설은행은 개설의뢰인에게 서류 인수 여부를 문의한다. 그리고 개설의뢰인으로부터 서류 인수증을 받고, 서류를 교부한다.

⑨ 개설의뢰인으로부터 서류 인수증을 받으면, 개설은행은 매입은행 앞으로 서류인수통보(acceptance advice : A/A)를 하고, 지급기일에 신용장대금을 지급한다. 개설의뢰인이 인수거절 의사를 표시하면, 선적서류를 면밀히 심사하여 하자가 발견되면 매입은행 앞으로 인수거절통지(refusal notice)를 한다. 만약 서류에 하자가 없다면, 개설은행은 서류를 인수하고 인수통보를 해야 한다.

신용장거래 도해

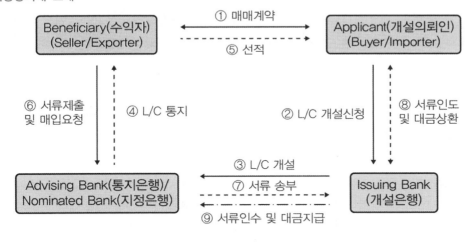

3. 신용장의 기본원칙

1) 신용장의 독립성과 추상성

신용장의 독립성(independence principle, autonomy of the credit)이란, 신용장은 기

본거래인 매매계약이나 기타 거래와는 별개의 독립된 거래라는 것이다. 은행은 이러한 매매계약에 관여되어서도 안 되고, 구속되지도 않는다. 은행은 수익자가 제시한 서류가 신용장과 일치하는지만 심사하며, 개설은행은 수익자의 기본계약불이행(즉 수출계약불이행)을 사유로 신용장대금의 지급을 거절할 수 없다.

신용장통일규칙(UCP 600) 제4조에서는 "신용장은 그 본질상 그 기초가 되는 매매 또는 다른 계약과는 별개의 거래이다. 신용장에 그러한 계약에 대한 언급이 있더라도 은행은 그 계약과 아무런 관련이 없고, 또한 그 계약 내용에 구속되지 않는다. 따라서 신용장에 의한 결제(honour), 매입 또는 다른 의무이행은 개설의뢰인과 개설은행, 수익자 사이에서 발생된 개설의뢰인의 주장이나 항변에 구속되지 않는다. 수익자는 어떠한 경우에도 은행들 사이 또는 개설의뢰인과 개설은행 사이의 계약관계를 원용할 수 없다"고 규정하여 신용장의 독립성을 명시하고 있다. 신용장에서 독립성을 기본원칙으로 하는 이유는 기본거래에서 발생하는 문제를 들어 신용장대금의 지급을 거절하는 것을 막기 위한 것이다. 신용장에서 독립성이 없다면 결국 신용장의 담보력은 약화되어 신용장 도입의 목적을 달성할 수 없게 될 것이다.

신용장의 추상성이란, 신용장은 서류거래이고, 물품이나 용역으로 거래하는 것이 아니라는 것이다. 즉 신용장대금의 지급조건으로 서류만 요구하며, 매매계약에서 물품이나 용역의 제공을 요구하는 것과는 다르다. 신용장통일규칙 제5조에서 "은행은 서류로 거래하는 것이며 그 서류가 관계된 물품, 용역, 의무이행으로 거래하는 것은 아니다"라고 규정하여 신용장의 추상성을 명시하고 있다.

은행의 서류심사

1) 서류심사 개요

신용장거래는 물품, 용역 또는 기타의 의무이행과 관계없이 서류로 의해 거래하는 것이다(UCP 제5조). 이에 따라 서류가 신용장조건과 일치하는지를 판단하는 것이 매우 중요하다. 은행(개설은행, 지정은행, 확인은행 등)은 서류가 문면상 일치하는지 여부를 심사한다(UCP 제14조a). 그리고 은행은 어떠한 서류이든지 다음에 대하여는 책임을 부담하지 않는다(UCP 제34조).

① 어떤 서류의 방식, 충분성, 정확성, 진정성, 위조 여부 또는 법적 효력 또는 서류에 명시되거나 위에 추가된 일반 또는 특정조건

② 어떤 서류에 나타난 물품, 용역 또는 다른 이행의 기술, 수량, 무게, 품질, 상태, 포장, 인

도, 가치 또는 존재 여부

③ 물품의 송하인, 운송인, 운송중개인, 수하인 또는 보험자 또는 다른 사람의 선의 또는 작위 또는 부작위, 지불능력, 이행 또는 지위(standing)

2) 지급거절

개설은행(또는 확인은행)은 서류접수일 다음날로 기산하여 최장 5은행영업일 이내에 서류하자통지를 해야 한다(UCP 제14조). 서류하자 통지는 단 1회만 가능하므로 한 번에 모든 하자를 기재하여 통보하여야 한다. 2회 이상 하자통지한 경우 첫 번째 하자통지만 유효하다.

독립성과 추상성

독립성	신용장은 기본계약(매매계약)과는 별개 신용장은 기본계약의 영향을 받지 않음
추상성	개설은행은 제시된 서류만 심사하여 지급 여부 결정 물품검사, 기본계약의 이행 여부 심사 없음

2) 엄격일치의 원칙

(1) 의의

엄격일치의 원칙(strict compliance rule, doctrine of strict compliance)이란, 신용장에서 요구되는 서류는 신용장조건과 엄격하게 일치해야 한다는 것이다. 신용장은 실물거래가 아닌 서류만의 거래이므로 신용장을 악용한 사기적 거래가 이루어질 가능성이 높다. 이에 따라 신용장에서 요구되는 서류는 신용장조건과 엄격하게 일치하여야 한다. 이는 형식적으로 일치해야 한다는 것을 의미할 뿐이므로 서류의 진정성 여부는 따지지 않는다.

(2) 엄격일치의 정도

개설은행은 물품을 보지 않고 서류만 보게 되므로 신용장 서류가 신용장조건과 '완전일치(perfect tender)' 또는 '엄격일치(strict compliance)'할 것을 주장한다. 신용장통일규칙 제14조제a항에서는 은행은 '서류에 대하여 문면상 일치하는 제시가 있는지 여부를 단지 서류만에 의해서 심사하여야 한다'고 규정하고 있을 뿐, "일치(compliance)"에 대해서는 별도로 정의하지 않고 있다. 즉 어느 정도의 일치를 요구하는지는 명확히 규정하지 않고 있다. 이에 따라 "일치"의 정도는 국제은행표준관습에 맡겨져 있다

(대법원 2003. 11. 14. 선고 2002다7770 판결).

　　물품의 명세를 나타내는 가장 주된 서류는 상업송장이므로 상업송장상의 물품의 명세는 구체적이고, 신용장상의 물품명세와 엄격하게 일치해야 한다. 상업송장상의 물품, 서비스 또는 의무이행의 명세는 신용장상의 그것과 일치하여야 한다(UCP 600 제18조제c항). 그러나 여기에는 영미 보통법상의 "경상의 법칙(mirror image rule)"은 적용되지 않으며, 거울에 비치듯이 일치해야 하는 것은 아니다.

'신용장 첨부서류가 신용장조건과 문언대로 엄격하게 합치하여야 한다고 하여 자구 하나도 틀리지 않게 완전히 일치하여야 한다는 뜻은 아니며, 자구에 약간의 차이가 있더라도 은행이 상당한 주의(reasonable care)를 기울이면 그 차이가 경미한 것으로서 문언의 의미에 차이를 가져오는 것이 아니고 또 신용장조건을 전혀 해하는 것이 아님을 문면상 알아차릴 수 있는 경우에는 신용장조건과 합치하는 것으로 보아야 하고, 그 판단은 구체적인 경우에 신용장조건과의 차이가 <u>국제적 표준은행거래관습에 비추어 용인될 수 있는지 여부에 따라야 할 것인데,</u>' (대법원 2003. 11. 14. 선고 2002다7770 판결)

　　영국 법원은 J.H. Rayner & Co. Ltd. v. Hambro's Bank, Ltd1943)사건에서 비록 각 라벨에 동일한 물품이 사용되기도 하지만 "machine shelled groundnut kernels"와 "Coromandel groundnuts"은 동일한 물품명세가 아니라고 판결한 바 있다. 그리고 미국 법원에서는 Hanil Bank v. Pt. Bank Negara ndonesia(1998)사건에서는 신용장에서 실수로 수익자를 "Sung Jin Electronics"라고 기재하였고, 제시된 서류에서는 정확하게 "Sung Jun Electronics"라고 기재한 사건에서도 서류가 신용장조건과 일치하지 않는다고 판시하였다.

　　한편, 신용장에서는 "FOB Shimonoseki"로 정하고 있는데, 상업송장에서 "FOB Japan"으로 기재된 사안에서 ICC의 은행위원회에서는 비록 위원 전원일치의 의견이 아니고 다수의견이지만 이 상업송장은 불일치하지 않는다고 보았다(ICC Banking Commission Collected Opinions 1995−2001, 2002, ICC Publishing S.A. p.368)(이 사건에서 제시된 선하증권 상 선적항이 "Shimonoseki"로 기재되었고, 이 선하증권으로 선적항이 "Shimonoseki"임을 알 수 있기 때문에 불일치가 아니라고 보았다. 만약, 선하증권 상에도 선적항이 "Japan port"으로 기재되었다면, 불일치로 보았을 것이다).

엄격일치 관련 대법원 판결

1) 2003다63883 판결

신용장의 수익자이자 상업송장의 송하인 및 보험증권의 피보험자로 되어 있는 'SIN YOUNG TEXTILE LTD.'와 상업송장의 서명과 보험증권의 백지식 배서에 기재된 'SIN YOUNG TEXTILE CO., LTD.'는 회사 명칭의 기재에 일부 차이가 있기는 하나, 신용장의 요구서류들을 대조하여 보면 같은 주소를 가지는 동일한 회사임을 쉽게 알 수 있어 불일치하지 않는다 (대법원 2004. 6. 11. 선고 2003다63883).

2) 2005다6327 판결

신용장의 상품명세란에 기재된 포장상태가 상업송장에 기재된 상품명세에는 누락되어 있는 경우, 별도의 첨부서류인 포장명세서에 신용장과 동일한 포장에 관한 사항이 기재되어 있다고 하더라도 상업송장이 아닌 다른 서류에 의하여 상업송장의 하자를 보완할 수는 없으므로 신용장 조건과 상업송장 사이에 불일치가 있다(대법원 2006.4.28. 선고 2005다6327 판결).

3) 2002다7770 판결

'국제표준은행관행{International Standard Banking Practice (ISBP) for the examination of documents under documentary credits, ICC Publication No. 645(2003)}'은 신용장 선적서류의 심사와 관련하여 선적서류상의 철자오류 또는 타자 실수 등에 대한 국제표준은행관행으로서 선적서류에 단어나 문장에 있어서의 철자 오류 그리고(또는) 타자 실수에 의하여 그 의미에 영향을 주지 않는 기재의 차이가 있는 경우 그러한 오류는 해당 문서를 하자서류로 만들지 않지만, 상품 명세에 대한 기재의 오류(예를 들어 "model 321" 대신 "model 123" 이라고 기재되어 있는 경우)는 타자상의 오류로 간주되지 않을 것이고 동 문서는 하자서류로 인정될 것이라고 규정하고 있는바, 위와 같은 국제표준은행관행에 비추어 신용장에 첨부된 선적서류상에서 신용장 조건과 불일치가 있는 경우 그와 같은 기재상의 불일치가 신용장과 해당 서류의 성격상 요구되는 기본적 사항이 아니거나 문서를 작성하는 과정에서 발생한 단순하고 명백한 기재상의 실수로 인정되는 경우에는 선적서류와 신용장 조건의 불일치로 볼 수 없으나, 그와 같은 기재상의 불일치에 대하여 서류심사를 하는 은행의 입장에서 오류임이 명백하지 않거나 그 기재상의 차이로 인하여 의미상의 중요한 변화가 있을 수 있는 경우에는 신용장 조건과 선적서류상의 불일치에 해당한다고 보는 것이 타당하다(대법원 2003. 11. 14. 선고 2002다7770 판결).

4. 신용장의 종류

1) 취소불능신용장과 취소가능신용장

취소불능신용장(irrevocable credit)이란, 신용장개설 후에 개설은행이 수익자의 동의 없이 신용장을 취소할 수 없는 신용장을 말한다. 그리고 취소가능신용장(revocable credit)이란, 개설은행이 수익자의 동의 없이 취소할 수 있는 신용장을 말하는 것으로 신용장으로서의 담보력이 없다. 신용장통일규칙 제2조에서도 신용장은 개설은행이 일치하는 제시에 대하여 결제하겠다는 확약으로서 취소가 불가능한 모든 약정이라고 규정하고 있어, 취소가능신용장은 신용장으로 인정하지 않고 있다. 신용장에 취소가능 여부에 대한 표시가 없으면 취소불능신용장으로 본다(UCP 600 제3조). 신용장을 받은 경우 신용장문면에 취소가능이라는 문구가 있는지 확인해야 하며, '취소가능(revocable)'이라고 기재되어 있으며, 수입자에게 신용장 조건변경(amendment)을 요청해야 한다.

2) 화환신용장과 무화환신용장

화환신용장(documentary credit)이란, 지급제시의 조건으로 환어음, 운송서류 등 요구하는 신용장을 말하고, 무화환신용장(non-documentary credit)은 이러한 서류를 요구하지 않는 신용장을 말한다. 보증신용장(standby letter of credit)은 대표적인 무화환신용장이다. 한편, 무화환신용장을 클린신용장(clean credit)이라고도 한다.

3) 확인신용장

확인신용장(confirmed credit)이란, 개설은행이 발행한 신용장에 대해 확인은행이 결제를 확인한 신용장을 말한다. 확인신용장에서는 개설은행 뿐만 아니라 확인은행도 결제책임이 있다. 통상 개설은행의 신용도자 낮은 경우 신용도가 높은 은행이 확인하여 개설은행의 신용도를 보완하는 역할을 한다. 또한, 수출자가 수출국의 은행에 신용장대금을 청구하는 것을 원하는 경우 수입국의 은행에서 개설하고 수출국의 은행에서 신용장을 확인한다. 참고로 통지은행만이 확인은행이 될 수 있다.

4) 일람지급신용장, 기한부신용장, 연지급신용장, 매입신용장, 인수신용장

신용장통일규칙에서는 신용장은 일람지급, 연지급, 인수 또는 매입에 의하여 이용가능한지 여부를 명시해야 한다고 규정하고 있어(제6조제b항), 신용장은 일람지급신용장, 연지급신용장, 인수신용장, 매입신용장으로 구분될 수 있음을 시사하고 있다.

일람지급신용장 (sight credit)	환어음 또는 선적서류가 개설은행에 제시되면, 개설은행이 선적서류와 상환으로 즉시 신용장대금을 지급한다. 환어음이 요구되는 경우도 있고 요구되지 않는 경우도 있는데, 환어음이 요구되는 경우에는 일람출급환어음(sight draft, sight bill)이 요구된다.
인수신용장 (acceptance)	환어음과 선적서류가 개설은행에 제시되면 개설은행이 환어음을 인수하고 환어음의 만기일에 신용장대금을 지급한다. 인수신용장에서 기한부환어음(time draft, time bill)이 사용되는데, 기한부환어음은 지급시기에 따라 '일람후정기출급환어음(at ○○ days after sight)', '일자후정기출급환어음(at ○○ days after B/L date)', '확정일출급환어음(at July 1, 20XX)'로 구분할 수 있다. (1) Banker's Usance 　- 기한부환어음이 발행되지만 실제 대금지급은 at sight로 지급되며 인수수수료와 할인료는 개설의뢰인(buyer)이 부담한다. 결국 수출자 입장에서는 sight L/C와 별 차이가 없다. (문구) • Negotiation under this credit may be effected on at sight basis • Beneficiary's usuance draft must be negotiated on at sight basis • Acceptance commission and discount charge are for buyer's account (2) Shipper's Usance 　- 기한부환어음이 발행되고, 수익자는 환어음의 만기일에 환어음상의 금액만 지급되며, 별도로 이자는 지급되지 않는다. 물론 이자를 감안하여 신용장금액 및 환어음금액을 결정하는 것은 별개이다. (3) 인수신용장 예시 　　41a : Available with ----- By ----- 　　　　ABC Bank, Korea By Acceptance 　　42C : Drafts at --- 　　　　120 Days from B/L Date 　　42a : Drawee 　　　　ABC Bank
연지급신용장 (deferred payment credit)	선적서류가 개설은행에 제시되고 일정기간 경과 후에 개설은행이 신용장대금을 지급한다. 연지급신용장에서는 환어음이 발행되지 않는다는 점에서 인수신용장과 다르다.

매입신용장 (negotiation credit)	환어음과 선적서류를 매입하는 은행을 지정한 신용장을 말한다. 매입은행을 특정은행으로 제한할 수도 있고, 모든 은행으로 정할 수도 있는데, 전자를 매입제한신용장, 후자를 자유매입신용장이라고 한다.

예시	(예시 1) (인수신용장)
	      41a: Available with …… By ……
	           Korea Exchange Bank, Korea by acceptance
	      42C : Drafts at ---
	         120 Days after Sight
	      42A: Drawee
	           Korea Exchange Bank
	(예시 2) (환어음을 요구하는 지급신용장)
	      41a: Available with …… By ……
	           Korea Exchange Bank, Korea by payment
	      42A: Drawee
	           Korea Exchange Bank
	(예시 3) (연지급신용장)
	      41a: Available with …… By ……
	           Korea Exchange Bank, Korea by deferred payment
	      42P: Deferred Payment Details
	         90 Days from B/L Date
	(예시 4) (환어음을 요구하는 매입신용장-환어음의 지급은행과 매입은행은 동일한 은행이 아닐 것)
	      41a: Available with …… By ……
	           Korea Exchange Bank, Korea by negotiation
	      42A: Drawee
	         ABC Bank

* usance credit (usance L/C) : "acceptance credit"을 의미하는 것으로 사용하는 기관도 있고, "acceptance credit"과 "deferred payment credit"을 모두 포함하는 의미로 사용하는 기관도 있음.

5) 양도가능신용장, 양도불능신용장

양도가능신용장(transferable credit)이란, 신용장 자체에 "양도가능(transferable)"이라고 특정하여 기재하고 있는 신용장을 말한다(UCP600 제38조제b항). 신용장이 양도가능하기 위해서는 반드시 신용장에 "양도가능"이라고 명시되어야 한다. 그렇지 않으면 양도불능신용장이다. 양도가능신용장은 수익자(제1수익자)의 요청에 의하여 전부 또는 부분적으로 다른 수익자(제2수익자)에게 이용하게 할 수 있다(UCP600 제38조제b항). 양도시에 달리 명시하지 않으면 양도에 관련된 수수료는 제1수익자가 부담한다. 그러나 신용장양도(transfer of credit)와 신용장대금양도(assignment of proceed)는 구별해야 한다. 신용장양도는 신용장상의 지위를 모두 이전하는 것이고, 신용장대금양도는 신용장상 지급받을 대금채권만 양도하는 것이다.

6) 내국신용장

내국신용장(Local L/C)은 수출자가 국내에서 생산되는 수출용 완제품 또는 수출용 원자재를 국내의 다른 공급업체로부터 구매할 때, 공급업체를 수익자로 하여 개설되는 신용장이다. 내국신용장은 수출자의 신용도를 보완하는 역할을 하며 수출자가 개설의뢰인이 된다. 국내업체간 이용된다는 점을 제외하고는 일반신용장과 그 특징이 동일하다. 내국신용장은 그 내용에 따라 원자재 내국신용장과 완제품 내국신용장으로 구분한다. 내국신용장의 기능을 보면, 공급업체인 수익자에게는 ① 수출실적으로 인정받고 ② 은행이 대금지급책임을 부담하므로 대금지급이 확실해지고 ③ 무역금융의 융자대상으로 인정받고 ④ 부가가치세 영세율을 적용받게 된다. 그리고 구매업체(수출자)인 개설의뢰인에게는 ① 수출용 원자재 또는 완제품을 쉽게 조달할 수 있고 ② 무역금융의 하나로 내국신용장이 개설되고 ③ 부가가치세 영세율을 적용받는다.

내국신용장과 유사한 것으로 구매확인서가 있는데, 구매확인서라 함은 내국신용장을 개설할 수 없는 상황 하에서 수출용 원자재구매의 원활을 기하고자 수출자의 거래은행이 내국신용장에 준하여 발급하는 증서를 말한다.

내국신용장(local L/C)과 구매확인서(approval of purchase)

내국신용장에 의하지 아니하고 국내에서 외화획득용 원료 또는 물품을 공급하는 경우에 외국환은행의 장이 내국신용장에 준하여 발급하는 것을 말한다. 내국신용장은 개설의뢰인의 화환신용장을 근거로 하여 발급되지만, 구매확인서는 원료·기재의 구매자의 신청에 의하여 수출신용장, 수출계약서, 외화매입증명서, 내국신용장, 구매확인서 등을 근거로 하여 발급된다. 이는 화환신용장의 결여로 수출지원금융의 융자대상에서 제외되는 데에서 오는 불이익을 보완하기 위한 제도이다. 구매확인서에 의한 공급실적은 내국신용장에 의하여 공급한 것과 동일한 것으로 보아 수출업자에 대한 수출실적으로 인정되며, 부가가치세에 있어서도 영세율의 적용대상으로 규정하고 있다(발급된 구매확인서에 의해 2차 구매확인서를 발급받을 수 있다).

신용장 · 내국신용장 · 구매확인서 거래 절차

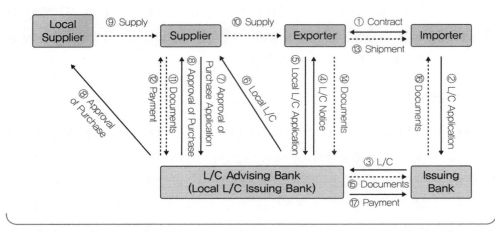

7) 백투백신용장

원신용장의 수익자(수출자)가 수출물품의 생산자가 아닌 경우 원신용장을 담보로 물품공급업체를 수익자로 하는 제2신용장이 제공되는 경우 원신용장을 백투백신용장 (back to back credit)이라고 한다. 오늘날에는 국가간의 수출입의 균형을 유지하기 위한 연계무역에 사용되는 신용장을 의미하는 것으로 사용된다(예를 들어, 우리나라에서 수입신용장을 개설하는 경우, 외국에 있는 수출자가 우리나라의 상품을 수입하는 신용장을 개설해야 비로소 우리나라에서 개설된 수입신용장이 유효하다는 조건부신용장을 말한다). "countervailing credit" 또는 "overiding credit"이라고도 한다.

제1유형
① 개설은행 → 수출자 : L/C 제공(Back to Back L/C) ② 수출자 → 공급업체 : L/C 제공 (Back to Back L/C를 담보로 수출자의 거래은행에서 L/C 개설(Local L/C)
제2유형
한국(수입자) → 중국(수출자) : 수입 L/C 제공(중국에서도 연계무역용 L/C를 한국(수출자)에게 제공해야 한국(수입자)가 제공한 수입 L/C 유효(이 신용장을 Back to Back L/C)

---

8) 토마스신용장

토마스신용장(Thomas Credit)은 백투백신용장과 유사하나, 토마스신용장에서는 신용장개설을 조건으로 하지 않고, 신용장을 개설하겠다는 보증서를 제출하는 조건부로 하는 신용장을 말한다. 'Thomas'란 용어는 최초로 이 방식을 중국과 거래를 성사시킨 일본 무역회사의 전신약호에서 유래되었다.

예시) 한국(수입자) → 중국(수출자) : 수입 L/C 제공(중국에서도 연계무역용 L/C를 개설하겠다는 보증서를 제공해야 수입 L/C 유효)

9) 선대신용장

선대신용장(red clause credit, advance payment credit, packing credit, anticipatory credit)이란, 신용장 통지은행(또는 매입은행)이 수출자에게 선지급하도록 허용하는 조항을 포함하는 신용장을 말한다. 이러한 선지급조항이 적색으로 기재되어 "red clause credit"라고 부르게 되었다. 수출자가 수출계약을 이행하기 위해서는 물품의 생산, 구매 등에 자금이 소요되므로 자금이 부족한 수출자에게 이러한 자금을 제공하는 신용장이다.

10) 회전신용장

회전신용장(revolving credit)은 신용장금액 범위내에서 반복적으로 사용할 수 있는 신용장으로 지속적으로 거래를 하는 수출입자간에 반복적으로 신용장을 개설하는 불편함을 해결하기 위하여 사용된다. 어느 순간에도 청구금액은 신용장금액을 초과할 수 없으나, 신용장 청구금액이 결제되면 그 금액만큼 신용장 이용한도가 증액된다. 일종의 신용장 마이너스 한도로 이해할 수 있다.

11) 기업발행신용장(또는 비은행발행신용장)

기업발행신용장이란 비은행(non-bank)에서 발행한 신용장을 말한다. 신용장통일규칙에서 기업발행신용장을 인정할 수 있느냐에 대해 의견이 분분하였으나, 2002년 10월 30일에 ICC 은행위원회 정책서에서 기업발행신용장을 인정할 수 있다는 공식의견을 내렸다. 제6차 신용장통일규칙 개정 초안에서 기업발행신용장을 인정하였으나 최종안에는 반영되지 않았다.

기업발행신용장이 문제가 된 것은 미국에서 SWIFT MT 700(Issue of a Documentary Credit) 포맷을 이용하여 발행한 신용장이 통지은행을 통해 통지되고 있기 때문이었는데, 현재는 SWIFT MT 710(Advise of a third bank's, a nonbank's documentary credit)을 이용하도록 하여 은행발행신용장과 구분하고 있다. MT 710은 기업이 신용장을 발행할 뿐만 아니라 비은행금융기관이 발행하는 경우에도 사용되고 있다(참고로 신용장통일규칙에서는 'Issuing Bank'라는 용어를 사용함에 비해, 보증신용장통일규칙 및 미국 통일상법전에서는 "Issuer"라는 용어를 사용하여 은행 이외의 자도 보증신용장 또는 신용장개설이 가능한 것으로 보인다).

은행보다도 신용이 좋은 기업이 신용장을 발행하는 경우 신용장개설 수수료를 절약할 수 있으며, 신용장 발행금액이 여신으로 계상되지 않아 기업의 재무비율이 좋아지게 된다. 수익자 입장에서도 신용장을 통해 서류가 완벽하면 대금을 지급받게 되므로 신용장의 효용을 그대로 누릴 수 있다. 그러나 신용장을 발행한 기업은 기본거래의 당사자가 되므로 신용장의 독립성을 완전히 보장받을 수는 없다. 그리고 은행은 신용장발행을 전문으로 하고 있기 때문에 신용장거래에서 평판이 매우 중요하다. 그러나 기업은 신용장발행을 전문으로 하는 것이 아니므로 신용장에서의 평판이 상대적으로 덜 중요하다. 이에 따라 신용장대금지급거절의 가능성이 높다.

Section 03   신용장의 당사자와 기능 _____

1. 신용장의 당사자

1) 개설의뢰인

개설의뢰인(applicant)은 신용장 개설을 신청한 당사자를 말한다. 통상 매수인이 개설의뢰인이 된다. 개설의뢰인은 자신의 거래은행에 신용장 개설을 의뢰하며, 개설은행은 개설의뢰인의 신용도를 심사하여 신용장개설 여부를 결정한다.

2) 수익자

수익자(beneficiary)는 신용장개설을 통하여 이익을 받는 당사자를 말한다. 다시 말해 신용장대금을 청구하여 받는 자를 말한다. 통상 매도인이 수익자가 된다. 수익자는 신용장에 일치하는 서류를 개설은행 앞으로 제시하며 개설은행은 제시된 서류가 신용장과 일치하면 서류를 인수하고 대금을 지급한다. 신용장은 수익자를 위한 것이므로 수익자가 신용장에서 요구되는 서류를 제시하지 않는다고 하여 수익자가 개설은행 앞으로 신용장조건 불이행으로 인한 손해배상책임을 부담하는 것은 아니다. 단지 신용장대금을 받지 못할 뿐이다.

3) 개설은행

개설은행(issuing bank)은 개설의뢰인의 신청 또는 그 자신을 위하여 신용장을 개설한 은행을 말한다. 개설은행은 개설의뢰인의 요청에 따라 매도인을 수익자로 하여 신용장을 개설하고 수익자가 신용장에 요구되는 서류를 제시하면 서류를 인수하고 신용장대금을 지급한다. 따라서 개설은행은 신용장에서 채무자가 되고 수익자는 채권자가 된다.

4) 통지은행

통지은행(advising bank)은 개설은행의 요청에 따라 신용장을 통지하는 은행이다. 통지은행은 통상 수익자의 소재국에 있는 은행이 되며, 통지은행에서 선적서류를 매입하는 경우가 많다(통지은행이 매입은행이 되는 경우가 많다).

참고로 통지은행은 신용장의 진정성 여부를 확인해야 한다.

5) 확인은행

확인은행(confirming bank)은 개설은행의 수권 또는 요청에 의하여 신용장에 확인을 한 은행을 말한다. 그리고 확인(confirmation)이란, 일치하는 제시에 대하여 결제(honor) 또는 매입하겠다는 개설은행의 확약에 추가하여 확인은행이 하는 확약을 의미한다. 확인은행의 지급책임은 개설은행과 동일하다. 수익자가 확인은행 앞으로 신용장에서 요구하는 서류를 제시하여 신용장대금의 지급을 청구하면 확인은행은 신용장대금을 지급해야 한다. 통상 확인은행은 개설은행보다 신용도가 높고, 개설은행의 신용도를 보완하는 역할을 한다. 개설은행은 통지은행에 확인요청을 하고 통지은행이 이를 수락하면 확인은행이 된다. 신용장이 확인은행에서 매입의 방법으로 이용 가능하다면, 확인은행은 상환청구권(recourse) 없이 매입하여야 한다(UCP 600 Art 8(a)(ⅱ)).

통상 개설은행으로부터 확인의 수권 또는 요청을 받은 은행은 통지은행이고, 그 통지은행이 확인을 추가하는 경우 확인은행이 된다. 확인의 수권 또는 요청을 받은 은행은 확인을 추가할 의무는 없지만, 확인을 추가하지 않기로 결정한 경우에는 지체 없이 그 사실을 개설은행에 알려야 한다(UCP 600 Art 8(d)).

신용장 확인에 대한 보충설명
1) 49 field(49: Confirmation Instructions)에는 다음 중 하나 기재
　① CONFIRM :
　　- 수신인(통지은행)에게 확인 추가 요청(a request to add confirmation)
　　- 확인을 추가하지 않는 경우 그 사실(확인 미추가 사실)을 개설은행에 통지할 것 (UCP 600 Art 8(d)).
　② MAY ADD :
　　- 수신인(통지은행)에게 확인 추가 권한 부여(an authorization to add confirmation)
　　- 수익자가 확인수수료를 부담하는 경우에 확인을 추가함(통지은행은 확인을 추가하지 않은 채 신용장을 수익자에게 통지하고, 이후 수익자로부터 확인 추가 요청을 받으면, 수익자로부터 확인수수료를 받고 확인을 추가함).
　　- 확인을 추가하지 않는 경우 그 사실(확인 미추가 사실)을 개설은행에 통지할 것 (UCP 600 Art 8(d)).

③ WITHOUT :

  - 수신인(통지은행)에게 확인 추가 미요청 또는 확인 추가 권한 미부여

  - 확인을 추가할 수 없음.

2) 확인을 추가하는 경우("① CONFIRM"의 경우) : covering letter에 다음의 내용을 기재하여 수익자에게 신용장 교부(다음 문안을 stamp로 날인하는 경우도 있음)

"As requested by the Issuing Bank, we hereby add our confirmation to the Credit in accordance with the stipulations under UCP 600 Art. 8."

3) 확인을 추가하지 않는 경우("① CONFIRM"의 경우) : covering letter에 다음의 내용을 기재하여 수익자에게 신용장 교부(다음 문안을 stamp로 날인하는 경우도 있음)

"We have not added our confirmation to this Credit and consequently this Credit conveys no engagement on our part."

4) ② "MAY ADD"의 경우 통지은행은 다음의 내용을 기재하여 수익자에게 신용장 교부(다음 문안을 stamp로 날인하는 경우도 있음)

"We are authorized to add our confirmation to this credit, at your request. Upon our receipt of your request, the matter will receive our further consideration."

출처: Gary Collyer, *Guide to Documentary Credits*, 5th ed, The London Institute of Banking & Finance, 2017, pp.138-145.

6) 지정은행

지정은행(nominated bank)은 일람지급, 연지급, 인수 또는 매입을 할 수 있도록 신용장에서 권한을 받은 은행을 말한다. 신용장에서 이용가능한 은행을 정한 경우(예시: '~ available with ABC Bank') 그 은행이 지정은행이 되며, 어느 은행에서나 이용가능하다고 정한 경우(예시: '~ available with any bank') 모든 은행이 지정은행이 된다. 지정은행이 정해져 있어도 수익자는 지정은행을 통하지 않고 직접 개설은행에 서류를 제시할 수 있다(UCP 600 Art 6(a)).

그러나 지정은행이 반드시 지급, 인수, 또는 매입을 해야 하는 것은 아니다. 지정은행이 확인은행이 아니라면 지정은행이 수익자에게 결제 또는 매입할 것을 명시적으로 동의하고 이를 수익자에게 통지한 경우를 제외하고는 결제 또는 매입에 대한 수권이 지정은행에 결제 또는 매입할 의무를 부과하지는 않는다(UCP 600 Art 12(a)). 지정은행이 신용장과 일치하는 서류제시에 대하여 결제 또는 매입을 하고 그 서류를 개

설은행에 송부하면 개설은행은 지정은행에 동대금을 상환해야 한다. 그리고 개설은행의 지정은행 앞 상환은 지정은행이 만기 이전에 선지급하거나 매입하였는지 여부에 관계없이 만기일에 상환한다(UCP 600 Art 7(c)).

지정은행(nominated bank)과 역할

- '이용가능하다'는 것은 'available'로 표기하는데, 'available with ABC Bank'라고 기재된 경우 ABC 은행이 지정은행이 되며, 'available with any Bank'라고 기재된 경우 모든 은행이 지정은행이 된다.
- 지정은행이란, 개설은행으로부터 지급, 연지급, 인수, 매입을 할 수 있도록 권한을 부여받은 은행을 말한다. 지정은행의 구체적인 역할은 신용장에서 정해진다(지정은행의 지급, 매입 등은 지정은행의 권한일 뿐이며, 지정은행에게 지급, 매입 등의 의무가 있는 것은 아니다).
- 지정은행의 표시방법 및 역할 : 'available with ABC Bank by ~' 'by ~' 이하에 기재되는 것이 지정은행의 역할이다.

  예시 1) 'available with ABC Bank by negotiation' : ABC Bank가 지정은행이며, 지정은행의 역할은 매입(negotiation)이다. 이 신용장의 경우 ABC Bank에서만 매입이 가능하며, 이를 "제한매입신용장"이라고 한다.

  예시 2) 'available with any bank by negotiation' : '모든 은행(any bank)'이 지정은행이 될 수 있으며, 지정은행의 역할은 매입(negotiation)이다. 이 신용장의 경우 모든 은행에서 매입이 가능하며, 이를 "자유매입신용장"이라고 한다.

  예시 3) 'available with ABC Bank by payment' : ABC Bank가 지정은행이며, 지정은행의 역할은 지급이며, 이를 "지급신용장"이라고 한다.

  예시 4) 'available with ABC Bank by deferred payment' : ABC Bank가 지정은행이며, 지정은행의 역할은 연지급이며, 이를 "연지급신용장"이라고 한다.

  예시 5) 'available with ABC Bank by acceptance' : ABC Bank가 지정은행이며, 지정은행의 역할은 인수(환어음인수)이며, 이를 "인수신용장"이라고 한다.

- 지정은행 관련, 대법원에서는 '연지급신용장이 개설된 사안에서 당해 연지급신용장은 대금의 지급이나 선적서류 매입을 위한 지정은행을 특별히 지정하지 않고 그 문면상 자유 매입에 대한 명확한 수권도 없는 반면, 오히려 명확히 대금의 지급은 개설은행에서만 가능하다는 점과 그 선적서류의 제시 장소와 신용장의 유효기간의 기준장소도 개설은행이 소재하고 있는 곳으로 기재되어 있는 사실에 비추어 신용장에 관하여 대금의 지급이나 선적서류 매입을 위한 개설은행에 의한 은행의 지정이나 수권은 이루어지지 않았다.'고 판시하였다. (대법원 2003. 1. 24. 선고 2001다68266 판결)

7) 매입은행

신용장에서 개설은행 이외의 은행이 추심 전 매입할 수 있다고 정한 경우 환어음 또는 선적서류를 추심 전 매입하는 은행이 매입은행(negotiating bank)이다. 지정은행만이 환어음 또는 선적서류를 매입할 수 있으므로 매입은행은 지정은행 중 하나가된다. 즉 지정은행의 범위가 매입은행의 범위보다 넓다. 그 이유는 지정은행은 매입 외에 지급 또는 인수도 할 수 있기 때문이다.

2. 당사자간의 법률관계

1) 개설의뢰인과 수익자간의 법률관계

개설의뢰인과 수익자는 신용장상 직접적인 권리의무관계가 없다. 양당사자는 신용장과 별개의 매매계약서에서 매매대금의 지급을 신용장방식으로 정하며, 매수인은 개설은행에 신용장개설을 의뢰하며, 개설은행은 매도인 앞으로 신용장을 개설한다.

신용장에 기해 매도인은 수출을 이행한 후 개설은행 앞으로 신용장에서 요구되는 서류를 제시하고 신용장대금을 지급받는다. 매도인이 정상적으로 수출을 이행하였어도 제시된 서류가 신용장의 조건과 일치하지 않는 경우(즉 서류하자 시) 개설은행은 신용장대금의 지급을 거절할 수 있다.

2) 개설의뢰인과 개설은행의 법률관계

개설의뢰인은 개설은행 앞 신용장 개설 요청을 할 때 신용장 개설약정을 체결한다. 개설의뢰인과 개설은행의 법률관계는 이 약정에 의해 결정된다. 통상 외국환여신거래약정서라는 양식을 이용하여 이러한 약정을 체결한다. 이 약정에 기해 개설의뢰인은 개설은행에 신용장대금의 상환의무 등을 부담하고, 개설은행은 개설의뢰인의 지시에 따를 의무, 제시된 서류를 심사하고 신용장대금을 지급할 의무를 부담한다. 개설은행은 개설의뢰인의 수임인의 지위에 있다고 볼 수 있다.

대법원에서는 신용장통일규칙상의 신용장 개설은행의 수익자에 대한 신속한 하자통지의무와 그 위반시의 권리상실에 관한 규정은 신용장대금이 결제되기 전에 관한 것이고, 한편 개설의뢰인과 개설은행 간의 관계는 개설은행과 수익자 간의 신용장거래와는 본질을 달리하는 별개의 계약일 뿐 아니라 개설은행과 수익자 간의 신용장거래는 원칙적으로 개설의뢰인과 수익자 간의 원인관계로부터는 물론이고 개설의뢰인과 개설은행 간의 관계로부터도 독립하여 규율되고 있는 것이므로, 위 규정을 개설의뢰인과 개설은행 간의 관계에, 그것도 개설은행이 미리 신용장대금을 지급한 다음 사후에 개설의뢰인에게 선적서류를 송부한 경우에 그대로 적용할 수는 없다고 판시하고 있다(대법원 1998. 6. 26. 선고 97다31298 판결).

3) 수익자와 개설은행의 법률관계

개설은행은 수익자 앞으로 신용장을 개설하는데, 그 내용은 신용장에서 정한 서류를 제시하면 개설은행이 대금을 지급하는 내용이다. 즉 신용장의 주된 당사자는 개설은행과 수익자이다. 그러나 수익자가 개설은행 앞 서류를 제시하는 것은 수익자 자신을 위한 것이므로 서류를 제시하지 않는다고 하여 개설은행이 손해배상책임을 부담하는 것은 아니다.

3. 신용자의 기능

1) 수출자(수익자)의 입장

수출자(수익자) 입장에서 신용장의 주요 기능은 다음과 같다.

첫째, 신용장조건에 일치하는 서류제시가 이루어지면 대금지급이 보장된다. 즉, 수출대금 미결제위험이 감소한다. 수출대금 미결제위험 감소 요인은 세부적으로 다음과 같이 정리할 수 있다.

 ⅰ) 수입자의 신용(credit)이 개설은행의 신용(credit)으로 대체되어 대금미결제 가능성이 낮다. 일반적으로 개설은행은 자산규모가 크고, 정부의 감독을 받기 때문에 지급불능상태(insolvency) 또는 파산(bankruptcy)에 처하는 경우가 드물다. 다만, 영세한 개설은행은 지급불능상태 또는 파산에 처하는 경우가 발생할 수 있다. 따라서 신용장개설전에 개설은행의 요건에 대한 합의가 필요하다.

 ⅱ) 개설은행은 서류만 심사하므로 물품에 대한 클레임으로 대금지급을 거절할 수 없다. 무역거래에서 수입자가 물품에 대한 악의적인 클레임을 제기하여 대금지급을 거절하는 경우가 적지 않다. 그러나 신용장방식에서 개설은행은 서류심사만 하고 물품은 확인하지 않는다. 따라서 물품에 대한 클레임을 제

기할 수 없다. 다만, 물품에는 하자가 없으나 서류에 하자가 있는 경우에는 개설은행이 지급거절할 수 있는바, 수익자는 신용장 서류의 준비에 주의를 기울여야 한다.

둘째, 신용장은 무역금융(trade finance)을 가능하게 한다. 신용장이 개설되는 경우 선적전 무역금융(pre-shipment finance)과 선적후 무역금융(post-shipment finance)이 용이하다.

셋째, 신용장방식의 수출거래는 수출보험 이용한도(인수한도, 보상한도)가 크다. 무신용장방식의 수출거래는 수입자의 신용도에 따라 수출보험 이용한도가 책정되고, 신용장방식의 수출거래는 개설은행은 신용도에 따라 수출보험 이용한도가 책정된다.

2) 수입자(개설의뢰인)의 입장

일반적으로 개설은행은 신용장개설을 수입자에 대한 여신으로 취급한다. 따라서 신용장금액에 상당하는 금액이 수입자의 여신한도에서 소진되어 수입자의 현금흐름(cash flow)이 악화될 수 있다. 또한, 수입자는 개설수수료 등 신용장 관련 각종 수수료를 부담한다. 이와 같이 신용장은 수입자에게는 불리한 대금결제조건이 된다. 한편, 수입자는 신용장 제공에 대한 대가로 가격 인하 등 유리한 계약조건을 요구할 수 있다. 또한, 신용장제공으로 수입 경쟁이 치열한 물품에 대한 수입계약체결이 가능하다. 그리고 신용장방식은 선지급방식보다는 유리하다. 선적서류에는 이상이 없으나 실제 계약내용과 일치하지 않는 물품 인수에 대한 위험을 감소시키기 위하여 정교한 서류의 제공을 요구할 수 있다. 또한, 신용장 없이는 신용거래(외상거래)가 어려운 수입자도 신용장 제공에 의해 신용거래(연지급조건)를 제시할 수 있다. 연지급거래의 경우 수입자는 물품수령 후에 물품을 판매하여 그 대금으로 개설은행에 신용장대금을 상환하고, 개설은행은 그 상환대금으로 신용장대금을 지급할 수 있어, 수입자나 개설은행의 자금부담을 줄일 수 있다.

3) 개설은행의 입장

개설은행은 개설의뢰인인 수입자의 신용도를 심사하여 신용이 양호한 경우에는 별도의 담보 없이 신용장을 개설하고, 신용이 양호하지 않거나 신용한도에 여유가 없는 경우에는 담보를 제공받고 신용장을 개설한다. 개설은행은 신용장발행 수수료를 받게 되므로 신용장개설은 개설은행의 수입원이 된다. 또한, 개설은행은 신용장개설

및 신용장대금지급을 통해 국제금융시장에서 평판을 쌓을 수 있다.

이상과 같이 신용장은 관련 당사자에게 다양한 기능을 제공하여 국제거래의 활성화에 기여하고 있지만, 신용장의 독립·추상성을 악용한 신용장사기(fraud)는 신용장의 활성화에 장애가 되고 있다.

독립성의 사기예외(Fraud Exception) _____

1. 독립성의 문제점

신용장거래는 원칙적으로 서류에 의한 거래이고, 그 기본계약인 매매계약과는 독립적이다. 따라서 신용장에서 요구한 서류가 제시되면 기본계약의 이행과는 별개로 개설은행은 신용장대금을 지급해야 한다. 이러한 신용장의 독립성은 신용장의 담보력을 강화시키는 데 큰 기여를 하였지만, 서류를 위조하거나, 실물거래 없이 서류만 작성하거나, 서류가 실물거래와 전혀 일치하지 않는 등 수익자가 신용장의 독립성을 악용하는 사례가 늘어나게 되어 국제거래의 문제로 남게 되었다. 이에 따라 신용장의 독립성의 예외를 인정해야 한다는 주장이 제기되었으며, 많은 국가에서 일정한 경우에 이에 대한 예외를 인정하고 있다. 다만, 아직도 신용장통일규칙에서는 독립성의 예외를 규정하지 않고 있는바, 이는 각국의 국내법 및 법원에 맡겨져 있다.

2. 독립성의 사기예외(Fraud Exception, Fraud Rule)

신용장의 독립성의 원칙은 신용장거래에서 서류위조 등 신용장사기를 초래하였다. 비록 신용장과 일치된 서류가 제시되었다고 하더라도 서류가 위조되었거나 기본거래에서 사기가 있는 경우까지 개설은행에 신용장대금지급책임을 인정하는 것은 지나치다는 인식이 널리 퍼졌다. 이러한 경우에는 신용장의 독립성의 원칙의 예외를 인정하여 신용장대금지급을 거절할 수 있는데, 이를 독립성에 대한 사기예외(fraud exception, fraud rule)라고 한다. 독립성에 대한 사기예외는 다수의 국가에서 인정하고 있다. 다만 사기예외의 범위를 어느 정도까지 인정할 것인지에 대해 다툼이 되고 있을 뿐이다.

신용장에서 사기의 관념은 1952년 이후 널리 확대되었으며, 이에 따라 그 전에는 소송에서 다툴 수 없었던 건들도 소송에서 다투어지고 있다. 사기와 계약위반은 다른 개념이다. 신용장 사기는 매도인의 심리상태를 고려하지만, 계약위반은 객관적인 기준에 의해 정해진다. 그러나 현대에 와서는 매도인의 심리상태를 넓게 인정하고 있어, 매도인의 나쁜 의도뿐만 아니라 특정 사실이 진실이 아닌 것을 알면서도 진술하는 것, 특정 사실이 진실이 아님에도 불구하고 진실이라고 믿는 것까지 포함되는 것으로 보고 있다.

통상 수입자가 신용장사기를 주장하는데, 수입자가 아무런 증거제시 없이 서류가 위조되었다고 주장하는 경우 개설은행은 신용장대금을 지급해야 할 것이다. 한편, 서류가 위조된 것으로 밝혀졌지만, 제3자의 위조로 인하여 수익자가 이를 모르는 경우 신용장대금을 지급해야 하는지 논란이 되고 있다.

3. 미국에서의 독립성의 예외

미국에서는 Sztejn v. J. Henry Schroder Banking Corporation et al. 판례(1941)에서 신용장은 기본거래와는 독립적이고, 신용장의 독립성은 신용장의 무역금융장치(the instrument for the financing of trade)로서 효율성을 제고하기 위해 필요하다고 보았다. 그리고 매도인은 매수인이 주문한 강모(britles)를 선적하지 않고 소털, 기타 쓰레기(rubbish) 등을 선적하였는데, 이는 단지 물품의 담보책임 문제와는 달리 매도인의 기망행위를 인정할 수 있으므로 신용장의 독립성을 부정하였다. 그러나 서류가 위조되거나 사기적인 경우로서 개설은행이 이를 모르고 신용장대금을 지급한 경우, 개설은행이 주의의무를 다하였다면 개설은행은 보호받아야 한다고 판시하였다(다시 말해 이 경우 개설은행은 개설의뢰인에 대해 신용장대금의 상환을 청구할 수 있다).

Sztejn v. J. Henry Schroder Banking Corporation et al. (31 N.Y.S. 2nd 631(1941))

원고 미국의 Sztejn은 1941.1.7자에 인도의 Transea Traders로부터 강모(bristles) 구매계약을 체결하였다. 그리고 대금지급을 위해 피고 J. Henry Schroder Banking Corporation 앞으로 신용장개설을 의뢰하였다. 매도인 Transea Traders는 계약상의 물품인 강모(bristles) 대신 소털 기타 쓸모없는 재료 및 쓰레기(cowhair, other worthless material and rubbish)를 선적하였으나, 서류상으로는 강모를 선적한 것으로 기재하였다. 그리고 자신의 거래은행인 Chartered Bank에게 환어음과 위조된 서류를 제시하여 추심의뢰하였고, Chartered Bank는 환어음과 서류를 개설은행에 제시하였다. 매수인은 서류의 위조사실을 알고 개설은행에 지급거절을 요청하였으나 개설은행은 신용장대금을 지급하였다.

법원에서는 신용장은 독립성을 본질로 하고 있어 서류만 일치하면 물품이 불일치하더라도 개설은행이 대금을 지급해야 하지만, 전혀 다른 물품을 선적하고 서류를 위조한 경우 개설은행은 서류가 제시되기 전에 이러한 사실을 통지받았다면 신용장대금을 지급하지 않아야 한다고 판시하였다. 다시 말해 신용장사기인 경우에는 신용장의 독립성의 예외를 인정하였다. 그러나 개설은행이 이러한 사실을 모르고 대금을 지급하였다면 개설은행에 책임을 물을 수 없으며 이 경우 개설은행은 개설의뢰인에게 신용장대금의 상환을 청구할 수 있다고 보았다. 한편, 추심의뢰은행인 Chartered Bank에 대해 동 은행은 환어음을 양도받은 것이 아니고 단지 추심을 의뢰받은 것이므로 환어음의 정당한 소지인(holder in course)은 아니라고 판시하였다.

한편, 개정 미국 통일상법전에서는 요구된 서류가 위조(forgery) 또는 중대한 사기(material fraudulent)인 경우 신용장대금의 지급을 거절할 수 있다고 규정하고 있다(UCC 5-109). 그리고 서류의 위조는 누구에 의해 위조되어도 지급정지가 인정될 수 있지만, 기본거래에서의 사기는 오직 수익자에 의해 행해진 경우에만 지급정지가 인정될 수 있다. 그러나 '어느 정도의 사기'가 있는 경우에 독립성을 부정할 것인지 논란이 되고 있다. 또한 통일상법전에서는 사기(fraud)에 대해서는 정의하고 있지 않으므로 이는 판례법에 따라 해결해야 할 것이며 각 주마다 약간의 차이는 있을 것이다.

미국 통일상법전에 따른 사기의 예외의 적용에 있어서는 다음과 같은 한계가 있다. 첫째, '중대한 사기(material fraudulent)'에서 '중대한(material)'에 대해 정의하지 않아 어느 정도가 중대한 것인지 다툼이 되고 있다. 그 의미에 대해서는 사안별로 달리 접근해야 하는 것으로 보고 있다. 둘째, 주채무자(개설의뢰인)는 단지 사기의 주장에 그쳐서는 안 되며, 사기에 대한 증거를 제시해야 한다. 셋째, 지급정지명령에 대한 절차적 요건들을 갖추어야 한다. 넷째, 당사자들이 적정하게 보호받지 않으면 구제요청은 부인되어야 하며, 확인은행이나 통지은행이 대금을 지급했으면 구제수단이 인정되면 안 된다. 즉 이러한 확인은행이나 통지은행에 대해서는 기지급한 대금을 상환해야 한다.

Fraud Exception 관련 미국 통일상법전 규정
미국 통일상법전(Uniform Commercial Code)에서는 사기적인 청구 및 지급거절사유에 대해 다음과 같이 규정하고 있다.

제5편 (신용장)

제109조(사기 및 위조)

(a) 문면상으로는 신용장의 조건에 엄격히 일치하는 것처럼 보이지만 요구된 서류가 위조 (forgery) 또는 중대한 사기(material fraudulent)이거나 제시된 서류의 인수ㆍ지급이 수익자의 개설인(issuer) 또는 개설의뢰인(applicant)에 대한 중대한 사기를 용이하게 하는 경우

   (1) 개설인은 다음의 하나에 해당하는 경우 지급할 의무가 있다. ⅰ) 위조 또는 중대한 사기의 통지없이 선의로 대가를 지급한 지정인(nominated person), ⅱ) 선의로 지급을 확약한 자 ⅲ) 신용장에 따라서 발행된 환어음, 즉 개설인 또는 지정인이 인수한 후의 환어음의 정당한 소지인 ⅳ) 연지급의 양수인으로서 개설인 또는 지정인의 의무를 부담한 후 대가를 주고 위조 또는 중대한 사기를 모르고 그 의무를 부담하는 양수인

   (2) 그 외의 경우에 선의로 행하는 개설인은 그 서류와 상환으로 지급하거나 또는 지급을 거절할 수 있다.

(b) 만약 개설의뢰인이 요구된 서류가 위조 또는 중대한 사기가 있거나 또는 제시의 인수ㆍ지급이 수익자의 개설인 또는 의뢰인에 대한 중대한 사기를 용이하게 한다고 주장하는 경우에는 관할권이 있는 법원은 다음과 같은 요건이 충족된 경우에 한하여 임시적으로 또는 영구히 개설인으로 하여금 제시를 인수ㆍ지급하는 것을 금지시키거나 개설인 또는 는 다른 당사자에 대한 유사한 구제수단을 허용할 수 있다.

   (1) 그 구제수단이 인수된 환어음이나 개설인이 부담하는 연지급의무에 적용될 준거법에 의하여 금지된 것이 아닐 것

   (2) 구제수단이 허용됨으로 인하여 불이익을 보게 될 수익자, 개설인 또는 지정인이 그로 인하여 입을지도 모르는 손실로부터 적절히 보호될 수 있을 것

   (3) 미국법상 구제수단을 허용하는 모든 조건이 충족될 것

   (4) 법원에 제출된 정보에 근거하여, 위조나 중대한 사기를 주장함에 있어서 의뢰인이 성공하지 못할 가능성이 확실하지 않고 지급을 청구하는 당사자가 위 (a)(1)에 규정된 보호를 받을 자격이 없을 것

4) 우리나라에서의 독립성의 예외

대법원에서는 서류위조 등 신용장 사기의 경우 지급거절을 인정하고 있다. 주로 매입은행의 지급청구에 대한 개설은행의 상환책임 여부가 쟁점이 되었는데, 매입 당시, 매입은행이 신용장대금의 지급이나 매입 당시 자신이 사기행위의 당사자로서 관

련되어 있거나 사기 사실을 알고 있었거나 또는 의심할 만한 충분한 이유가 있다고 인정되지 않는다면 개설은행에 신용장대금의 상환을 청구할 수 있으나, 만일 은행에 의한 신용장의 매입이 적법한 것이 아닌 경우에는 그 대가를 지급하였다고 하더라도 개설은행은 신용장대금의 지급을 거절할 수 있다고 판시하였다(대법원 2017. 11. 14. 선고 2017다216776 판결; 대법원 2003. 1. 24. 선고 2001다68266 판결; 대법원 2002. 10. 11. 선고 2000다60296 판결; 대법원 1997. 8. 29. 선고 96다43713 판결). 이에 따라 매입은행은 서류가 위조되었다는 사실을 알고 있거나 의심할 만한 충분한 이유가 있으면 매입하지 말아야 한다. 이런 경우에 매입은행은 개설은행으로부터 신용장대금을 상환받을 수 없다.

한편, 대법원에서는 신용장개설은행은 상당한 주의로서 그 선적서류가 문면상 신용장의 조건과 일치하는지 여부만 확인하면 되고 그 선적서류에 대한 실질적 심사 의무를 부담하지는 아니하나, 그 선적서류의 문면 자체에 하자가 있거나 또는 그 선적서류가 위조된 문서라는 사실을 사전에 알았거나 위조된 문서라고 의심할 만한 충분한 이유가 있는 경우에는 그 신용장대금을 지급하여서는 안 된다고 판시하였다(대법원 1993.12.24. 선고 93다15632 판결).

영국과 캐나다에서의 독립성의 예외

영국이나 캐나다 법원은 기본적으로 미국의 판례를 기초로 하여 사기예외에 대한 판결을 하였다. 그러나 원칙적으로 수익자 자신이 사기를 행하였거나 사기에 대해 책임이 있어야 한다고 보고 있다. 수익자가 아닌 제3자가 행한 사기에 대해서는 원칙적으로 지급정지를 인정하지 않고 있다. 따라서 영국 판례 United City Merchants Ltd. v. Royal Bank of Canada(1983)에서는 제3자(여기서는 운송주선인)에 의해 서류가 위조되었고(이 사건에서는 신용장상 선적기한이 1976.12.15까지인데, 실제 선적은 그 이후에 이루어졌지만, 운송중개 인의 직원이 선하증권상 선적일자를 1976.12.15로 기재하였고 이 사실을 매도인이 모르고 있었다.), 수익자가 이 사실을 모르고 있었다면 개설은행은 지급해야 한다고 판시하였다.

영국이나 캐나다 법원에서의 사기예외에 대한 원칙을 정리하면 다음과 같다. ⅰ) 신용장에서 선적기한을 5월 15로 정했는데, 선하증권상 선적일이 5월 16일로 기재된 경우 은행은 지급 거절해야 한다. ⅱ) 신용장에서 선적기한을 5월 15일로 정했는데, 쉽게 확인할 수 없는 방법 으로 수익자가 선하증권상의 날짜를 조작하여 선적기한을 맞춘 경우 은행은 지급거절해야 한다. ⅲ) 신용장에서 선적기한을 5월 15일로 정했는데, 쉽게 확인할 수 없는 방법으로 운송 주선인이 날짜를 조작한 경우 은행은 지급해야 한다.

Chapter 06

EXERCISES

01 신용장이란?

02 무화환신용장(non-documentary credit)?

03 신용장의 독립성이란?

04 내국신용장(Local L/C)이란?

05 지정은행(nominated bank)이란?

06 신용장의 사기예외(fraud exception, frude rule)란?

※ 다음 중 옳은 것은 (×), 옳지 않은 것은 (○)로 표시하시오.
  ❶ 신용장은 개설은행의 무조건적인 지급확약이다. (   )
  ❷ 통상 무역거래에서 사용되는 신용장은 무화환신용장(non-documentary credit)
     이다. (   )
  ❸ 매입의 권한을 부여받은 지정은행은 서류제시가 신용장조건과 일치하면 반드시 매
     입해야 한다. (   )
  ❹ 'available with ABC Bank by negotiation' : ABC Bank가 지정은행이며, 지정
     은행의 역할은 매입(negotiation)이다. 이 신용장의 경우 ABC Bank에서만 매입

이 가능하며, 이를 "자유매입신용장"이라고 한다. (　　)

❺ 물품의 명세를 나타내는 가장 주된 서류는 선하증권이므로 선하증권상의 물품의 명세는 신용장상의 물품의 명세와 엄격하게 일치해야 한다. (　　)

▌정답 및 해설

01　신용장이란?

신용장(letter of credit)이란, 신용장에서 요구하고 있는 서류가 제시되면 신용장개설은행이 신용장에서 정한 금액을 수익자 앞으로 지급하기로 하는 지급확약이다.

02　무화환신용장(non-documentary credit)?

지급청구의 요건으로서 서류제시가 요구되지 않는 신용장이다. non-documentary credit, non-documentary letter of credit, clean credit 등의 용어가 사용된다. 가장 대표적인 무화환신용장은 보증신용장(standby L/C)이다.

03　신용장의 독립성이란?

신용장의 독립성(independence principle, autonomy of the credit)이란, 신용장은 기본거래인 매매계약이나 기타 거래와는 별개의 독립된 거래라는 것이다.

04　내국신용장(Local L/C)이란?

수출자가 국내에서 생산되는 수출용 완제품 또는 수출용 원자재를 국내의 다른 공급업체로부터 구매할 때, 공급업체를 수익자로 하여 개설되는 신용장이다. 내국신용장은 수출자의 신용도를 보완하는 역할을 하며 수출자가 개설의뢰인이 된다.

05　지정은행(nominated bank)이란?

일람지급, 연지급, 인수 또는 매입을 할 수 있도록 신용장에서 권한을 받은 은행을 말한다.

06　신용장의 사기예외(fraud exception, frude rule)란?

서류위조 등 신용장사기의 경우 신용장과 일치된 서류가 제시되었다고 하더라도 신용장의 독립성의 원칙의 예외를 인정하여 신용장대금지급을 거절할 수 있는 것을 말한다. 독립성에 대한 사기예외는 다수의 국가에서 인정하고 있다. 다만 사기예외의 범위를 어느 정도까지 인정할 것인지에 대해 다툼이 되고 있을 뿐이다.

※ 다음 중 옳은 것은 (×), 옳지 않은 것은 (○)로 표시하시오.

❶ 신용장은 개설은행의 무조건적인 지급확약이다. (×)

> 해설 개설은행은 서류제시가 신용장 조건과 일치하는 경우에만 지급할 의무가 있다. 따라서 조건부 지급확약이라고 볼 수 있다.

❷ 통상 무역거래에서 사용되는 신용장은 무화환신용장(non-documentary credit)이다. (×)

> 해설 무화환신용장(non-documentary credit) → 화환신용장(documentary credit)

❸ 매입의 권한을 부여받은 지정은행은 서류제시가 신용장조건과 일치하면 반드시 매입해야 한다. (×)

> 해설 지정은행은 일람지급, 연지급, 인수 또는 매입을 할 수 있도록 신용장에서 권한을 받은 은행을 말한다. 그러나 지정은행이 그 지정에 따라야 할 의무는 없다.

❹ 'available with ABC Bank by negotiation' : ABC Bank가 지정은행이며, 지정은행의 역할은 매입(negotiation)이다. 이 신용장의 경우 ABC Bank에서만 매입이 가능하며, 이를 "자유매입신용장"이라고 한다. (×)

> 해설 "제한매입신용장"이라고 한다.

❺ 물품의 명세를 나타내는 가장 주된 서류는 선하증권이므로 선하증권상의 물품의 명세는 신용장상의 물품의 명세와 엄격하게 일치해야 한다. (×)

> 해설 선하증권 → 상업송장

신용장통일규칙과
신용장 사례연구

Section 01   신용장통일규칙

1. 신용장통일규칙의 의의

1) 개요

무역거래에서 신용장이 널리 사용되지만 대부분의 국가에서는 신용장을 규율하는 법(또는 법조항)을 두지 않고, 민상법에 의해서 규율하고 있다(우리나라는 민법이나 상법에 별도의 신용장규정을 두고 있지 않고 있으나, 미국은 통일상법전 제5편에 별도로 신용장규정을 두고 있음). 신용장에 적용되는 법이 국가마다 상이하여 신용장거래의 안정성을 저해하므로 모든 신용장에 공통적으로 적용되는 통일규칙의 제정이 필요하게 되었고, ICC에서는 1933년에 신용장통일규칙(the Uniform Customs and Practice for Commercial Documentary Credits: UCP)을 제정하였다.

신용장통일규칙은 당사자의 권리·의무를 명확히 하여 건전한 거래관행을 확립하고 나아가 국제거래의 발전을 도모함을 목적으로 하고 있다. 실무적으로 모든 신용장에서 신용장통일규칙의 적용을 명시하고 있어, 신용장통일규칙은 Incoterms와 함께 국제물품매매거래에 적용되는 대표적인 통일규칙으로 자리 잡고 있다.

2) 연혁

(1) 제정

신용장은 고객이 해외여행중에 외국은행으로부터 현금을 취득할 수 있는 방법을 제공하기 위한 여행자신용장(traveller's letter of credit)과 관련해서 최초로 사용되었고, 18세기에 널리 보급되었다. 국제거래에서 신용장의 이용은 급속히 증가하였으나, 신용장에 관한 법률과 관습이 국가나 지역마다 상이하여 신용장의 해석에 대한 분쟁이 증가하였고 그 해결이 용이하지 않아 국제거래의 장애가 되었다. 이에 따라 신용장거래에 적용되는 통일규칙의 제정이 필요하게 되었다.

ICC에서는 1926년 신용장 법규의 국제적 통일에 대한 미국의 권고안을 심의하기로 결정하고 국제금융 및 법률전문가로 구성된 법규통일에 관한 상설위원회를 설치해 통일규칙의 작업에 들어갔다. 그리하여 1927년 7월에 「Uniform Regulation

Commercial Documentary Credit」이 작성되어 ICC 암스테르담회의에서 채택되었다. 그러나 1930년 12월 독일의 수정안 제출을 계기로 1931년 3월 ICC 워싱턴회의에서 각국의 수정안이 추가로 제출되어 암스테르담에서 채택된 통일규칙을 재검토하게 되었다. 그 결과 1933년 5월에 「the Uniform Customs and Practice for Commercial Documentary Credits(UCP)」이 제정되었으며, 1933년 6월 3일 ICC Wien 총회에서 정식으로 채택되었다.(ICC Brochure No. 82) 이를 국내에서는 '신용장통일규칙' 또는 간단히 'UCP'라고 한다. 신용장통일규칙의 명칭은 제2차 개정 시(1962년) 현재의 명칭인 「the Uniform Customs and Practice for Documentary Credits」으로 변경되었다.

제정 신용장통일규칙에서는 현재의 명칭과는 달리 "commercial"이라는 단어가 추가되었으나, 제2차 개정에서 현재의 명칭으로 변경되었다.

☞ 'the Uniform Customs and Practice for <u>Commercial</u> Documentary Credits'(제정 시) → 'the Uniform Customs and Practice for Documentary Credits'(제2차 개정 시)

1933년의 제정 신용장통일규칙은 총칙, 신용장의 형식(제1조~제9조), 책임(제10조~제14조), 서류(제15조~제34조), 용어의 해석(제35조~제48조), 양도(제49조) 등 총 5장 49개 조문으로 구성되었다.

(2) 개정 경과

신용장통일규칙의 제정 이후 기존의 관행이 변경되었고, 새로운 관행의 발생으로 신용장통일규칙의 개정이 필요해졌다. 이에 따라 제정이후 1951년(1차 개정), 1962년(2차 개정), 1974년(3차 개정), 1983년(4차 개정), 1993년(5차 개정), 2007년(6차 개정) 등 6차에 걸쳐 개정되었다. 제정 신용장 및 개정 신용장마다 ICC에서는 Brochure No. 82(제정 신용장통일규칙), Brochure No. 151(신용장통일규칙 1차 개정), Brochure No. 222(신용장통일규칙 2차 개정), Publication No. 290(신용장통일규칙 3차 개정), Publication No. 400(신용장통일규칙 4차 개정), Publication No. 500(신용장통일규칙 5차 개정), Publication No. 600(신용장통일규칙 6차 개정) 등의 발행번호를 부여하고 있다.

신용장통일규칙은 운송수단과 통신수단의 발달, 정보처리기술의 발달에 따라 거의 10년을 주기로 개정되었다.

신용장통일규칙 개정 연혁

구 분	제·개정 년도	발효시기	ICC 간행물 번호
제 정	1933년	1933.6.3	Brochure No. 82
제1차 개정	1951년	1952.1.1	Brochure No. 151
제2차 개정	1962년	1963.7.1	Brochure No. 222
제3차 개정	1974년	1975.10.1	Publication No. 290
제4차 개정	1983년	1984.10.1	Publication No. 400
제5차 개정	1993년	1994.1.1	Publication No. 500
제6차 개정	2007년	2007.7.1	Publication No. 600

(1) 제1차 개정(1951년)

제1차 개정에서는 신용장의 표준양식(standard forms for the opening of documentary)을 제정하고, 항공운송의 경우 제시해야 할 서류를 신설하였다. 통신수단에 있어서도 기존의 전신(cables), 전보(telegrams), 우편(letters) 외에 '기타 기계적으로 송달된 메시지'를 추가하였다.

(2) 제2차 개정(1962년)

제2차 개정에서는 통신수단에 텔렉스(telex)를 추가하였고, 신용장통일규칙의 준거조항을 신용장에 삽입토록 하였다. 신용장통일규칙의 명칭에서 "Commercial"을 삭제하여 「the Uniform Customs and Practice for Commercial Documentary Credits」에서 현재와 같이 「the Uniform Customs and Practice for Documentary Credits」로 변경되었으며, 신용장통일규칙의 원문이 불어에서 영어로 변경되었다.

(3) 제3차 개정(1974년)

제2차 개정 이후 새로운 무역형태의 출현, 복합운송과 컨테이너운송의 발전, 컴퓨터의 발달로 인해 신용장통일규칙의 개정이 요구되었다. 제3차 개정에서는 UNCITRAL이 개정작업에 참여하고 동유럽국가들도 적극 의견을 개진하였다. 컨테이너를 이용한 복합운송의 본질에 적합하도록 하기 위해 운송인이 선하증권상에 부지약관을 기재하여 면책하는 조항, 컨테이너선하증권(container B/L)의 수리성 및 선하증권상의 갑판적 유보문언의 수리성, 복합운송서류의 수리성 등을 각각 규정하였다.

(4) 제4차 개정(1983년)

제3차 개정에서 복합운송에 관한 규정이 신용장통일규칙에 삽입되었으나 적용과정에서 예기치 못하였던 문제점이 발행하였고, 운송에 관한 기술이 다양화되어 이를 반영하기 위해 제4차 개정을 하게 되었다. 주요 변경내용은 다음과 같다.

ⅰ) UCP 적용대상에 보증신용장을 새로 추가하였다(제1조).

ⅱ) 신용장거래에 물품 외에 서비스와 기타 이행을 추가하여 적용범위를 확대하였다(제4조).

ⅲ) 복사 및 사본서류도 원본으로 인정하였다(제22조제c항).

ⅳ) 선적서류(shipping documents)를 운송서류(transport documents)로 확대하였다(제23조).

ⅴ) 수량과부족인용한도를 ±3%에서 ±5%로 확대하였다(제43조).

ⅵ) 신용상의 일자를 표시할 때 「to, until, till, from」 등의 표시가 있으면 그 다음에 언급된 일자까지를 포함하나, 「after」라는 표시가 있으면 그 다음에 언급된 일자는 제외된다(제51조).

(5) 제5차 개정(1993년)

제4차 개정 이후 복합운송이 일반화되고 무역업체, 금융기관, 운송업체 등 대부분이 전산망을 구축하고, 금융기관간 전산망인 SWIFT라는 전산망이 도입되는 등 무역환경이 변화되었다. 이러한 환경에 부응하기 위해 신용장통일규칙의 개정이 요구되었다. 그리고 EDI의 사용에 대비하여 서명에 관한 탄력적인 규정을 신설하였다. 주요 개정내용은 다음과 같다.

ⅰ) 다른 국가에 소재한 은행의 지점은 본점과는 별개의 은행으로 본다(제2조).

ⅱ) 취소가능 또는 취소불능의 표시가 없는 신용장은 취소불능인 것으로 개정하였다(제6조제c항).

ⅲ) 매입신용장의 경우 개설의뢰인을 지급인으로 하는 환어음의 발행을 금지하였다(제9조제a, b항).

ⅳ) 매입(negotiation)의 정의를 새로 규정하였다(제10조제a항).

ⅴ) 제시되는 서류의 심사기준은 국제표준은행관행(international standard banking

practice)을 따른다는 규정을 신설하였다(제13조제a항).

vi) 은행의 서류심사기간은 서류접수일로 7은행영업일을 초과하지 않는 범위 내로 제한하였다(제13조제b항).

vii) 제시해야 하는 서류를 명시하지 않는 조건은 무시한다고 규정하였다(제13조제c항).

viii) 비유통성해상운송장에 관한 규정을 신설하였다(제24조).

ix) 항공운송서류에 관한 규정을 신설하였다(제27조).

SWIFT

SWIFT(Society of Worldwide Interbank Financial Telecommunications)는 각국의 금융거래메시지 전송을 통해 1973년 5월 벨기에 브뤼셀에서 은행들에 의해 설립된 비영리기구이다. SWIFT에서는 이러한 전송메시지는 통일된 형태 및 표준화된 요소를 취할 것으로 요구하고 있다. 대부분의 국제금융거래에서는 SWIFT의 전산망을 이용하고 있다. 해외송금, 신용장개설, 신용장 서류인수 통지, 신용장 서류하자 통지, 보증신용장 개설 등은 대부분 SWIFT를 이용하고 하고 있다. (SWIFT 웹사이트 https://www.swift.com/)

---

(6) 제6차 개정(2007년)

ICC는 1999년부터 UCP 500에 대한 개정의 필요성을 인식하였으나 개정의 중대한 사유를 발견하지 못했다는 이유로 개정논의가 지연되었다. 그 후 2003년 3월 UCP 500 개정을 위한 그룹을 구성하여 작업을 진행하여 2005년 11월 5일에 제1차 개정초안을 제시하였다. 그리고 각국 국내위원회의 의견을 반영하여 2006년 3월 6일에 제2차 초안을 작성하였으며, 2006년 5월 13일 비엔나에서 개최된 ICC 은행위원회를 통해 2006년 6월 6일에 최종초안을 발행하였다. 이 초안에 대한 약간의 수정작업을 거친 후 2006년 10월 25일 파리에서 개최된 ICC 은행위원회(Banking Commission)에서 91 대 0의 만장일치의 표결로 UCP 600이 승인되어 2007년 7월 1일부터 발효되었다. UCP 600은 UCP 500에 비해 대폭 개정되었으며, 주요 개정 내용은 다음과 같다.

i) 전체 조항수가 49개 조항에서 39개 조항으로 축소되었다.

ii) 용어 및 해석조항 신설 : UCP에서 사용되는 용어들이 일관성 있게 사용되고 불필요한 반복을 피하기 위해 제2조에 용어의 정의를 신설하였으며, UCP에서 사용되는 단어의 의미를 명확히 하기 위해 제3조에 해석을 신설하였다.

iii) 은행의 서류심사기간을 7영업일에서 5영업일로 단축하였다.

iv) '결제(honor)'라는 개념을 도입하였는데, 이는 '지급' 및 '인수'를 모두 포함하는 의미로 정의하고 있다. 국내에서는 'honor'을 '결제'로 번역하고 있다.

v) 매입(negotiation)의 정의를 새로 규정하였다(제10조제a항).

vi) 제시되는 서류의 심사기준은 국제표준은행관행(international standard banking practice)을 따른다는 규정을 신설하였다(제13조제a항).

vii) 은행의 서류심사기간은 서류접수일로 5은행영업일을 초과하지 않는 범위 내로 제한하였다(제13조 제b항).

viii) 제시해야 하는 서류를 명시하지 않는 조건은 무시한다고 규정하였다(제13조 제c항).

ix) 비유통성해상운송장에 관한 규정을 신설하였다(제24조).

x) 항공운송서류에 관한 규정을 신설하였다(제27조).

3) 법적 성격

신용장통일규칙은 비정부단체인 ICC에서 제정한 규칙이다. 따라서 법(또는 조약이나 협약)이 아니고, 신용장에서 신용장통일규칙의 적용을 명시하는 경우에 한하여 신용장에 편입되어 당사자를 구속한다. 통상 개별 신용장에서 신용장통일규칙을 따른다고 명시한다.

☞ 예시1) This Documentary Credit is subject to UCP 600(ICC Publication No. 600)

☞ 예시2) Applicable Rules : UCP LATEST VERSION

신용장통일규칙 제1조에서도 신용장에서 이 규칙을 적용하기로 명시한 경우에만 적용된다고 규정하고 있다. 따라서 신용장통일규칙은 일종의 약관으로 보는 것이 타당하다고 본다. 미국 통일상법전 제5편(신용장)에서도 신용장통일규칙이 적용되는 신용장에는 그 범위 내에서 통일상법전 제5편이 적용되지 않는다고 규정하고 있다.

한편, 신용장에서 신용장통일규칙을 따르기로 정한 경우에도 당사자는 합의로 신용장통일규칙의 일부 조항의 적용을 배제 또는 변경할 수 있다. 신용장에 신용장통일규칙의 일부 조항의 적용배제를 명시할 수 있고, 신용장에 신용장통일규칙과 상이

한 내용을 기재한 경우 이는 신용장통일규칙에 우선한다.

신용장에서 신용장통일규칙의 적용을 명시하지 않는 경우에도 신용장통일규칙을 적용할 수 있는지에 대해 검토할 필요가 있다. 일반적으로 SWIFT 시스템을 이용하여 신용장이 개설되는 경우 해당 신용장에 신용장통일규칙이 적용되는 것으로 보고 있다. ICC Banking Commission(은행위원회)에서도 SWIFT지침서에서는 SWIFT를 통해 전송되는 모든 신용장은 자동적으로 신용장통일규칙의 적용을 받는다고 기술하고 있으므로 SWIFT로 전송되는 신용장은 신용장통일규칙의 적용을 명시하지 않아도 신용장통일규칙이 적용된다고 보고 있다. 나아가 SWIFT로 전송되는 신용장에서 신용장통일규칙의 적용을 원하지 않는 당사자는 이러한 자동적용을 배제해야 한다고 보고 있다.

우리 대법원에서도 SWIFT 사용편람에 의하면 SWIFT방식에 의하여 개설되어 통지된 신용장에는 개설 당시 시행중인 신용장통일규칙이 적용되도록 되어 있으므로, 비록 신용장의 문언상 ICC가 제정한 신용장통일규칙이 적용된다는 명문의 기재가 없다고 하더라도, 다른 특별한 사정이 없는 한 당해 신용장에는 그 신용장이 개설될 당시 시행중인 신용장통일규칙이 적용된다고 판단한 바 있다(대법원 2003.1.24. 선고 2001다68266).

대법원 판결(대법원 2003.1.24. 선고 2001다68266)에 대한 보충설명

이 판결에서는 비록 신용장상 신용장통일규칙의 적용을 명시하지 않았아도 SWIFT 사용편람상 신용장통일규칙의 적용을 명시하도록 되어 있음에도 불구하고 이를 누락하였으므로 신용장 상 신용장통일규칙적용을 명시한 것과 동일시 한 것으로 인정한 것으로 보인다. 이 판례에서는 신용장이 SWIFT로 개설되었기 때문에 신용장통일규칙의 적용을 인정한 것이므로 만약 이 판결에서 신용장이 SWIFT로 발행된 것이 아니라면 신용장통일규칙적용을 인정하지 않았을 것으로 보인다. 다시 말해 이 판결은 신용장 상 신용장통일규칙의 적용을 명시하지 않은 경우에도 신용장통일규칙이 당연히 적용된다는 취지는 아니다. 다만, 요즈음에는 대부분의 신용장이 SWIFT로 되기 때문에 이 판결은 의미가 있다.

2. 주요 조항

1) 구성

제6차 개정 신용장통일규칙(UCP 600)은 제1조 신용장통일규칙의 적용범위부터 제39조 대금의 양도까지 총 39개의 조문으로 구성되어 있다. 이하에서는 주요 조항에 대해 살펴보기로 하자.

2) 주요 조항 해설

(1) 제1조(적용범위)

신용장의 문면에 신용장통일규칙의 적용을 명시한 모든 화환신용장(documentary credit)에 적용되며, 적용가능한 범위 내에서 보증신용장(standby letter of credit)에도 적용될 수 있다. 그리고 달리 적용을 배제하지 않는 한 신용장의 모든 당사자를 구속한다. 이에 따라 신용장의 당사자인 개설은행, 수익자, 개설의뢰인, 지정은행, 확인은행, 매입은행, 상환은행은 신용장통일규칙의 적용을 받는다.

신용장통일규칙은 화환신용장(documentary credit)을 규율할 목적으로 제정되었으나, 보증신용장의 이용이 증가함에 따라 제4차 개정부터는 보증신용장에도 적용가능토록 그 적용범위를 확대하였다. 신용장통일규칙은 보증신용장과는 어울리지 않는 규정들이 많다. 따라서 ICC에서는 1998년에 보증신용장통일규칙(International Standby Practices: ISP 98)을 제정하였다.

신용장통일규칙이 적용되기 위해서는 신용장의 문면에 신용장통일규칙의 적용을 명시해야 한다. 그리고 신용장은 지속적으로 개정되고 있는바, 신용장통일규칙의 개정분을 명시하는 것이 필요하다.

신용장통일규칙 적용 명시
어느 개정분 신용장통일규칙이 적용되는지 명확히 하기 신용장에서는 'UCP ICC Publication No. 600' 또는 'UCP 600' 등 UCP와 함께 발행번호를 명시하는 것이 필요함.
예시1) This Documentary Credit is subject to UCP 600(ICC Publication No. 600)
예시2) Applicable Rules : UCP LATEST VERSION
* SWIFT로 개설시, '40E Applicable Rule : UCP LATEST VERSION'으로 표시하는 경우

문안 그대로 이는 가장 최근에 개정된 신용장통일규칙을 적용하게 된다. 그러면 어느 시점을 기준으로 최근 개정 신용장을 적용할 것이냐가 문제가 되는데, 이는 <u>신용장 개설일자 기준 최근 개정신용장통일규칙</u>이 적용된다. 신용장대금 청구시점의 최근 개정 신용장통일규칙이 아니다.

한편, 신용장통일규칙이 신용장 관련 모든 법률문제를 해결할 수는 없기 때문에 신용장통일규칙으로 해결되지 않는 법률문제는 결국 신용장의 준거법에 따라 해석하게 된다. 신용장에 준거법을 명시하지 않는 경우 법정지의 국제사법에 의해 준거법이 지정되는데, 대부분의 법정지에서는 개설은행 소재국의 법을 준거법으로 규정하고 있다. 참고로 ICC Banking Commission Collected Opinions에서는 신용장통일규칙에서 규정하지 않는 사항에 대해서는 신용장개설은행 소재국의 법을 준거법으로 정한다고 신용장에서 명시할 수 있다고 기술하고 있다.

(2) 제2조(정의)

정의조항에서는 화환신용장(documentary credit), 일치하는 제시(complying presentation), 결제(honour), 매입(negotaition) 등 신용장 용어와 통지은행(advising bank), 개설의뢰인(applicant), 수익자(beneficiary), 확인은행(confirming bank), 개설은행(issuing bank), 지정은행(nominated bank) 등 신용장 관련 당사자들에 대하여 정의하고 있다.

제2조에서는 신용장은 그 명칭과 상관없이 개설은행이 일치하는 제시에 대하여 결제(honour)하겠다는 확약으로서 취소가 불가능한 모든 약정을 의미한다고 규정하고 있다. 따라서 신용장은 반드시 그 명칭이 '신용장'이라고 기재된 것만을 의미하는 것이 아니고 서류제시 시 기본계약과는 독립적으로 개설은행이 결제하겠다는 확약만 포함되어 있으면 신용장으로 볼 수 있다. 제2조의 정의는 다음과 같다.

- 통지은행(Advising Bank)
  통지은행(Advising Bank)은 개설은행의 요청에 따라 신용장을 통지하는 은행을 의미한다.
- 개설의뢰인(Applicant)
  개설의뢰인(Applicant)은 신용장 개설을 신청한 당사자를 의미한다.

- 은행영업일(Banking day)

  은행영업일(Banking day)은 이 규칙이 적용되는 행위가 이루어지는 장소에서 은행이 통상적으로 영업하는 날을 의미한다.

- 수익자(Beneficiary)

  수익자(Beneficiary)는 신용장 개설을 통하여 이익을 받는 당사자를 의미한다.

- 일치하는 제시(Complying presentation)

  일치하는 제시(Complying presentation)는 신용장 조건, 적용 가능한 범위 내에서의 이 규칙의 규정, 그리고 국제표준은행관행(international standard banking practice)에 따른 제시를 의미한다.

  ☞ 여기서 국제표준은행관행(international standard banking practice)은 ICC에서 발간한 '국제표준은행관행(International Standard Banking Practice: ISBP)'만을 한정하는 것이 아님. 그래서 소문자로 표기한 것임.

- 확인(Confirmation)

  확인(Confirmation)은 일치하는 제시에 대하여 결제(honour) 또는 매입하겠다는 개설은행의 확약에 추가하여 확인은행이 하는 확약을 의미한다.

- 확인은행(Confirming bank)

  확인은행(Confirming bank)은 개설은행의 수권 또는 요청에 의하여 신용장에 확인을 한 은행을 의미한다.

- 신용장(Credit)

  신용장(Credit)은 그 명칭과 상관없이 개설은행이 일치하는 제시에 대하여 결제(honour)하겠다는 확약으로서 취소가 불가능한 모든 약정을 의미한다.

- 결제(honour)

  다음과 같은 내용을 의미한다.

  a. 신용장이 일람지급에 의하여 이용가능하다면 일람출급으로 지급하는 것.

  b. 신용장이 연지급에 의하여 이용가능하다면 연지급을 확약하고 만기에 지급하는 것.

  c. 신용장이 인수에 의하여 이용가능하다면 수익자가 발행한 환어음을 인수하고 만기에 지급하는 것.

  ☞ 다시 말해, 결제(honour)란, 1) 일람지급신용장의 경우 신용장에 일치하는 서류가 제시되면 신용장대금을 지급하는 것 2) 연지급신용장의 경우 신용장에 일치하는 서류가 제시되면 연지급을 확약하고 만기에 지급하는 것 3) 인수신용장의 경우 신용장에 일치하는 서류가 제시되면 환어음을 인수하고 만기에 지급하는 것을 말한다. 그러나 결제에는 매입은 포함되지 않는다.

- 개설은행(Issuing bank)

  개설은행(Issuing bank)은 개설의뢰인의 신청 또는 그 자신을 위하여 신용장을 개설한 은행을 의미한다.

- 매입(Negotiation)

  매입(Negotiation)은 일치하는 제시에 대하여 지정은행이, 지정은행에 상환하여야 하는 은행영업일 또는 그 전에 대금을 지급함으로써 또는 대금지급에 동의함으로써 환어음(지정은행이 아닌 은행 앞으로 발행된) 및/또는 서류를 매수(purchase)하는 것을 의미한다.

  ☞ 매입(Negotiation)은 지정은행이 신용장과 일치하는 제시에 대하여 환어음 및/또는 서류를 매수하는 것이다. 매입의 주체는 지정은행이므로 지정은행이 아닌 은행의 매입은 정당한 매입으로 볼 수 없다. 그리고 매입하기 위해서는 서류제시가 신용장과 일치해야 한다. 매입에는 환어음에 반드시 포함되어야 하는 것은 아니며, 신용장에서 제시서류로 환어음을 정한 경우에만 요구되어진다.

- 지정은행(Nominated bank)

  지정은행(Nominated bank)은 신용장이 이용가능한 은행을 의미하고, 어느 은행에서나 이용가능한 경우 모든 은행을 의미한다.

- 제시(Presentation)

  제시(Presentation)는 신용장에 의하여 이루어지는 개설은행 또는 지정은행에 대한 서류의 인도 또는 그렇게 인도된 그 서류 자체를 의미한다.

  ☞ 제시의 기준시점은 발송이 아니고 개설은행이나 지정은행에 도착

- 제시자(Presenter)

  제시를 하는 수익자, 은행 또는 다른 당사자를 의미한다.

  ☞ 제시자는 반드시 수익자만을 의미하는 것이 아니고, 서류를 인도하는 당사자를 말함.

(3) 제3조(해석)

제3조(해석)의 주요 내용은 다음과 같다.

① 취소불능

신용장은 '취소불능(irrevocable)'이라는 표시가 없어도 취소불능이다. 그러나 '취소가능(revocable)'이라고 표시되어 있으면, 취소가 가능하다. 따라서 신용장을 받으면, 취소가능(revocable)이라고 표시되어 있는지 확인하고, 취소가능이라고 표시되어 있다면, 수입

자에게 신용장 조건변경(amendment)을 요청해야 한다.

② 서류 서명

서류는 자필, 팩시밀리서명, 천공서명, 스탬프, 상징 또는 그 외 기계식 또는 전자식 확인 방법으로 서명될 수 있다.

③ 은행지점

서로 다른 국가에 소재하고 있는 지점은 다른 은행으로 간주된다. 동일국가에 소재하고 있는 지점은 동일은행으로 본다.

예) KB은행 뉴욕지점 → KB은행(한국 본점)과 서로 다른 은행임

　　KB은행 거제지점 → KB은행(본점)과 동일은행임

④ 일자계산

- on or about
  - 특정일자를 포함하여 전 5일부터 후 5일까지 포함한다.
    예) on or about June 20 → 6/15 ~ 6/25
- 선적일자 계산
  - to, until, from, between : 명시된 일자를 포함한다.
  - before, after : 명시된 일자를 제외한다.
    예시 1) Shipment should be effected from March 10.
    　　　→ 선적은 3월 10일부터 이루어져야 한다(3월 10일 선적 가능).
    예시 2) Shipment should be effected after March 10.
    　　　→ 선적은 3월 10일 이후부터 이루어져야 한다(3월 10일 선적 불가).
    예시 3) Shipment should be effected before March 10.
    　　　→ 선적은 3월 10일 이전에 이루어져야 한다(3월 10일 선적 불가).
- (대금지급) 만기의 결정
  - from, after : 명시된 일자를 제외한다.
    예시 1) draft : 30 days from B/L date (B/L date : March 1)
    　　　→ Maturity Date(만기일) : March 31
    예시 2) draft : 30 days after B/L date (B/L date : March 1)
    　　　→ Maturity Date(만기일) : March 31
- first half, second half in month
  - first half : 1~15일(1월 1~15일, 2월 1~15일)
  - second half : 16~말일(1월 16~31일, 2월 16~28(또는 29)일)
  - beginning : 1~10일
  - middle : 11~20일

- end : 21~말일

⑤ 서류의 발행자를 표현하기 위하여 사용되는 "first class(일류)", "well known(저명한)", "qualified(자격 있는)", "independent", "official(공적인)", "competent(능력 있는)", "local(현지의)" 등의 용어들은 수익자를 제외하고는 해당 서류를 발행하는 모든 서류발행자가 사용할 수 있다. 서류발행자의 자격을 어느 정도 제한하려는 의도인 경우에는 이와 같은 모호한 표현을 쓰지 말고, 서류 발행자를 구체적으로 명시해야 한다.

예시 1) "Inspection Certificate issues and signed by first class inspector."(✕)

예시 2) "Inspection Certificate issued and signed by MS. Jasmine, President of Tina Corp.(○)

(4) 제4조(신용장과 원인계약)

신용장은 그 본질상 그 기초가 되는 매매 또는 다른 계약과는 별개의 거래이다. 신용장에 그러한 계약에 대한 언급이 있더라도 은행은 그 계약과 아무런 관련이 없고, 또한 그 계약 내용에 구속되지 않는다. 따라서 신용장에 의한 결제(honour), 매입 또는 다른 의무이행은 개설의뢰인과 개설은행, 수익자 사이에서 발생된 개설의뢰인의 주장이나 항변에 구속되지 않는다. 수익자는 어떠한 경우에도 은행들 사이 또는 개설의뢰인과 개설은행 사이의 계약관계를 원용할 수 없다.

이 조항에서는 "신용장의 독립성"을 명시하고 있다. 신용장은 기본계약인 수출계약과는 별개의 독립적인 계약이다. 신용장이 수출계약에 의해 영향을 받는다면 신용장의 담보력은 떨어지게 되어 개설은행(또는 확인은행)의 신용도를 기준으로 사용되는 신용장의 가치가 없어지게 된다.

(5) 제5조(서류와 물품, 서비스 또는 의무이행)

은행은 서류로 거래하는 것이며, 그 서류가 관계된 물품, 서비스 또는 의무이행으로 거래하는 것이 아니다. 이 조항에서는 "신용장의 추상성"을 규정하고 있다. 신용장거래는 서류상의 거래로 은행은 서류상의 내용으로 결제 여부를 결정해야 한다. 수출자가 기본계약과 불일치하는 물품을 선적한 경우에도 이 조항에 의거 개설은행은 대금을 지급해야 한다. 다만, 불일치의 정도가 중대하여 사기(fraud)에 해당되는 경우 각 준거법에 따라 은행의 지급책임이 면제될 수 있다.

(6) 제6조(이용가능성, 유효기일 그리고 제시장소)

ⅰ) 신용장은 그 이용가능한 은행을 명시하거나 모든 은행에서 이용가능한지 여부를 명시하여야 한다. 지정은행에서 이용가능한 신용장은 또한 개설은행에서도 이용할 수 있다. 신용장은 일람지급, 연지급, 인수 또는 매입에 의해 이용가능한지 여부를 명시하여야 한다.

"이용가능하다(available)"는 것은 서류를 제시하고 지급청구를 할 수 있다는 것을 말하며, '이용가능한 은행'이란, 지정은행(nominated bank)을 말한다. 물론 지정은행에서 이용가능한 신용장은 개설은행에서도 이용가능하다. 지정은행이 단순히 신용장을 수익자에게 통지했다는 사실 자체가 지정은행이 지정을 수락한 것으로 간주하지는 않는다. 지정은행이 결제(honour) 또는 매입에 대하여 명백하게 동의하고 이를 수익자에게 통보한 경우에만 지정은행은 결제 또는 매입의무를 부담한다(UCP 600 제12조(a)항).

'이용가능하다'는 것은 'available'로 표기하는데, 'available with ABC Bank'라고 기재된 경우 ABC 은행이 지정은행이 되며, 'available with any Bank'라고 기재된 경우 모든 은행이 지정은행이 된다.

ⅱ) 신용장은 개설신청인을 지급인으로 하는 환어음에 의하여 이용가능하도록 개설되어서는 안 된다. 신용장거래에서 환어음은 수익자가 발행하고 개설은행(또는 확인은행 포함)이 인수 및 지급책임을 진다. 개설의뢰인이 지급책임을 진다면 신용장의 지급여부가 개설은행이 아니고 개설의뢰인의 신용도에 의존하게 되어 신용장의 본래의 취지에 반하게 된다.

ⅲ) ① 신용장은 제시를 위한 유효기일을 명시하여야 한다. 신용장대금의 결제(honour) 또는 매입을 위한 유효기일은 제시를 위한 유효기일로 본다. ② 신용장의 이용가능한 은행의 장소가 제시를 위한 장소이다. 모든 은행에서 이용가능한 신용장에서의 제시장소는 그 모든 은행의 소재지가 된다. 개설은행이 소재지가 아닌 제시장소는 개설은행의 소재지에 그 장소를 추가한 것이다.

신용장에서 유효기일은 정하는 사유는 기본계약인 매매계약에서도 통상 그 유효기일을 정하고 있으므로 신용장에서도 매매계약의 유효기일과 맞추는 것이 필요하기 때문이다. 신용장의 법적 성격이 매매계약과 독립적이기는 하지만, 신용장은 매매계약을 기본계약으로 하고 매매계약에 따라 개설된다. 지급, 인수, 매입을 위하여 명시된 유효기일은 제시를 위한 유효기일로 간주된다. 유효기일은 서류가 제시되어야 하는 기한을 의미하는 것이며, 개설은행의 지급시한을 의미하는 것이 아니다.

신용장에서 유효기일은 정하는 사유는 기본계약인 매매계약에서도 통상 그 유효기일을 정하고 있으므로 신용장에서도 매매계약의 유효기일과 맞추는 것이 필요하기 때문이다.
신용장의 법적 성격이 매매계약과 독립적이기는 하지만, 신용장은 매매계약을 기본계약으로 하고 매매계약에 따라 개설된다. 지급, 인수, 매입을 위하여 명시된 유효기일은 제시를 위한 유효기일로 간주된다. 유효기일은 서류가 제시되어야 하는 기한을 의미하는 것이며, 개설은행의 지급시한을 의미하는 것이 아니다.

한국의 수출거래의 신용장에서
31D : Date and Place for Expiry
        20170530 in Korea
41A : Available With ---- By -----
        Available with ABC Bank for Negotiation
(2017.5.30.은 매입(Negotiation) 시한이 아니고, 매입은행앞 서류제시 시한임.)

☞ 참고로 대법원에서는, 유효기간 내 서류제시 관련, 대법원에서는 선적서류가 서류제시를 위한 유효기간 내에 제시되었으나 은행에 의하여 유효기일 경과 후에 선적서류가 개설은행에 송부된 경우, 확인은행, 지정은행이 언제 서류를 접수하였는지 혹은 언제 서류를 매입하였는지에 관한 어떠한 요구도 규정되어 있지 않으므로 선적서류를 제시받은 은행이 그 표지(Covering letter)에 '서류는 유효기일 이내에 제시되었음' 또는 '서류는 신용장 조건과 일치함'이라는 표시를 하고 있는 경우, 다른 특별한 사정이 없는 한 신용장의 선적서류는 신용장 서류제시를 위한 유효기간 내에 제시된 것으로 보는 것이 상당하다'고 판시하였다(대법원 2005. 5. 27. 선고 2002다3754).

ⅳ) 제29조 (a)항에 규정된 경우를 제외하고, 수익자에 의한 또는 수익자를 위한 제시는 유효기일 또는 그 전에 이루어져야 한다. 신용장 서류는 신용장 유효

기일 내에 지정은행 또는 개설은행에 제시되어야 한다.

신용장에서 주의를 요하는 기한(또는 기간)

1) 선적기한(Latest Date of Shipment)
   선적기한 내에 선적이 이루어져야 한다.

2) 운송서류 제시기한
   운송서류는 선적일 후 21일 이내에 제시되어야 한다(UCP 제14조제c항).
   - 신용장에서 운송서류의 제시기한을 별도로 정한 경우에는 그 제시기한 내에 제시되어야 한다(참고로 신용장에서 신용장통일규칙과 달리 정한 경우에는 신용장의 내용이 우선한다).
   - 일자는 선적일 다음날부터 기산한다(예 : 선적일이 10월 1일이면, 서류제시기한은 10월 22일이 된다).

3) 신용장 유효기일(Date of Expiry)
   신용장에서 요구하는 서류(운송서류 포함)는 신용장 유효기일 이내에 제시되어야 한다.
   - 운송서류는 선적일 후 21일 이내(신용장에서 달리 정한 경우에는 그 기한 이내) 그리고 신용장 유효기일 이내에 제시되어야 한다. 2가지 기한을 모두 총족해야 한다(예를 들어, 1월 1일에 선적되고 신용장 유효기일이 1월 15일이면, 서류제시기한은 1월 22일이 아니고 1월 15일이다).
   - 여기서 "제시"라 함은 서류의 송부시점이 아니고 지정은행(또는 개설은행)의 도착시점을 기준으로 한다.

4) 제시장소
   제시기한은 제시장소를 기준으로 한다. 예를 들어 한국에 있는 지정은행에 서류를 제시하는 경우에는 제시기한은 한국 시간을 기준으로 하며, 브라질에 있는 개설은행에 서류를 제시하는 경우에는 브라질 시간을 기준으로 한다.

---

(7) 제7조(개설은행의 의무)

신용장에서 규정된 서류들이 지정은행 또는 개설은행에 제시되고, 그것이 신용장조건에 일치하는 제시일 경우 개설은행은 결제(honour)의 의무를 부담한다. 그리고 개설은행은 신용장의 개설시점으로부터 취소가 불가능한 결제(honour)의 의무를 부담한다.

개설은행은 일치하는 제시에 대하여 지정은행이 결제(honour) 또는 매입을 하고, 그 서류를 개설은행에 송부한 지정은행에 대하여 신용장대금을 상환할 의무를 부담한다. 인수신용장 또는 연지급신용장의 경우 일치하는 제시에 대응하는 대금의 상환은 지정은행이 먼저 만기 이전에 대금을 먼저 지급하였거나 또는 매입하였는지 여부와 관계없이 만기에 이루어져야 한다. 개설은행의 지정은행에 대한 상환의무는 개설은행의 수익자에 대한 의무로부터 독립적이다.

개설은행은 신용장대금을 결제할 의무가 있다. 그리고 지정은행이 지정된 내용에 따라 결제를 하지 않는 경우 개설은행은 결제할 의무를 부담한다. 지정은행이 일치하는 서류제시에 대해 결제 또는 매입을 하고, 그 서류를 개설은행에 송부하면, 개설은행은 지정은행에 신용장대금을 상환해야 한다. 수익자는 지정은행을 경유하지 않고 개설은행에 직접 결제청구를 할 수도 있다. 한편, 지정은행은 확인하지 않는 한, 결제하거나 매입할 의무가 없다. 개설은행의 지정은행에 대한 상환의무는 수익자에 대한 의무로부터 독립적이다. 이에 따라 수익자가 서류를 위조한 경우 개설은행은 사기를 이유로 수익자에게 대금지급을 거절할 수 있지만, 지정은행에는 상환을 거부할 수 없다. 이는 순전히 서류만 심사하는 지정은행을 보호하기 위한 것이다.

(8) 제8조(확인은행의 의무)

신용장에서 규정된 서류들이 확인은행(confirming bank) 또는 다른 지정은행에 제시되고, 그것이 신용장 조건에 일치하는 제시일 경우, 확인은행은 다음과 같은 경우 결제(honour)의 의무를 부담하며, 신용장이 확인은행에서 매입의 방법으로 이용 가능하다면 확인은행은 "상환청구권 없이(without recourse)" 매입하여야 한다.

확인은행은 신용장에 확인을 추가하는 시점으로부터 취소가 불가능한 결제(honour) 또는 매입의 의무를 부담한다. 확인은행은 일치하는 제시에 대하여 결제(honour) 또는 매입을 하고 그 서류를 확인은행에 송부한 다른 지정은행에 대하여 신용장 대금을 상환할 의무를 부담한다. 인수신용장 또는 연지급신용장의 경우 일치하는 제시에 대응하는 대금의 상환은 다른 지정은행이 그 신용장의 만기 이전에 대금을 먼저 지급하였거나 또는 매입하였는지 여부와 관계없이 만기에 이루어져야 한다. 확인은행의 다른 지정은행에 대한 상환의무는 확인은행의 수익자에 대한 의무로부터 독립적이다.

어떤 은행이 개설은행으로부터 신용장에 대한 확인의 권한을 받았거나 요청 받았음에도 불구하고, 그 준비가 되지 않았다면, 지체 없이 개설은행에 대하여 그 사실을 알려주어야 하고, 이 경우 신용장에 대한 확인 없이 통지만을 할 수 있다.

신용장은행 개설은행의 요청에 의해 신용장대금의 결제를 확약하는 은행으로 개설은행에 추가하여 신용장대금을 결제할 책임이 있다. 확인은행은 개설은행이 부담하는 것과 동일한 의무를 부담한다. 이에 따라 지정은행이 일치하는 서류제시에 대해 결제 또는 매입을 하고, 그 서류를 학인은행에 송부하면 확인은행은 지정은행에 신용장대금을 상환해야 한다. 확인은행은 개설은행과 마찬가지로 신용장대금의 지급책임이 있는 자이므로 확인은행이 매입하는 경우 "without recourse(상환청구불능조건)"로 매입해야 한다.

49: Confirmation Instructions

여기에 기재되는 표현은 다음의 3가지임.

1) CONFIRM : 수신인(통지은행)에 대해 확인을 요청한다는 의미
2) MAY ADD : 수신인(통지은행)은 확인할 수 있다는 의미
3) WITHOUT : 수신인(통지은행)에게 확인을 요청하지 않는다는 의미

- 'CONFIRM' 또는 'MAY ADD'에서와 같이 수신인(통지은행)이 확인요청(또는 확인수권)을 받은 경우 확인준비가 되지 않았다면, 지체 없이 개설은행에 그 사실을 통지해야 한다 (UCP 600 Art. 8(d)). 확인하는 경우 covering schedule(표지서류)에 다음 사항을 기재하여 신용장을 수익자에게 교부한다. "As requested by the Issuing Bank, we hereby add our confirmation to the Credit in accordance with the stipulations under UCP 600 Art. 8.)
- Silent Confirmation(비수권확인): "WITHOUT"으로 기재되어 확인(confirmation)을 할 수 없음에도 불구하고 통지은행이 수익자에게 확인(confirmation)한 경우를 말함. 이 경우 통지은행은 수익자에게 지급책임은 있으나, 개설은행에 대하여는 확인은행의 지위를 주장할 수 없음.

---

(9) 제9조(신용장 및 이에 대한 조건변경의 통지)

이 조문에서는 신용장 통지요청(또는 신용장 조건변경 통지요청)을 받은 경우 통지은행의 의무사항을 규정하고 있다.

신용장 및 이에 대한 조건변경(amendment)은 통지은행을 통하여 수익자에게 통지될 수 있는데, 확인은행이 아닌 통지은행은 결제(honour)나 매입에 대한 어떤 의무의 부담 없이 신용장 및 이에 대한 조건변경을 통지한다. 따라서 통지은행이 신용장에 확인을 추가하여 확인은행이 되지 않는다면, 통지은행은 신용장대금을 결제(지급)하거나 매입할 의무가 없다.

(10) 제10조(신용장의 조건변경)

신용장은 개설은행, 확인은행이 있는 경우에는 그 확인은행, 그리고 수익자의 동의가 없이는 조건변경되거나 취소될 수 없다. 개설은행은 신용장에 대한 조건을 변경한 경우 그 시점으로부터 변경 내용에 대하여 취소 불가능하게 구속된다.

원신용장(또는 이전에 조건변경이 수락된 신용장)의 조건은 수익자가 조건변경을 통지한 은행에 대하여 변경된 내용을 수락한다는 뜻을 알려줄 때까지는 수익자에 대하여 효력을 가진다. 수익자는 조건변경 내용에 대한 수락 또는 거절의 뜻을 알려주어야 한다. 수익자가 위 수락 또는 거절의 뜻을 알리지 않은 경우, 신용장 및 아직 수락되지 않고 있는 조건변경 내용에 부합하는 제시가 있으면 수익자가 그러한 조건변경 내용을 수락한다는 뜻을 알린 것으로 간주한다. 이 경우 그 순간부터 신용장은 조건이 변경된다.

조건변경에 대하여 일부만을 수락하는 것은 허용되지 않으며, 이는 조건변경 내용에 대한 거절의 의사표시로 간주한다. 수익자가 일정한 시간 내에 조건변경을 거절하지 않으면 조건변경이 효력을 가지게 된다는 내용(예시: This amendment shall be in force unless rejected by beneficiary on or before Dec. 20, 2018.)이 조건변경에 포함된 경우 이는 무시된다.

(11) 제11조(전신과 사전 통지된 신용장 및 그 조건변경)

진정성이 확인된 신용장 또는 조건변경의 전신은 유효한 신용장 또는 조건변경으로 간주되고, 어떤 추가적인 우편확인은 무시된다. 신용장의 개설 또는 조건변경에 대한 사전적인 통지는 개설은행이 유효한 신용장 또는 조건변경을 개설할 수 있을 경우에만 송부될 수 있다. 사전통지를 보낸 개설은행은 이와 불일치하지 않는 조건으로 지체 없이 취소 불가능하고 유효한 신용장을 개설하거나 조건변경을 하여야 한다.

(12) 제12조(지정)

지정은행이 확인은행이 아닌 경우, 결제(honour) 또는 매입에 대한 수권은 지정은행이 결제(honour) 또는 매입에 대하여 명백하게 동의하고 이를 수익자에게 통보한 경우를 제외하고는 그 지정은행에 대하여 결제(honour) 또는 매입에 대한 어떤 의무도 부과하지 않는다. 개설은행은 어떤 은행이 환어음을 인수하거나 연지급의 의무를 부담하도록 지정함으로써 그 지정은행이 대금을 먼저 지급하거나 또는 인수된 환어음을 매수(purchase)하거나, 또는 그 지정은행이 연지급의 의무를 부담하도록 권한을 부여한다. 확인은행이 아닌 지정은행이 서류를 수취하거나 또는 심사 후 서류를 송부하는 것은 그 지정은행에게 결제(honour) 또는 매입에 대한 책임을 부담시키는 것이 아니고, 또한 그것이 결제(honour) 또는 매입을 구성하지도 않는다.

원칙적으로 지정은행은 결제나 매입할 의무가 없다. 또한, 지정은행이 서류를 수취하거나 서류심사 후 서류를 개설은행에 송부한 경우에도 지정은행은 결제 또는 매입할 책임을 부담하지 않는다. 지정은행에서만 매입이 허용되는 매입제한신용장에서도 지정은행이 아닌 은행을 통하여 서류가 개설은행에 제시된 경우 개설은행은 지정은행이 아닌 은행을 통하여 서류가 제시되었다는 사유로 지급거절할 수 없다.

- 원칙적으로 지정은행은 결제나 매입할 의무가 없다.
- 개설은행이 지정은행에 결제 또는 매입하도록 권리를 부여한 경우
  1) 지정은행이 동의를 명백히 표시하지 않은 경우 → 지정은행은 결제 또는 매입의무가 없다.
  2) 지정은행이 명백히 동의하고 이를 수익자에게 통보 시 → 지정은행은 결제 또는 매입 의무가 있다.
- 확인은행이 아닌 지정은행이 서류를 수취하거나 심사 후 서류를 송부하는 것은 그 지정은행에게 결제(honour) 또는 매입에 대한 책임을 부담시키는 것이 아니고, 또한 그것이 결제(honour) 또는 매입을 구성하지도 않는다.

  - 지정은행이 서류를 수취하거나 서류심사 후 서류를 개설은행에 송부한 경우에도 지정은행은 결제 또는 매입할 책임을 부담하지 않는다.

(13) 제13조(은행간 상환약정)

신용장에서 지정은행(이하 "청구은행(claiming bank)"이라 한다)이 다른 당사자(이하 "상환은행(reimbursing bank)"이라 한다)에게 청구하여 상환을 받도록 규정하고 있다면, 그 신용장은 상환과 관련하여 신용장 개설일에 유효한 은행간 상환에 대한 국제상업회의소 규칙*의 적용을 받는지 여부를 명시하여야 한다.

☞ "은행간 대금상환에 대한 통일규칙(ICC Uniform Rules for Bank-to-Bank Reimbursement under Documentary Credits)"을 의미함. 이 규칙은 1995년에 제정(URR 525)되어 1996년 7월에 시행되었고, UCP 600에 맞추어 2008년 4월 개정(URR 725)되어 2008년 10월부터 시행되고 있음.

신용장이 상환과 관련하여 은행간 상환에 대한 국제상업회의소 규칙의 적용을 받는다는 사실을 명시하지 않으면, 다음이 적용된다.

ⅰ) 개설은행은 신용장에 명시된 이용가능성에 부합하는 상환권한을 상환은행에 수여하여야 한다. 상환권한은 유효기일의 적용을 받지 않아야 한다.

ⅱ) 청구은행은 신용장의 조건에 일치한다는 증명서를 상환은행에 제시하도록 요구받아서는 안 된다.

ⅲ) 신용장의 조건에 따른 상환은행의 최초 지급청구시에 상환이 이루어지지 않으면, 개설은행은 그로 인하여 발생한 모든 비용과 함께 모든 이자 손실에 대하여도 책임을 부담한다.

ⅳ) 상환은행의 수수료는 개설은행이 부담한다. 그러나 그 수수료를 수익자가 부담하여야 한다면, 개설은행은 신용장과 상환수권서에 그러한 사실을 명시할 책임을 부담한다. 상환은행의 수수료를 수익자가 부담하여야 한다면, 그 수수료는 상환이 이루어질 때에 청구은행에 지급하여야 할 금액으로부터 공제된다. 상환이 이루어지지 아니한다면, 상환은행의 수수료는 개설은행이 부담하여야 한다.

최초 지급청구 시에 상환은행에 의한 상환이 이루어지지 아니한 경우 상환을 제공할 개설은행 자신의 의무는 면제되지 아니한다. 상환은행은 개설은행으로부터 신용장대금지급을 위임받아 지급·인수·매입은행이 상환은행 앞으로 신용장대금의 상환을 청구하는 경우 지급·인수·매입은행 앞으로 신용장대금을 상환해주는 은행이다. 상환은행은 개설은행의 예치환거래은행이며, 개설은행의 예금계정에서 신용장대금을 인출하여 지급·인수·매입은행 앞으로 지급(송금)한다.

- 상환은행은 개설은행으로부터 신용장대금지급을 위임받아 지급·인수·매입은행이 상환은행 앞으로 신용장대금의 상환을 청구하는 경우 지급·인수·매입은행앞으로 신용장대금을 상환해주는 은행이다.
- 상환은행은 개설은행의 예치환거래은행이며, 개설은행의 예금계정에서 신용장대금을 인출하여 지급·인수·매입은행앞으로 지급(송금)한다.
- 상환은행의 비용 : 개설은행이 부담
- * 지정은행(nominated bank) = 청구은행(claiming bank)
  상환은행(reimbursing bank)
  (1) 지정은행 → 수익자: 저정은행은 서류를 매입하거나 신용장대금 지급
  (2) 상환은행 → 지정은행: 상환(지정은행이 지급한 대금의 상환)
  (3) 개설은행 → 상환은행: 보상(상환은행이 상환한 신용장대금 보상)

---

(14) 제14조(서류심사의 기준)

개설은행(지정은행, 확인은행 포함)은 서류심사에 대하여 문면상 일치 여부만 심사하며, 서류의 진정성에 대해서는 심사하지 않는다. 서류심사 기간은 제시일의 다음날로부터 최장 5은행영업일 이내이다. 그리고 이 기간은 유효기일 내의 제시일자나 최종제시일 또는 그 이후에 발생하는 사건에 의해서 단축되거나 달리 영향을 받지 않는다. UCP 500에서는 7영업일 이내에서 합리적인 기간이었으나, UCP 600에서 5영업일로 단축하였다. 기간이 5영업일로 단축되었을 뿐만 아니라, "합리적인 기간(reasonable time)"이라는 수식어도 삭제되었다. 한편, 신용장은 선적 후 며칠 이내에 서류가 제시되어야 하는지 명시되지 않은 경우 운송서류의 제시는 선적일 후 21일 이내에 제시되어야 하며, 어떠한 경우에도 신용장의 유효기일 보다 늦게 제시되어서는 안 된다. 선적일 후 21일이 지난 운송서류를 "stale B/L"이라고 하며, 수리 거절된다(상세한 내용은 앞의 '6) 이용가능성, 유효기일 그리고 제시장소(제6조)의 표 "신용장에서 주의를 요하는 기한(또는 기간)" 참조).

신용장에서 요구되지 않은 서류가 제시된 경우 그 서류는 무시되며 개설은행은 이러한 서류를 제시인에게 반환할 수 있다. 그리고 신용장에서 제시해야 할 서류를

정하지 않고 단지 조건만 명시한 경우 이러한 조건은 무시한다. 그 이유는 신용장은 서류상의 거래이므로 신용장조건의 충족 여부를 서류로만 파악할 수 있는데, 서류가 없는 조건은 파악할 수 없기 때문이다. 서류는 신용장개설일 이전일자에 작성된 것일 수 있으나 제시일자 보다 늦은 일자에 작성된 것이어서는 안 된다.

신용장, 서류 그 자체 그리고 국제표준은행관행의 문맥에 따라 읽을 때의 서류상의 정보(data)는 그 서류나 다른 적시된 서류 또는 신용장상의 정보와 반드시 일치될 필요는 없으나, 그들과 저촉되어서는 안 된다. 상업송장 이외의 서류에서, 물품, 서비스 또는 의무이행의 명세는, 만약 기재되는 경우, 신용장상의 명세와 저촉되지 않는 일반적인 용어로 기재될 수 있다. 신용장에서 누가 서류를 발행하여야 하는지 여부 또는 그 정보의 내용을 명시함이 없이 운송서류, 보험서류 또는 상업송장 이외의 다른 어떠한 서류의 제시를 요구한다면, 그 서류의 내용이 요구되는 서류의 기능을 충족하는 것으로 보이고 또한 그 밖에 제14조에 부합하는 한 은행은 제시된 대로 그 서류를 수리한다.

수익자와 개설의뢰인의 주소가 어떤 요구서류에 나타날 때, 그것은 신용장 또는 다른 요구서류상에 기재된 것과 동일할 필요는 없으나 신용장에 기재된 각각의 주소와 동일한 국가 내에 있어야 한다. 수익자 및 개설의뢰인의 주소의 일부로 기재된 세부 연락처(팩스, 전화, 이메일 및 이와 유사한 것)는 무시된다. 그러나 개설의뢰인의 주소와 세부 연락처가 제19조, 제20조, 제21조, 제22조, 제23조, 제24조 또는 제25조의 적용을 받는 운송서류상의 수하인 또는 통지처의 일부로서 나타날 때에는 신용장에 명시된 대로 기재되어야 한다.

어떠한 서류상에 표시된 선적인(shipper) 또는 송하인(consignor)은 신용장의 수익자일 필요는 없다. 운송서류가 이 신용장통일규칙의 다른 요건을 충족하는 한, 그 운송서류는 운송인, 소유자, 선장, 용선자 아닌 어느 누구에 의해서도 발행될 수 있다. 이에 따라 운송주선업자(freight forwarder)도 운송서류를 발행할 수 있다.

참고로 UCP 500에서는 운송주선업자가 선장의 대리인으로서 운송서류를 발행하는 경우 반드시 선장이름을 표기해야 했으나, UCP 600에서는 선장의 이름을 표기하지 않아도 된다.

- 문면심사 : 진정성 심사의무 없음
  - 개설은행(지정은행, 확인은행 포함)은 서류심사에 대하여 문면상 일치 여부만 심사하며, 서류의 진정성에 대해서는 심사하지 않는다.
- 신용장에서 요구된 서류만 심사
  - 신용장에서 요구된 서류만 심사한다. 따라서 신용장에서 요구되지 않은 서류가 제시된 경우 그 서류에 신용장의 조건과 다른 내용이 있다고 하더라도 서류하자가 아니다.
    예) 신용장에서 원산지를 일본으로 기재하였으나, 원산지증명서를 요구하지 않은 경우
    → 비록 원산지 증명서상에 원산지가 중국으로 기재되어 있어도 서류하자 아님.
- 서류심사 기간 : 최장 5영업일
  - 서류심사 기간은 제시일의 다음날로부터 최장 5영업일 이내이다.
  - 서류심사기간으로 항상 5영업일이 보장되는지 여부에 대해서는 불명확하다.
  - UCP 500에서는 7영업일이내에서 합리적인 기간이었으나, UCP 600에서 최장 5영업일로 단축하였다. 기간이 5영업일로 단축되었을 뿐만 아니라, "합리적인 기간(reasonable time)"이라는 수식어도 삭제되었다.
- 서류제시기한
  - 신용장은 선적 후 며칠 이내에 서류가 제시되어야 하는지 명시되지 않은 경우 운송서류의 제시는 선적일 후 21일 이내에 제시되어야 한다.
  - 어떠한 경우에도 신용장의 유효기일 보다 늦게 제시되어서는 안 된다.
  - 신용장에서 서류제시기한을 별도로 정한 경우에는 신용장에서 정한 서류제시기한을 준수해야 한다.
- 신용장에서 요구되지 않은 서류가 제시된 경우 그 서류는 무시되며 개설은행은 이러한 서류를 제시인에게 반환할 수 있다.
- 서류는 신용장개설일 이전일자에 작성된 것일 수 있으나 제시일자 보다 늦은 일자에 작성된 것이어서는 안 된다.
- 상업송장 이외의 서류에서, 물품, 서비스 또는 의무이행의 명세는, 만약 기재되는 경우, 신용장상의 명세와 저촉되지 않는 일반적인 용어로 기재될 수 있다.

(15) 제15조(일치하는 제시)

개설은행은 제시가 일치된다고 판단하는 경우 결제(honour)하여야 한다. 확인은행은 제시가 일치한다고 판단되는 경우 결제(honour) 또는 매입하고 그 서류들을 개설은행에 송부하고, 지정은행은 제시가 일치한다고 판단하고 결제 또는 매입할 경우

그 서류들을 확인은행 또는 개설은행에 송부하여야 한다.

개설은행이나 확인은행은 제시가 일치되는 경우 반드시 결제(확인은행은 결제 또는 매입)하여야 한다. 그러나 지정은행은 반드시 결제 또는 매입해야 한다고 규정하지 않은 이유는 지정은행은 원칙적으로 지급책임이 없기 때문이다.

(16) 제16조(하자있는 서류, 권리포기 및 통지)

① 서류하자의 판단

지정에 따라 행동하는 지정은행, 확인은행이 있는 경우의 확인은행 또는 개설은행은 제시가 일치하지 않는다고 판단하는 때에는, 결제(또는 매입)를 거절할 수 있다. (개설은행 또는 확인은행은 서류제시가 신용장의 조건과 일치하는 경우에만 신용장대금의 지급책임이 있다.)

② 하자권리의 포기

개설은행은 제시가 일치하지 않는다고 판단하는 때에는, 자신의 독자적인 판단으로 하자에 대한 권리포기(waiver)를 위하여 개설의뢰인과 교섭할 수 있다. 그러나 이로 인하여 서류심사기한이 연장되지는 않는다. 개설은행은 서류제시가 신용장의 조건과 일치하는 경우에만 신용장대금의 지급책임이 있으므로 불일치한 서류가 제시되면 원칙적으로 신용장대금을 지급하면 안 된다. 이 경우 반드시 개설의뢰인에게 하자있는 서류의 인수여부를 확인해야 한다. 개설의뢰인에게 하자있는 서류의 인수여부에 대해 문의하지 않고 신용장대금을 지급하는 경우 개설은행은 개설의뢰인에게 신용장대금의 상환을 청구할 수 없다.

③ 하자통지의 내용

지정에 따라 행동하는 지정은행, 확인은행이 있는 경우의 확인은행 또는 개설은행이 결제(또는 매입)를 거절하기로 결정하는 때에는, 제시자에게 그러한 취지로 한 번에 통지하여야 한다. 그리고 통지에는 다음 사항을 기재하여야 한다.

  ⅰ) 은행이 결제(honour) 또는 매입을 거절한다는 사실

  ⅱ) 은행이 결제(honour) 또는 매입을 거절하는 각각의 하자

  ⅲ) a) 제시자의 추가지시가 있을 때까지 은행이 서류를 보관할 것이라는 사실 또는,

      b) 개설의뢰인으로부터 권리포기를 받고 이를 받아들이기로 동의하거나, 또

는 권리포기를 받아들이기로 동의하기 이전에 제시자로부터 추가지시를
받을 때까지, 개설은행이 서류를 보관할 것이라는 사실 또는

c) 은행이 서류를 반환할 것이라는 사실 또는

d) 은행이 사전에 제시자로부터 받은 지시에 따라 행동할 것이라는 사실(하
자있는 서류가 제시되는 경우 개설은행 등은 제시은행에 하자통보를 해야 하는데,
하자통보는 한 번에 해야 하며, 어떤 하자를 통보한 후에 추가로 발견된 하자를 통
보하면, 추가적인 하자통보는 무시된다.)

④ 하자통지시한

하자통지는 서류가 제시된 날의 다음날로부터 5영업일의 개설은행 마감시간 이
전에 제시은행에 거절통보를 보내야 한다. 개설은행 또는 확인은행이 이 조항의 규정
에 따라 행동하지 못하면, 그 은행은 서류에 대한 일치하는 제시가 아니라는 주장을
할 수 없다. 개설은행이 결제(honour)를 거절하거나 또는 확인은행이 결제(honour) 또
는 매입을 거절하고 이 조항에 따라 그 취지의 통지를 한 때에는, 그 은행은 이미 지
급된 상환 대금을 이자와 함께 반환 청구할 권리를 갖는다.

L/C 하자통지서 기재사항

1) 결제 또는 매입을 거절하였다.
2) 하자사항을 명시해야 한다.
3) 서류의 현황에 대하여 다음 중 하나를 명시해야 한다(UCP 제16조).

① We are holding the documents pending your further instructions(귀사(제시자)
로부터 추가지시를 기다리며 서류를 보류한다).

② We are holding the documents pending receipt of an acceptable waiver
from the applicant or until we receive further instructions(개설의뢰인으로부터
권리포기를 받거나 추가지시를 받을 때까지 서류를 보류한다).

③ We are returning the documents(우리는 서류를 반송한다).

④ We are acting in accordance with previous instructions(사전에 제시자로부터
받은 지시에 따라 행동한다).

하자통지서 예시
MT 734 Advice of Refusal
LC No.

Bank Ref. No.

Date and Amount of Utilisation

  03/25/2012   USD 200,000

Total Amount Claimed

  USD 200,000

Discrepancies

  LC Expired

Disposal of Documents

  We are holding the documents pending your further instructions

하자의 종류

- DOCS Inconsistent with each other(서류상호간 불일치)
- Late Shipment(선적지연)
- Credit Expired(L/C유효기일 경과)
- Late Presentation(제시기일 경과)
- Received B/L Presented(수취선하증권의 제시)
- Goods shipped on deck(갑판선적)
- Insurance not effective from the date of shipment(선적일부터 부보되지 않음)
- Description of goods on invoice differ from that in the credit(상업송장의 물품명세와 신용장의 물품명세 불일치).
- Under Insured(보험금액 미달)
- Over Drawing(신용장금액 초과발행)
- Short Shipment(선적부족)
- Insurance risks covered not as specified in the credit(신용장에 명시한 대로 부보되지 않음)
- Different Consignee(수하인 상이)
- Weights differs between DOCS.(서류 상호간 중량 불일치)

(17) 제17조(원본 서류와 사본)

적어도 신용장에서 명시된 각각의 서류의 원본 한통은 제시되어야 한다. 서류자체에 원본이 아니라고 표시하고 있지 않은 한, 은행은 명백하게 원본성을 갖는 서류발행자의 서명, 마크, 스탬프 또는 라벨이 담긴 서류를 원본으로 취급한다.

서류에 다른 정함이 없다면 서류가 달리 표시하지 않으면, 은행은 또한 다음과 같은 서류를 원본으로 수리한다. ⅰ) 서류 발행자의 손으로 작성, 타이핑, 천공서명 또는 스탬프된 것으로 보이는 것 또는 ⅱ) 서류 발행자의 원본 서류용지 위에 작성된 것으로 보이는 것 또는 ⅲ) 원본이라는 표시가 제시된 서류에는 적용되지 않는 것으로 보이지 않는 한, 원본이라는 표시가 있는 것

신용장이 서류 사본의 제시를 요구하는 경우, 원본 또는 사본의 제시가 모두 허용된다. 그리고 신용장이 "in duplicate", "in two folds" 또는 "in two copies"와 같은 용어를 사용하여 복수의 서류의 제시를 요구하는 경우, 이 조건은 그 서류 자체에 달리 정함이 없는 한 적어도 한 통의 원본과 나머지 수량의 사본을 제시함으로써 충족된다. 참고로 신용장에서 carbon copy를 요구한 경우 photocopy를 제시한 경우에 ICC에서는 수리할 수 없다고 밝힌 바 있다.

(18) 제18조(상업송장)

신용장이 양도된 경우가 아니면 상업송장(commercial invoice)은 원칙적으로 수익자가 발행한 것으로 보여야 하며, 개설의뢰인 앞으로 발행되어야 한다. 그리고 신용장과 같은 통화로 발행되어야 한다. 상업송장은 수익자가 서명할 필요는 없지만, 수익자가 명시되어야 한다(수익자의 명판이 기명된 명판을 상업송장에 표시를 하거나, 수익자의 영문명칭이 서류의 상단에 표시되어 있으면 수익자가 명시된 것으로 본다).

지정에 따라 행동하는 지정은행, 확인은행이 있는 경우의 확인은행 또는 개설은행은 신용장에서 허용된 금액을 초과하여 발행된 상업송장을 수리할 수 있고, 이러한 결정은 문제된 은행이 신용장에서 허용된 금액을 초과한 금액을 결제(honour) 또는 매입하지 않았던 경우에 한하여, 모든 당사자를 구속한다. 상업송장상의 물품, 서비스 또는 의무이행의 명세는 신용장상의 그것과 일치하여야 한다.

신용장금액을 초과하는 상업송장을 개설은행 등이 결제할 수는 있지만, 신용장금액 범위내에서만 결제하고 초과금액은 결제하지 않아야 다른 당사자들에게 구속력이 있다는 것이다. 즉 신용장금액내에서만 결제해야 개설의뢰인에게 상환청구를 할 수 있다. 그리고 상업송장은 물품을 표시하는 가장 기본적인 서류이므로 신용장에서 물품에 대해 명시한 대로 명시되어야 한다. 상업송장은 신용장의 내용과 엄격하게 일치해야 하는데, 거울에 비치는 것과 같이 똑 같을 것을 요구하는 것은 아니다.

송장의 명칭을 신용장에서 특별히 요구하지 않았다면, 모든 명칭의 송장(예시:

commercial invoice, tax invoice, customs invoice 등)이 가능하다. 그러나 확정되지 않은 송장인 pro-forma invoice나 provisional invoice는 수리되지 않는다(ISBP para. 57). 그러나 신용장에서 상업송장(commercial invoice)을 요구한 경우, "송장(invoice)"이라는 명칭의 서류는 수리된다(ISBP para. 57).

(19) 제20조(선하증권)

선하증권(bill of lading)은 어떠한 명칭의 사용도 가능하지만, 다음과 같이 보여야 한다.

ⅰ) 운송인(carrier)의 명칭이 표시되고 다음의 자에 의하여 서명되어야 한다.

- 운송인, 또는 운송인을 위한 또는 그를 대리하는 기명대리인
- 선장, 또는 선장을 위한 또는 그를 대리하는 기명대리인

운송인, 선장 또는 대리인의 서명은 운송인, 선장 또는 대리인의 서명으로서 특정되어야 한다. 대리인의 서명은 그가 운송인을 위하여 또는 대리하여 또는 선장을 위하여 또는 대리하여 서명한 것인지를 표시하여야 한다.

ⅱ) 물품이 신용장에서 명시된 선적항에서 기명된 선박에 본선적재 되었다는 것을 다음의 방법으로 표시하여야 한다.

- 미리 인쇄된 문구 또는
- 물품이 본선적재된 일자를 표시하는 본선적재표기

선하증권이 선적일자를 표시하는 본선적재표기를 포함하지 않는 경우에는 선하증권 발행일을 선적일로 본다. 선하증권에 본선적재표기가 된 경우에는 본선적재표기에 기재된 일자를 선적일로 본다. 선하증권이 선박명과 관련하여 "예정선박" 또는 이와 유사한 표시를 포함하는 경우에는 선적일과 실제 선박명을 표시하는 본선적재표기가 요구된다.

ⅲ) 신용장에 기재된 선적항으로부터 하역항까지의 선적을 표시하여야 한다. 선하증권이 신용장에 기재된 선적항을 선적항으로 표시하지 않는 경우 또는 선적항과 관련하여 "예정된"이라는 표시 또는 이와 유사한 제한을 포함하는 경우에는, 신용장에 기재된 선적항과 선적일 및 선적선박명을 표시하는 본선적재 표기가 요구된다. 이 조항은 기명된 선박에의 본선적재 또는 선적이 미리 인쇄된 문구에 의하여 선하증권에 표시된 경우에도 적용된다.

ⅳ) 유일한 선하증권 원본이거나 또는 원본이 한 통을 초과하여 발행되는 경우

선하증권에 표시된 전통(full set)이어야 한다.

ⅴ) 운송조건을 포함하거나 또는 운송조건을 포함하는 다른 출처를 언급하여야
한다(약식 또는 뒷면 백지 선하증권). 운송조건의 내용은 심사되지 않는다.

ⅵ) 용선계약에 따른다는 어떤 표시도 포함하지 않아야 한다. 환적과 관련하여,
선하증권은 전운송이 하나의 동일한 선하증권에 의하여 포괄된다면 물품이
환적될 것이라거나 환적될 수 있다는 것을 표시할 수 있다. 환적이 될 것이
라거나 될 수 있다고 표시하는 선하증권은, 물품이 컨테이너, 트레일러, 래
시 바지에 선적되었다는 것이 선하증권에 의하여 증명되는 경우에는 비록
신용장이 환적을 금지하더라도 수리될 수 있다. 운송인이 환적할 권리를 갖
고 있음을 기재한 선하증권의 조항은 무시된다.

UCP 500에서는 선하증권을 Marine/Ocean Bill of Lading이라고 불렀으나 개정된 UCP
600에서는 특별한 명칭 없이 Bill of Lading으로 개정하였다. 따라서 선하증권은 특별한 명
칭이 표시되어야 하는 것은 아니다. 위에서 언급한 대로 선하증권에는 운송인이 표시되어야
하는데, 운송인 명칭은 반드시 선하증권 앞면에 표시되어야 한다. 이 경우 단순히 운송인 명
칭만 표시되어서는 안 되며 "운송인(carrier)"이라는 단어와 함께 운송인 명칭이 표시되어야
한다(예 : Carrier, ABC Shipping Company). "운송인(carrier)"이라는 단어 없이 운송인 명
칭만 표시되면, 제3자는 그 명칭이 운송인인지 여부를 알 수 없기 때문이다).

---

(20) 제23조(항공운송서류)

항공운송서류(air transport document)는 어떤 명칭을 사용하든 간에 다음과 같이
보여야 한다.

ⅰ) 운송인의 명칭을 표시하고 다음의 자에 의하여 서명되어야 한다.

• 운송인 또는

• 운송인을 위한 또는 그를 대리하는 기명대리인

운송인 또는 대리인의 서명은 운송인 또는 대리인의 서명으로 특정되어야
한다. 대리인의 서명은 그 대리인이 운송인을 위하여 또는 운송인을 대리하
여 서명한 것인지를 표시하여야 한다.

ⅱ) 물품이 운송을 위하여 수리되었다는 것을 표시하여야 한다.

iii) 발행일을 표시하여야 한다. 항공운송서류가 실제 선적일에 대한 특정한 부기를 포함하지 않는 경우에는 이 일자를 선적일로 본다. 항공운송서류가 실제 선적일에 대한 특정한 부기를 포함하는 경우에는 부기에 기재된 일자를 선적일로 본다. 운항번호와 일자와 관련하여 항공운송서류에 나타나는 그 밖의 모든 정보는 선적일을 결정할 때 고려되지 않는다.

iv) 신용장에 기재된 출발공항과 도착공항을 표시하여야 한다.

v) 비록 신용장이 원본 전통(full set)을 규정하더라도 송하인 또는 선적인용 원본이어야 한다.

vi) 운송조건을 포함하거나 또는 운송조건을 포함하는 다른 출처를 언급하여야 한다. 운송조건의 내용은 심사되지 않는다.

항공운송서류는 전운송이 하나의 동일한 항공운송서류에 의하여 포괄된다면 물품이 환적될 것이라거나 환적될 수 있다는 것을 표시할 수 있다. ii. 환적이 될 것이라거나 환적될 수 있다고 표시하는 항공운송서류는 비록 신용장이 환적을 금지하더라도 수리될 수 있다.

(21) 제26조(갑판적재, 내용물 부지약관과 운임에 관한 추가비용)

운송서류는 물품이 갑판에 적재되거나 적재될 것이라는 표시를 하여서는 안 된다. 물품이 갑판에 적재될 수도 있다고 기재하는 운송서류상의 조항은 수리될 수 있다. "선적인이 적재하고 검수하였음(shipper's load and count)"과 "선적인의 내용신고에 따름(said by shipper to contain)"과 같은 조항(이러한 문구를 부지문구(unknown wording) 라고 함)이 있는 운송서류는 수리될 수 있다. 운송서류는 스탬프 또는 다른 방법으로 운임에 추가되는 요금을 언급할 수 있다.

운송물의 안정을 위해 갑판적에 적재된 운송서류를 수리되지 않는다. 그러나 단지 "갑판적에 적재될 수도 있다(may be loaded on deck)"만 기재된 운송서류는 수리된다. 그 이유는 만일의 사태에는 갑판적에 적재하는 것이 최선일 수도 있기 때문이다.

(22) 제27조(무고장 운송서류)

은행은 단지 무고장 운송서류만을 수리한다. 무고장 운송서류는 물품 또는 포장의 하자상태(defective conditions)를 명시적으로 선언하는 조항 또는 부기가 없는 운송서류를 말한다. "무고장"이라는 단어는 비록 신용장이 운송서류가 "무고장 본선적재"

일 것이라는 요건을 포함하더라도 운송서류상에 나타날 필요가 없다.

(23) 제29조(유효기일 또는 최종제시일의 연장)

신용장의 유효기일 또는 최종제시일이 제시가 되어야 하는 은행이 영업을 하지 않는 날인 경우, 유효기일 또는 경우에 따라 최종제시일은 그 다음 첫 은행영업일까지 연장된다. 그러나 최종선적일은 이런 사유로 연장되지 않는다.

(24) 제30조(신용장 금액, 수량 그리고 단가의 허용치)

신용장 금액 또는 신용장에서 표시된 수량 또는 단가와 관련하여 사용된 "about" 또는 "approximately"라는 단어는, 그것이 언급하는 금액, 수량 또는 단가에 관하여 10%를 초과하지 않는 범위 내에서 많거나 적은 편차를 허용하는 것으로 해석된다. 이러한 과부족 허용단어가 수량에만 사용되고 금액에는 사용되지 않은 경우 수량에 대한 10% 과부족은 가능하나 금액에는 과부족이 적용되지 않는다.

신용장이 수량을 포장단위 또는 개별단위의 특정 숫자로 기재하지 않고 청구금액의 총액이 신용장의 금액을 초과하지 않는 경우에는 신용장에 "about" 또는 "approximately"의 단어가 없는 경우에도, 물품의 수량에서 5%를 초과하지 않는 범위 내의 많거나 적은 편차는 허용된다.

이는 곡물 등의 벌크(Bulk)화물의 거래를 원만하게 하기 위함이다. 그러나 이 경우에도 환어음 발행금액 또는 청구금액이 신용장금액을 초과해서는 안 된다. 이러한 과부족은 수량을 중량단위나 용적단위 또는 길이단위로 표시한 경우에만 적용된다. 그리고 위 "about"나 "approximately"는 금액, 수량, 단가에만 적용되며, 일자나 일수에는 적용되지 않는다.

예시1) L/C amout : U$10,000 → Commercial Invoice : U$11,000
　　　→ 서류하자(상업송장상의 금액이 L/C 금액을 초과했으므로)
예시2) L/C amount : about U$10,000 → Commercial Invoice : U$11,000
　　　→ 서류하자 아님(상업송장상의 금액이 L/C 금액의 10% 이내이므로)
예시3) L/C : 100 PCS → Commercial Invoice : 110 PCS
　　　→ 서류하자(상업송장상의 수량이 L/C상의 수량과 불일치(수량이 개수인 경우 과부족 허용불허)

예시4) L/C : 100 M/T → Commercial Invoice : 105 M/T
→ 서류하자 아님(상업송장상의 수량이 L/C상의 5% 이내(수량이 중량인 경우 5%
이내 과부족 허용. 다만, 이 경우에도 청구금액은 신용장금액을 초과할 수 없음))
예시5) L/C : about 100 PCS → Commercial Invoice : 110 PCS
→ 서류하자 아님(상업송장상의 수량이 L/C상의 수량의 10% 이내이므로)
예시6) L/C : about 100 PCS, Amount U$10,000
Commercial Invoice : 110 PCS, U$11,000
→ 서류하자(수량만 10% 과부족 가능, 청구금액은 신용장금액을 초과할 수 없음)

(25) 제31조(분할청구 또는 분할선적), 제32조(할부청구 또는 할부선적), 제33조(제시시간)

분할청구(partial drawing) 또는 분할선적(partial shipment)은 허용된다. 다시 말해, 신용장에서 분할청구나 분할선적을 금지하지 않으면, 분할청구나 분할선적이 가능하다. 신용장에서 할부청구(drawing by instalment) 또는 할부선적(shipment by instalment)이 일정한 기간 내에 이루어지도록 명시된 경우 동 할부 거래를 위하여 배정된 기간 내에 할부청구나 할부선적이 이루어지지 않으면 동 신용장은 해당 할부분과 향후 할부분에 대하여 더 이상 이용될 수 없다. 할부청구 또는 할부선적은 신용장에서 허용된 경우에만 가능하다.

(26) 제34조(서류의 유효성과 은행의 면책)

은행은 서류의 형식, 충분성, 진정성 등 서류 자체에 대해 면책된다. 또한 서류에 부기된 조건, 상품의 상태, 서류작성자에 대한 면책 등에 대하여도 책임과 의무를 부담하지 않는다. 은행은 개설의뢰인의 요청으로 신용장을 발행하여 수익자에게 전달해주는 과정에서 전신이나 서류의 내용이 훼손, 분실 또는 지연되어도 은행으로서는 책임을 지지 않는다.

(27) 제36조(불가항력)

천재지변, 소요, 전쟁 등 불가항력이나 동맹파업 및 직장폐쇄 등으로 인한 은행업무의 중단으로 발생하는 결과에 대하여도 책임이나 의무를 부담하지 않는다.

또한, 은행은 업무를 재개할 때 업무중단기간 중에 유효기간이 만료된 신용장에 대하여 책임지지 않는다.

(28) 제37조(지시받은 당사자의 행위에 대한 면책)

개설의뢰인의 지시를 이행하기 위하여 다른 은행의 시비스를 이용하는 은행은 개설의뢰인의 비용과 위험하에 하는 것이다. 개설은행이나 통지은행은 비록 자신의 판단 하에 다른 은행을 선정하였더라도 그가 다른 은행에 전달한 지시가 이행되지 않은 데 대하여 어떤 책임도 지지 않는다. 다른 은행에게 서비스의 이행을 요청하는 은행은 그러한 지시와 관련하여 발생하는 다른 은행의 요금, 보수, 경비 또는 비용에 대하여 책임이 있다.

(29) 제38조(양도가능신용장)

은행은 자신이 명시적으로 승낙하는 범위와 방법에 의한 경우를 제외하고는 신용장을 양도할 의무가 없다. 양도가능신용장은 수익자(이하 "제1 수익자"라 한다)의 요청에 의하여 전부 또는 부분적으로 다른 수익자(이하 "제2 수익자"라 한다)에게 이용하게 할 수 있다. 신용장이 양도가능하기 위해서는 신용장에 명시적으로 "양도가능 (transferable)"이라고 표시되어 있어야 한다.

양도가능신용장이란 신용장 자체가 "양도가능(transferable)"이라고 특정하여 기재하고 있는 신용장을 말한다. 양도은행이라 함은 신용장을 양도하는 지정은행, 또는 어느 은행에서나 이용할 수 있는 신용장의 경우에는 개설은행으로부터 양도할 수 있는 권한을 특정하여 받아 신용장을 양도하는 은행을 말한다. 개설은행은 양도은행이 될 수 있다. 양도된 신용장이라 함은 양도은행이 제2 수익자가 이용할 수 있도록 한 신용장을 말한다.

(30) 제39조(대금의 양도)

신용장이 양도가능하다고 기재되어 있지 않다는 사실은, 수익자가 신용장 하에서 받거나 받을 수 있는 어떤 대금을 준거법의 규정에 따라 양도할 수 있는 권리에 영향을 미치지 않는다. 즉, 신용장이 양도불가신용장이라고 하더라도 신용장대금을 양도하는 것은 가능하다. 이 조항은 오직 대금의 양도에 관한 것이고 신용장 하에서 이행할 수 있는 권리를 양도하는 것에 관한 것은 아니다.

"대금의 양도(assignment of proceeds)"는 신용장에서 받게 되는 대금의 청구권만 양도한다는 점에서 신용장에 대한 권리와 의무를 모두 양도는 신용장 "양도(transfer)"
와 구별된다.

신용장 양도와 대금양도 비교

구 분	신용장 양도	대금의 양도
양도의 형태	신용장 자체를 양도	대금을 받을 권리만 양도
'Transferable' 기재 여부	L/C에 'Transferable' 기재될 것	L/C에 'Transferable' 기재될 필요없음
UCP 적용 조항	제38조	제39조

1. 신용장 기재사항

신용장상의 주요 기재사항은 다음과 같다(이해의 편의를 다음에 예시한 SWIFT로 개설된 신용장을 기준으로 기술).

① 신용장의 종류 : 신용장의 종류를 기재한다. 화환신용장(documentary credit), 취소불능(irrevocable) 등을 기재한다. <u>아무런 기재가 없으면, 취소불능으로 본다.</u> 만약 '취소가능(REVOCABLE)'으로 기재되어 있으면, 주의를 기울여야 한다. 이러한 신용장은 개설은행이 언제든지 취소할 수 있으므로 신용장으로서의 담보력이 떨어진다.

② 개설은행 : 개설은행과 개설은행의 주소를 기재한다. SWIFT로 개설되는 경우 'Sender'란에 개설은행을 기재한다.

③ 신용장번호(Documentary Credit Number) : 신용장번호를 기재한다. 신용장번호는 각 국가 및 은행마다 고유한 번호를 기재한다. 매도인은 선적서류에 신용장번호를 기재해야 한다.

신용장 통지번호

• 통지은행(수출국 소재은행으로 수출자에게 신용장을 통지하는 은행)은 신용장을 통지할 때 통지번호를 기재한다.

(신용장 통지번호 기재요령)

• 국내은행의 신용장 통지번호는 한국은행에서 제정한 '수출입승인서 및 신용장 등의 번호 기재요령'에 따라 다음과 같이 부여된다.

　예시) A-0668-306-26267)

　　　① 신용장 통지번호 : 신용장통지이므로 'A'로 기재.
　　　② 통지은행 고유번호 : 통지은행의 고유번호는 2자리
　　　③ 통지은행취급점 고유번호 : 통지은행의 해당 지점 고유번호이며, 고유번호는 2자리
　　　④ 통지연도 표시 : 통지하는 연도의 끝자리를 표시, 위의 예시의 통지연도는 2003년
　　　⑤ 통지월 표시 : 통지월을 2자리로 표시, 위의 예시는 6월
　　　⑥ 통지일련번호 : 신용장통지의 일련번호이며, 통지순서대로 4자리 기재
　　　⑦ 검증번호(check digit) : 검증하기 위한 번호이며 1자리

---

④ 개설일(Date of Issue) : 신용장 개설일을 기재한다. 개설은행은 신용장 개설일 부터 유효기일까지 수익자에게 대금지급을 확약한다.

⑤ 적용규칙(Applicable Rules) : 적용되는 신용장통일규칙을 기재한다. 신용장통 일규칙은 제정 이후 6회 개정되었으므로 어느 개정분이 적용되는지 구체적으 로 기재한다. 'UCP 600'처럼 구체적으로 개정분을 명시할 수도 있고, '최신 개정분(UCP LATEST VERSION)'이 적용된다고 기재할 수도 있다.

⑥ 유효기일과 장소(Date of Place of Expiry) : 신용장의 유효기일과 장소를 기재 한다. 수익자가 개설은행(또는 매입은행)에 신용장에서 요구되는 서류를 제시 할 수 있는 최종유효기일을 말하며, 신용장유효기일은 약자로 'E/D'라고도 한 다. 이 기일이 지나면 신용장은 효력을 상실한다. 장소가 수출국인 경우 서류 가 지정은행 또는 매입은행에 제시되어야 하는 시한을 말하고, 장소가 수입 국인 경우 서류가 개설은행에 제시되어야 하는 시한을 의미하므로 우편일수 를 감안하여 서류를 지정은행 또는 매입은행에 제시해야 한다. 따라서 이 경 우에는 유효기일이 더 짧다고 보면 된다.

⑦ 개설의뢰인(Applicant) : 개설의뢰인을 기재한다. 개설의뢰인의 상호 및 주소 를 정확히 기재하며, 약호는 사용하지 않는 것이 좋다.

⑧ 수익자(Beneficiary) : 수익자를 기재한다. 수익자의 상호 및 주소를 정확히 기 재하며, 약호는 사용하지 않는 것이 좋다.

⑨ 통화코드 및 금액(Currency Code, Amount) : 신용장금액과 통화를 기재한다. 신용장금액이란 개설은행이 지급해야 하는 금액을 말한다.

⑩ 지정은행(Available With … By …) : 지정은행 또는 매입은행을 기재한다.

⑪ 결제조건 : 신용장 대금의 결제조건을 기재한다. 일람불지급, 기한부지급, 연 지급 등을 기재한다.

⑫ 분할선적(Partial Shipment) : 분할선적의 허용 여부를 기재한다(금지표시 없으면 가능).

⑬ 환적(transhipment) : 환적의 허용여부를 기재한다.

⑭ 선적항(Port of Loading) : 선적항을 기재한다. 매도인의 소재국 항구가 된다.

⑮ 양륙항(Port of Discharge) : 양륙항을 기재한다. 매수인의 소재국 항구가 된다.

⑯ 선적기일(Latest Date of Shipment) : 선적기일이란 최종선적가능일을 말하며, 약자로 'S/D'라고도 한다. 선적기일 후에 선적한 경우에 신용장조건위반이 된다.

⑰ 물품명세(Description of Goods) : 물품명, 명세, 수량, 단가, 가격조건, 금액 등 물품의 명세를 기재한다. 매도인이 제시해야 하는 상업송장은 신용장의 물품 명세와 일치해야 한다.

⑱ 요구서류(Documents Required) : 신용장에서 요구되는 서류이다. 신용장대금을 받기 위해서는 이 서류를 모두 제시해야 한다.

⑲ 추가조건(Additional Conditions) : 신용장의 추가적인 조건들을 기재하고 있다. 여기의 조건 중 조건 충족여부가 개설의뢰인의 의사에 달려 있는 조건들은 신용장의 독립성을 훼손하게 되므로 조심해야 한다.

⑳ 수수료(Charges) : 신용장관련 수수료를 누가 부담하는지 기재한다. 예를 들어 수익자가 부담하는 경우에는 'FOR ACCOUNT OF BENEFICIARY'라고 기재한다.

2. 신용장 사례연구

1) 신용장 예시

———————————— Message Header ————————————
Swift Output : MT 700 Issue of a Documentary Credit

② Sender　　: DUIBAEADLCS

　　　　　　　DUBAI ISLAMIC BANK

　　　　　　　(DEPARTMENT LETTERS OF CREDIT)

　　　　　　　DUBAI AE

　　Receiver : SAABKRSXXXX

　　　　　　　SAUDI BRITISH BANK SEOUL BR KR

———————————— Message Text ————————————

　27: Sequence of Total

　1/1

① 40A: Form of Documentary Credit

　　　IRREVOCABLE

③ 20: Documentary Credit Number

　　　AIL001－9042

④ 31C: Date of Issue

　　　 091008

⑤ 40E: Applicable Rules

　　　 UCP LATEST VERSION

⑥ 31D: Date and Place of Expiry

　　　 100121 SOUTH KOREA

⑦ 50: Applicant

　　　 JOINT TRADING L.L.C

　　　 P.O.BOX ○ ○ ○, DUBAI, U.A.E.

⑧ 59: Beneficiary — Name & Address

　　　 HANKOOK TRADING CO

　　　 P.O.BOX ○ ○ ○, SEOUL, KOREA

⑨ 32B: Currency Code, Amount

　　　 Currency　　　: USD (US DOLLAR)

　　　 Amount　　　: #167,734.36#

　 39B: Maximum Credit Amount

　　　 NOT EXCEEDING

⑩ 41A: Available With...By... — Name&Addr

　　　 CREDIT AVAILABLE WITH ANY BANK

　　　 BY DEF PAYMENT

⑪ 42P: Deferred Payment Details

　　　 90 DAYS FROM SHIPMENT DATE

⑫ 43P: Partial Shipments

　　　 ALLOWED

⑬ 43T: Transhipment

　　　 ALLOWED

⑭ 44E: Port of Loading/Airport of Dep.

　　　 ANY PORT IN KOREA

⑮ 44F: Port of Dischrge/Airport of Dest

　　　 JEBEL ALI PORT, U.A.E. BY SEA

⑯ 44C: Latest Date of Shipment

100101

⑰ 45A: Descriptn of Goods &/or Services

LITHUM BATTERRIES.

ALL OTHER DETAILS AS PER BENEFICIARY'S PROFORMA INVOICE
NO:

AJB2009−01 RV1 DATED 04−10−2009 AND ORDER OF JOINT
TRADING L.L.C, P.O.BOX 124 DUBAI, U.A.E.

SHIPMENT TERMS: CFR JEBEL ALI PORT, U.A.E. (INVOICE TO
CERTIFY THE SAME)

⑱ 46A: Documents Required

1) SIGNED COMMERCIAL INVOICES IN 3 ORIGINALS STATING
THE NAME AND ADDRESS OF MANUFACTURERS/ PROCES−
SORS, CERTIFYING ORIGIN OF GOODS AND CONTENTS TO
BE TRUE AND CORRECT.

2) FULL SET OF CLEAN SHIPPED ON BOARD OCEAN BILLS OF
LADING ISSUED TO THE ORDER OF DUBAI BANK, MARKED
FREIGHT PREPAID AND NOTIFY JOINT TRADING L.L.C., P.O.
BOX 124, DUBAI, U.A.E.

3) CERTIFICATE OF ORIGIN IN 1 ORIGINAL PLUS 1 COPY
SHOWING THE NAME AND ADDRESS OF MANUFACTURERS/
PROCESSORS AND STATING THAT THE GOODS ARE OF
SOUTH KOREA ORIGIN ISSUED BY CHAMBER OF COM−
MERCE.

4) PACKING LIST IN 3 ORIGINALS.

5) SHIPMENT ADVICE QUOTING L/C NO. AND REFERRING TO
OPEN POLICY NO:26/MOI1/2009/00184 MUST BE SENT BY FAX
WITHIN THREE BANKING DAYS AFTER SHIPMENT TO QATAR
GENERAL INSURANCE AND REINSURANCE CO, P.O.BOX 8080,
DUBAI, U.A.E FAX:00971 4 2688118.

⑲ 47A: Additional Conditions

     1) B/L MUST BE ISSUED BY THE CARRIER OR THEIR AGENT'S ON THEIR OWN B/L AND B/L MUST EVIDENCE THE SAME.

     2) B/L SHOULD BEAR NAME, ADDRESS AND TELEPHONE NO. OF CARRIER VESSELS' AGENT AT THE PORT OF DESTIN− ATION.

     3) ALL REQUIRED DOCS TO BE PREPARED IN ENGLISH.

     4) B/L SHOWING COST ADDITIONAL TO FREIGHT CHARGES AS MENTIONED IN ARTICLE 26(C) OF UCPDC 2007 REVISION ARE NOT ACCEPTABLE.

     5) CORRECTION IN ANY DOCUMENT MUST BE PROPERLY AUTHENTICATED AND STAMPED BY ISSUER.

     6) IN CASE OF DISCREPANCIES, WE SHALL DEDUCT OR CLAIM A SUM OF USD:60 FOR SWIFT.

     7) IF THE DOCUMENTS PRESENTED UNDER THIS CREDIT DETERMINED TO BE DISCREPANT, WE MAY IN OUR SOLE JUDGEMENT AND DISCRETION APPROACH THE BUYER FOR A WAIVER OF THE DISCREPANCY(IES). IN CASE THE WAIVER IS OBTAINED, WE MAY RELEASE THE DOCU− MENTS AND EFFECT PAYMENT IN ACCORDANCE WITH THE CREDIT TERMS NOTWITHSTANDING ANY PRIOR COM− MUNICATION TO THE PRESENTER THAT WE ARE HOL− DING DOCUMENTS AT THEIR DISPOSAL, UNLESS WE HAVE RECEIVED ANY INSTRUCTIONS TO THE CONTRARY FROM THEM PRIOR TO OUR RELEASE OF DOCUMENTS.

⑳ 71B: Charges

    ALL BANK CHARGES ARE FOR BENEFICIARY'S ACCOUNT EXCEPT ISSUING BANK'S L/C ISSUANCE CHARGES AND DEFERRED PAYMENT CHARGES.

48: Period for Presentation

    DOCUMENTS TO BE PRESENTED WITHIN 21 DAYS AFTER THE DATE OF SHIPMENT BUT WITHIN THE VALIDITY OF THE CREDIT

49: Confirmation Instructions

WITHOUT

78: Instr to Payg/Accptg/Negotg Bank

1) UPON RECEIPT OF CREDIT COMPLIANT DOCUMENTS AT THE COUNTERS OF DUBAI BANK, CENTRAL OPERATIONS DEPT. FOR TRADE SERVICES, AL SHOLA BLDG., 7TH FLOOR, P.O.BOX 1080, DEIRA, DUBAI, TEL:00971－4－2114210/ 2114225 WE SHALL REMIT THE PROCEEDS AS PER YOUR INSTRUCTIONS AT MATURITY.

2) DOCUMENTS PROCESSING BANK MUST CONFIRM ON THE DOCS COVERING SCHEDULE THAT ALL CHARGES OF THE ADVISING BANK HAVE BEEN PAID

3) REIMB.IS SUBJECT TO ICC URR 725.

4) NEGOTIATING BANK'S COVERING SCHEDULE MUST CER－ TIFY THAT "ALL AMENDMENT/S UNDER THIS CREDIT HAS/HAVE BEEN ACCEPTED/REJECTED BY THE BENEFI－ CIARIES".

72: Sender to Receiver Information

1) PLEASE ACKNOWLEDGE RECEIPT.

2) PLS COLLECT YOUR CHARGES IN ADVANCE ARTICLE 37(C) OF UCP 600 NOT APPLICABLE UNDER THIS CREDIT.

－ － － － － － － － － － － Message Trailer － － － － － － － － － － － －

2) 신용장 예시(해설 포함)

－ － － － － － － － － － － Message Header － － － － － － － － － － － －

Swift Output   : MT 700 Issue of a Documentary Credit

② Sender : DUIBAEADLCS

         DUBAI ISLAMIC BANK (신용장 개설은행)

         (DEPARTMENT LETTERS OF CREDIT)

         DUBAI AE

Receiver : SAABKRSXXXX

SAUDI BRITISH BANK SEOUL BR KR (신용장 통지은행)

☞ DUBAI ISLAMIC BANK가 신용장을 개설하여 SWIFT로 SAUDI BRITISH BANK 서울지점으로 전송한다. SAUDI BRITISH BANK 서울지점은 신용장을 출력하여 수출자에게 교부한다.

MT 700 (신용장), MT 710 (비은행발행신용장), MT 760 (보증, 보증신용장)

☞ MT → message type

— — — — — — — — — — — — Message Text — — — — — — — — — — — — — —

27: Sequence of Total

1/1

① 40A: Form of Documentary Credit

　　IRREVOCABLE

☞ 취소불능신용장 (공란으로 되어 있으면, 취소불능임 – UCP Art.3))

☞ SWIFT의 field

40A, 20, 31C 등을 SWIFT의 field라고 한다. SWIFT 매뉴얼에서는 각 field 번호별 기재할 내용을 정하고 있다. (상세한 내용은 "4. 신용장 관련 서류의) 신용장발행을 위한 SWIFT Message Type" 참조)

---

③ 20: Documentary Credit Number

　　AIL001 – 9042

☞ 신용장번호 : 각 개설은행별로 신용장번호를 부여하는 방법을 정함.

④ 31C: Date of Issue

　　091008 (신용장 개설일)

⑤ 40E: Applicable Rules

　　UCP LATEST VERSION

☞ UCP 최신판이 적용된다. 즉 UCP 600 적용.

⑥ 31D: Date and Place of Expiry

　　100121 SOUTH KOREA (신용장의 유효기일은 2010.1.21.이고 장소는 한국)

☞ 한국이 수출국이므로 종료 날짜는 한국의 지정은행(매입은행, 인수은행 등)에 서류가 제시되어야 하는 시한을 의미한다. 서류가 한국의 지정은행에 2010.1.21.까지 제시되면 충분하며, 지정은행이 개설은행에 서류를 송부

하는 것은 그 이후여도 된다.

⑦ 50: Applicant

　　JOINT TRADING L.L.C (개설의뢰인, 즉 수입자)

　　P.O.BOX ○ ○ ○, DUBAI, U.A.E.

⑧ 59: Beneficiary — Name & Address

　　HANKOOK TRADING CO (수익자, 즉 수출자)

　　P.O.BOX ○ ○ ○, SEOUL, KOREA

⑨ 32B: Currency Code, Amount

　　Currency 　　: USD (US DOLLAR)

　　Amount 　　: #167,734.36# (신용장금액)

　39B: Maximum Credit Amount (최대신용장금액)

　　NOT EXCEEDING

⑩ 41A: Available With... By... — Name & Addr

　　CREDIT AVAILABLE WITH ANY BANK

　　BY DEF PAYMENT

　☞ 모든 은행에서 연지급 가능

　☞ BY 이하에 지급(payment)을 정하고 있으므로, 이 신용장은 지급신용장이
　　다. 지급방식은 연지급(외상지급)이다. (DEF → deferred payment — 연지급) 즉
　　지정은행이 지급할 수 있는 은행이다. 따라서 이 신용장은 한국에 있는
　　모든 은행에 지급청구할 있고, 그 은행은 지급할 수 있다. 참고로 'credit
　　available with any bank by negotiation'이라고 기재되어 있는 경우, 모
　　든 은행에서 매입할 수 있다. 즉 자유매입신용장이다.

환어음이 이용되는 자유매입신용장 예시

41A : Available With--- By---

ANY BANK IN KOREA BY NEGOTIATION

42C : Drafts at ---

120 DAYS AFTER SIGHT

42A : Drawee

SOCIAL ISLAMIC BANK LIMITED

---

⑪ 42P: Deferred Payment Details (연지급 세부내용)

90 DAYS FROM SHIPMENT DATE (선적일로 90일 지급)

⑫ 43P: Partial Shipments

ALLOWED

⑬ 43T: Transhipment

ALLOWED

☞ 환적(Transhipment) 허용 여부(UCP Art. 19)

1) L/C에 환적에 대한 문구가 없는 경우 : 선적지 ~ 도착지까지 전체의 운송구간이 하나의 동일한 운송서류에 의해 커버되는 경우에만 환적 가능. 그 외는 금지

2) L/C에 환적허용 문구가 있는 경우 : 환적 가능

3) L/C에 환적금지 문구가 있는 경우 : 선적지 ~ 도착지까지 전체 운송구간이 하나의 동일한 운송서류로 커버되면서 컨테이너, 트레일러, lash barge에 의해 선적되는 경우에 예외적으로 환적 가능

---

⑭ 44E: Port of Loading/Airport of Dep.

ANY PORT IN KOREA

⑮ 44F: Port of Dischrge/Airport of Dest

JEBEL ALI PORT, U.A.E. BY SEA

⑯ 44C: Latest Date of Shipment

100101

☞ 최종선적일은 2010.1.1.이다. 그 이후에 선적하는 경우 지급거절된다.

⑰ 45A: Descriptn of Goods &/or Services (물품명세)

LITHUM BATTERRIES.

ALL OTHER DETAILS AS PER BENEFICIARY'S PROFORMA INVOICE NO : AJB2009－01 RV1 DATED 04－10－2009 AND ORDER OF JOINT TRADING L.L.C, P.O.BOX 124 DUBAI, U.A.E.

SHIPMENT TERMS: CFR JEBEL ALI PORT, U.A.E. (INVOICE TO CERTIFY THE SAME)

☞ 품목은 리튬전지이고, 기타 세부내용은 수익자의 견적송장에 기재되어 있다.

⑱ 46A: Documents Required

☞ 신용장대금을 받기 위해 제시해야 하는 서류

1) SIGNED COMMERCIAL INVOICES IN 3 ORIGINALS STATING THE

NAME AND ADDRESS OF MANUFACTURERS/PROCES— SORS, CERTIFYING ORIGIN OF GOODS AND CONTENTS TO BE TRUE AND CORRECT.

1) 서명된 상업송장 원본 3장, 상업송장에는 제조자와 가공자의 상호와 주소가 기재되고, 물품의 원산지 및 내용(상업송장에 기재된 내용)이 진정하고 정확하다고 확인할 것

2) '물품의 원산지 및 내용(상업송장에 기재된 내용)이 진정하고 정확하다고 확인할 것'의 의미는 상업송장에 다음의 문구를 기재하라는 것이다. (WE CERTIFY THAT ORIGIN OF GOODS AND CONTENTS ARE TRUE AND CORRECT.)

3) UCP 600에 의하면, 상업송장은 서명될 필요는 없으며, 이에 따라 서명되지 않은 상업송장을 제시할 수 있다(UCP Art 18-a-ⅲ). 그러나 위 사례에서와 같이 신용장에서 서명된 서류를 상업송장을 요구하면 서명된 상업송장을 제시해야 한다.

4) ① Commercial Invoices(or Certificate of Origin 등) in 3 Copies ② Commercial Invoices(or Certificate of Origin 등) in 3 Folds, ③ Commercial Invoices(or Certificate of Origin 등) in triplicate : 원본 1부, 사본 2부를 제시하면 된다(UCP Art. 17).

2) FULL SET OF CLEAN SHIPPED ON BOARD OCEAN BILLS OF LADING ISSUED TO THE ORDER OF DUBAI BANK, MAR— KED FREIGHT PREPAID AND NOTIFY JOINT TRADING L.L.C., P.O. BOX 124, DUBAI, U.A.E.

1) 두바이은행의 지시식으로 발행된 무고장본선적재 선적선하증권 전통, 운임선지급이 표시되고, Joint Trading사를 통지처로 기재될 것 (두바이은행 지시식이란, B/L의 기재항목 2번의 Consignee란에 'TO ORDER OF DUBAI BANK', 또는 'DUBAI BANK OR ORDER'라고 기재하는 것)

2) 선적선하증권의 다른 표현 : shipped on board ocean B/L, shipped ocean B/L

3) 고장선하증권(사고선하증권, foul B/L, dirty B/L) : 선하증권에 "three cartons broken", "two cases in dispute" 등 화물에 문제가 있다는 내용이 기재된 선하증권

3) CERTIFICATE OF ORIGIN IN 1 ORIGINAL PLUS 1 COPY SHOWING THE NAME AND ADDRESS OF MANUFACTURERS/ PROCESSORS AND STATING THAT THE GOODS ARE OF SOUTH KOREA ORIGIN ISSUED BY CHAMBER OF COM— MERCE.

> 1) 원산지증명서 원본 1통 및 사본 1통, 제조자와 가공자의 상호와 주소가 기재되고 물품의 원산지가 한국임을 나타내고, 상공회의소에서 발행될 것
>   ("issued" → "certified" 대체 가능)
> 2) 원산지증명서 관련 다른 표현
>   (CERTIFICATE OF ORIGIN ISSUED BY LOCAL CHAMBER OF COMMERCE / COMPETENT AUTHORITY IN 3 COPIES.)

4) PACKING LIST IN 3 ORIGINALS. (포장명세서 원본 3통)

5) SHIPMENT ADVICE QUOTING L/C NO. AND REFERRING TO OPEN POLICY NO:26/MOI1/2009/00184 MUST BE SENT BY FAX WITHIN THREE BANKING DAYS AFTER SHIPMENT TO QATAR GENERAL INSURANCE AND REINSURANCE CO, P.O.BOX 8080, DUBAI, U.A.E FAX:00971 4 2688118.

> 1) 선적 후 3은행영업일 내에, 신용장번호를 표시하고 예정보험증권을 언급하고 있는 선적통지서를 팩스로 카타르종합보험회사에 송부할 것
> 2) 선적통지서(shipment advice, shipping notice) : 물품의 선적전/후에 seller가 buyer 등에게 선적사항을 통지하여 buyer로 하여금 물품의 수입준비를 할 수 있도록 한다.

⑲ 47A: Additional Conditions(추가조건)

1) B/L MUST BE ISSUED BY THE CARRIER OR THEIR AGENT'S ON THEIR OWN B/L AND B/L MUST EVIDENCE THE SAME.

☞ 선하증권은 운송인 또는 운송대리인에 의해 그들의 선하증권양식으로 발행될 것

2) B/L SHOULD BEAR NAME, ADDRESS AND TELEPHONE NO. OF CARRIER VESSELS' AGENT AT THE PORT OF DESTIN— ATION.

☞ 선하증권에는 도착항의 운송대리인의 상호, 주소 및 전화번호가 표시될 것

3) ALL REQUIRED DOCS TO BE PREPARED IN ENGLISH.

☞ 모든 서류는 영어로 준비될 것(DOCS → Documents)

4) B/L SHOWING COST ADDITIONAL TO FREIGHT CHARGES AS MENTIONED IN ARTICLE 26(C) OF UCPDC 2007 REVI— SION

ARE NOT ACCEPTABLE.

☞ UCP 제26조에 규정된 바와 같은 운임외에 추가비용을 나타내는 선하증권은 수리거절됨.

5) CORRECTION IN ANY DOCUMENT MUST BE PROPERLY AUTHENTICATED AND STAMPED BY ISSUER.

☞ 어떠한 수정도 적정하게 인증받아야 하고 발행자에 의해 날인(수정용 날인)되어야 함.

6) IN CASE OF DISCREPANCIES, WE SHALL DEDUCT OR CLAIM A SUM OF USD:60 FOR SWIFT.

☞ 서류에 하자가 있는 경우 매 SWIFT당 60달러의 금액을 차감하거나 또는 상환청구한다(신용장대금을 지급하기 전이라면, 60달러 상당을 차감한 후 지급하고, 신용장대금을 기지급했다면, 60달러의 상환을 청구하겠다는 의미임).

7) IF THE DOCUMENTS PRESENTED UNDER THIS CREDIT DETERMINED TO BE DISCREPANT, WE MAY IN OUR SOLE JUDGEMENT AND DISCRETION APPROACH THE BUYER FOR A WAIVER OF THE DISCREPANCY(IES). IN CASE THE WAIVER IS OBTAINED, WE MAY RELEASE THE DOCU— MENTS AND EFFECT PAYMENT IN ACCORDANCE WITH THE CREDIT TERMS NOTWITHSTANDING ANY PRIOR COM— MUNICATION TO THE PRESENTER THAT WE ARE HOLDING DOCUMENTS AT THEIR DISPOSAL, UNLESS WE HAVE RECEIVED ANY INSTRUCTIONS TO THE CONTRARY FROM THEM PRIOR TO OUR RELEASE OF DOCUMENTS.

1) 이 신용장하에 제시된 서류에 하자가 있다고 결정되면, 우리는, 우리의 독자적인 판단으로 하자의 포기여부를 확인하기 위해 수입자에게 연락할 수 있다. '제시자의 처분에 맡기며, 우리가 서류를 보관하고 있겠다'는 내용을 서류의 제시자에게 전달했음에도 불구하고, 우리가 서류를 인도하기 전에 그와 다른 지시를 받지 않는 한, 수입자로부터 하자포기를 받으면, 우리는 서류를 수입자에게 인도하고 신용장조건에 따라 대금을 지급할 수 있다.

2) UCP Art 16. : 개설은행은 제시가 일치하지 않는다고 판단되는 때에는 독자적인 판단으

로 하자에 대한 권리포기를 위하여 개설의뢰인과 교섭할 수 있다.

(L/C 하자통지서 기재사항)

1) 결제 또는 매입을 거절하였다.

2) 하자사항을 명시해야 한다.

3) 서류의 현황에 대하여 다음 중 하나를 명시해야 한다(UCP 제16조).

　① We are holding the documents pending your further instructions(귀사 (제시자)로부터 추가지시를 기다리며 서류를 보류한다).

　② We are holding the documents pending receipt of an acceptable waiver from the applicant or until we receive further instructions(개설 의뢰인으로부터 권리포기를 받거나 추가지시를 받을 때까지 서류를 보류한다).

　③ We are returning the documents(우리는 서류를 반송한다).

　④ We are acting in accordance with previous instructions(사전에 제시자로 부터 받은 지시에 따라 행동한다).

(하자통지서 예시)

MT 734 Advice of Refusal

LC　　No.

Bank　Ref. No.

Date　and Amount of Utilisation

03/25/2012　　USD 200,000

Total　Amount Claimed

　　　USD 200,000

Discrepancies

　LC Expired

Disposal of Documents

　We are holding the documents pending your further instructions

(하자의 종류)

- DOCS Inconsistent with each other(서류상호간 불일치)

- Late Shipment(선적지연)

- Credit Expired(L/C유효기일 경과)

- Late Presentation(제시기일 경과)

- Received B/L Presented(수취선하증권의 제시)

- Goods shipped on deck(갑판선적)
- Insurance not effective from the date of shipment(선적일부터 부보되지 않음)
- Description of goods on invoice differ from that in the credit(상업송장의 물품명세와 신용장의 물품명세 불일치).
- Under Insured(보험금액 미달)
- Over Drawing(신용장금액 초과발행)
- Short Shipment(선적부족)
- Insurance risks covered not as specified in the credit(신용장에 명시한 대로 부보되지 않음)
- Different Consignee(수하인 상이)
- Weights differs between DOCS(서류 상호간 중량 불일치).

⑳ 71B: Charges

ALL BANK CHARGES ARE FOR BENEFICIARY'S ACCOUNT EXCEPT ISSUING BANK'S L/C ISSUANCE CHARGESAND DEFERRED PAYMENT CHARGES.

☞ 개설은행의 신용장 개설수수료와 연지급수수료를 제외하고는 모든 은행수수료는 수익자의 부담이다.

48: Period for Presentation

Documents to be presented within 21 days after the date of shipment but within the validity of the credit

☞ 서류는 선적일로 21일 이내에 그리고 신용장의 유효기일 이내에 제시되어야 한다(UCP 14(c), 즉 이 신용장에서 기재된 문구 '48 : period for presentation ~'는 UCP 14조를 확인하는 내용임).

49: Confirmation Instructions

WITHOUT

☞ 49: Confirmation Instructions (확인 지시사항)

(신용장 확인에 대한 보충설명)
1) 49 field에는 다음 중 하나 기재
   ① CONFIRM :
      - 수신인(통지은행)에게 확인 추가 요청(a request to add confirmation)
      - 확인을 추가하지 않는 경우 그 사실(확인 미추가 사실)을 개설은행에 통지할 것
        (UCP Art 8(d)).
   ② MAY ADD :
      - 수신인(통지은행)에게 확인 추가 권한 부여(an authorization to add confirmation)
      - 수익자가 확인수수료를 부담하는 경우에 확인을 추가함(통지은행은 확인을 추가하지 않은 채 신용장을 수익자에게 통지하고, 이후 수익자로부터 확인 추가 요청을 받으면, 수익자로부터 확인수수료를 받고 확인을 추가함).
      - 확인을 추가하지 않는 경우 그 사실(확인 미추가 사실)을 개설은행에 통지할 것
        (UCP Art 8(d)).
   ③ WITHOUT :
      - 수신인(통지은행)에게 확인 추가 미요청 또는 확인 추가 권한 미부여
      - 확인을 추가할 수 없음.
2) 확인을 추가하는 경우("① CONFIRM"의 경우) : covering letter에 다음의 내용을 기재하여 수익자에게 신용장 교부(다음 문안을 stamp로 날인하는 경우도 있음)
   "As requested by the Issuing Bank, we hereby add our confirmation to the Credit in accordance with the stipulations under UCP 600 Art. 8."
3) 확인을 추가하지 않는 경우("① CONFIRM"의 경우) : covering letter에 다음의 내용을 기재하여 수익자에게 신용장 교부(다음 문안을 stamp로 날인하는 경우도 있음)
   "We have not added our confirmation to this Credit and consequently this Credit conveys no engagement on our part."
4) ② "MAY ADD"의 경우 통지은행은 다음의 내용을 기재하여 수익자에게 신용장 교부(다음 문안을 stamp로 날인하는 경우도 있음)
   "We are authorized to add our confirmation to this credit, at your request. Upon our receipt of your request, the matter will receive our further consideration."

출처: Gary Collyer, Guide to Documentary Credits, 5th ed, The London Institute of Banking & Finance, 2017, pp.138-145.

78: Instr to Payg/Accptg/Negotg Bank

1) UPON RECEIPT OF CREDIT COMPLIANT DOCUMENTS AT THE COUNTERS OF DUBAI BANK, CENTRAL OPERATIONS DEPT. FOR TRADE SERVICES, AL SHOLA BLDG., 7TH FLOOR, P.O. BOX 1080, DEIRA, DUBAI, TEL:00971－4－2114210/ 2114225 WE SHALL REMIT THE PROCEEDS AS PER YOUR INSTRUCTIONS AT MATURITY.

☞ 일치하는 서류를 두바이은행(주소 ~)의 창구에서 수령하면, 만기일에 귀행의 지시에 따라 우리는 대금을 송금할 것이다.

2) DOCUMENTS PROCESSING BANK MUST CONFIRM ON THE DOCS COVERING SCHEDULE THAT ALL CHARGES OF THE ADVISING BANK HAVE BEEN PAID

3) REIMB. IS SUBJECT TO ICC URR 725.

4) NEGOTIATING BANK'S COVERING SCHEDULE MUST CER－ TIFY THAT "ALL AMENDMENT/S UNDER THIS CREDIT HAS/HAVE BEEN ACCEPTED/REJECTED BY THE BENEFI－ CIARIES".

☞ URR(Uniform Rules for Bank to Bank Reimbursement under Documentary Credits : 은행간 대금상환에 대한 통일규칙)

URR 525(1995년 제정, 1996년 7월 시행) → URR 725(2008년 10월 시행)

COVERING SCHEDULE : 표지서류(UCP Art. 29(b))

72: Sender to Receiver Information

1) PLEASE ACKNOWLEDGE RECEIPT.

☞ 수령했다는 것을 확인해 달라(즉 통지은행이 이 신용장을 수신한 경우 수신했다는 내용의 회신을 개설은행에 송부하라는 의미)

2) PLS COLLECT YOUR CHARGES IN ADVANCE ARTICLE 37(C) OF UCP 600 NOT APPLICABLE UNDER THIS CREDIT.

☞ UCP 37(C) : 다른 은행에게 서비스의 이행을 요청하는 은행은 그러한 지시와 관련하여 발생하는 다른 은행의 수수료에 대해 책임이 있다.

－－－－－－－－－－－－ Message Trailer －－－－－－－－－－－－－

Fields in MT 700 SWIFT message type - SWIFT User Handbook

Status	Tag	Field Name
M	27	Sequence of Total
M	40A	Form of Documentary Credit
M	20	Documentary Credit Number
O	23	Reference to Pre-Advice
O	31C	Date of Issue
M	40E	Applicable Rules
M	31D	Date and Place of Expiry
O	51a	Applicant Bank
M	50	Applicant
M	59	Beneficiary
M	32B	Currency Code, Amount
O	39A	Percentage Credit Amount Tolerance
O	39B	Maximum Credit Amount
O	39C	Additional Amounts Covered
M	41a	Available With ... By ...
O	42C	Drafts at ...
O	42a	Drawee
O	42M	Mixed Payment Details
O	42P	Deferred Payment Details
O	43P	Partial Shipments
O	43T	Transshipment
O	44A	Place of Taking in Charge/Dispatch from .../ Place of Receipt
O	44E	Port of Loading/Airport of Departure
O	44F	Port of Discharge/Airport of Destination
O	44B	Place of Final Destination/For Transportation to .../Place of Delivery
O	44C	Latest Date of Shipment
O	44D	Shipment Period
O	45A	Description of Goods and/or Services
O	46A	Documents Required
O	47A	Additional Conditions
O	71B	Charges
O	48	Period for Presentation
M	49	Confirmation Instructions
O	53a	Reimbursing Bank
O	78	Instructions to the Paying/Accepting/Negotiating Bank
O	57a	'Advise Through' Bank
O	72	Sender to Receiver Information

O : Optional   M : Mandatory

EXERCISES

01 제6차 개정 신용장통일규칙의 약칭(영문)은?

02 통상 신용장에서는 신용장통일규칙을 따른다고 명시하는데, 그 예시 문안은?
예시1)
예시2)

03 SWIFT 시스템을 이용하여 신용장이 개설되는 경우 신용장에서 신용장통일규칙의 적용을 명시하지 않는 경우에도 신용장통일규칙이 적용된다고 보는데, 그 논거는?

※ 다음 중 옳은 것은 (×), 옳지 않은 것은 (○)로 표시하시오.

❶ 신용장통일규칙은 ICC에서 제정한 규칙으로서 그 자체가 법(또는 조약이나 협약)은 아니다. 따라서 원칙적으로 신용장에서 신용장통일규칙의 적용을 명시하는 경우에 한하여 신용장에 편입되어 당사자를 구속한다. ( )

❷ UCP 600은 신용장의 문면에 UCP 600의 적용을 명시한 모든 화환신용장(documentary credit)에 적용되지만, 보증신용장(standby letter of credit)에는 적용되지 않는다. ( )

❸ 일치하는 제시(Complying presentation)는 신용장 조건, 적용 가능한 범위 내에서의 이 규칙의 규정, 그리고 국제표준은행관행(international standard banking practice)에 따른 제시를 의미하는데, 여기서 국제표준은행관행(international standard banking practice)은 ICC에서 발간한 '국제표준은행관행(International Standard Banking Practice: ISBP)'을 말한다. ( )

❹ 신용장은 '취소불능(irrevocable)'이라는 표시가 없으면, 취소가능하다. (   )

❺ '이용가능하다'는 것은 'available'로 표기하는데, 'available with ABC Bank'라고 기재된 경우 ABC Bank만이 지정은행이 되며, 'available with any Bank'라고 기재된 경우 모든 은행이 지정은행이 된다. (   )

❻ 신용장이 확인은행에서 매입의 방법으로 이용 가능하다면 확인은행은 "상환청구권 조건(with recourse)" 매입할 수 있다. (   )

❼ 신용장은 개설은행, 확인은행이 있는 경우에는 수익자의 동의가 없이는 조건변경되거나 취소될 수 없는데, 이 경우 확인은행의 동의는 요구되지 않는다. (   )

❽ 개설은행이 지정은행에 결제 또는 매입하도록 권리를 부여한 경우, 지정은행은 결제 또는 매입의무가 있다. (   )

❾ 개설은행(지정은행, 확인은행 포함)은 서류심사에 대하여 문면상 일치 여부만 심사하며, 서류의 진정성에 대해서는 심사하지 않는다. (   )

❿ 서류심사 기간은 제시일의 다음날로부터 최장 7은행영업일 이내이다. (   )

⓫ 확인은행은 제시가 일치한다고 판단되는 경우 결제(honour) 또는 매입하고 그 서류들을 개설은행에 송부해야 한다. (   )

⓬ 송장의 명칭을 신용장에서 특별히 요구하지 않았다면, 모든 명칭의 송장(예시: commercial invoice, tax invoice, customs invoice, pro-forma invoice나 provisional invoice 등)이 가능하다. (   )

⓭ 신용장의 유효기일 또는 최종제시일이 제시가 되어야 하는 은행이 영업을 하지 않는 날인 경우, 유효기일 또는 경우에 따라 최종제시일은 그 다음 첫 은행영업일까지 연장된다. 최종선적일은 이런 사유로 연장된다. (   )

⓮ 신용장이 양도가능하기 위해서는 신용장에 명시적으로 "양도가능(transferable)"이라고 표시되어 있어야 한다. (   )

❘ 정답 및 해설

01   제6차 개정 신용장통일규칙의 약칭(영문)은?
      UCP 600

02 통상 신용장에서는 신용장통일규칙을 따른다고 명시하는데, 그 예시 문안은?

예시1) This Documentary Credit is subject to UCP 600(ICC Publication No. 600

예시2) Applicable Rules : UCP LATEST VERSION

03 SWIFT 시스템을 이용하여 신용장이 개설되는 경우 신용장에서 신용장통일규칙의 적용을 명시하지 않는 경우에도 신용장통일규칙이 적용된다고 보는데, 그 논거는?

SWIFT지침서에서는 SWIFT를 통해 전송되는 모든 신용장은 자동적으로 신용장통일규칙의 적용을 받는다고 기술하고 있다.

우리 대법원에서도 SWIFT 사용편람에 의하면 SWIFT방식에 의하여 개설되어 통지된 신용장에는 개설 당시 시행중인 신용장통일규칙이 적용되도록 되어 있으므로, 비록 신용장의 문언상 ICC가 제정한 신용장통일규칙이 적용된다는 명문의 기재가 없다고 하더라도, 다른 특별한 사정이 없는 한 당해 신용장에는 그 신용장이 개설될 당시 시행중인 신용장통일규칙이 적용된다고 판단하고 있다.

※ 다음 중 옳은 것은 (×), 옳지 않은 것은 (○)로 표시하시오.

❶ 신용장통일규칙은 ICC에서 제정한 규칙으로서 그 자체가 법(또는 조약이나 협약)은 아니다. 따라서 원칙적으로 신용장에서 신용장통일규칙의 적용을 명시하는 경우에 한하여 신용장에 편입되어 당사자를 구속한다. (○)

❷ UCP 600은 신용장의 문면에 UCP 600의 적용을 명시한 모든 화환신용장(documentary credit)에 적용되지만, 보증신용장(standby letter of credit)에는 적용되지 않는다. (×)

해설 UCP 600은 적용가능한 범위 내에서 보증신용장에도 적용될 수 있다(UCP 600 제1조).

❸ 일치하는 제시(Complying presentation)는 신용장 조건, 적용 가능한 범위 내에서의 이 규칙의 규정, 그리고 국제표준은행관행(international standard banking practice)에 따른 제시를 의미하는데, 여기서 국제표준은행관행(international standard banking practice)은 ICC에서 발간한 '국제표준은행관행(International Standard Banking Practice: ISBP)'을 말한다. (×)

해설 국제표준은행관행(international standard banking practice)은 ICC에서 발간한 '국제표준은행관행(International Standard Banking Practice: ISBP)'만을 한정하는 것이 아님. 그래서 소문자로 표기한 것임.

❹ 신용장은 '취소불능(irrevocable)'이라는 표시가 없으면, 취소가능하다. (×)

해설 신용장은 '취소불능(irrevocable)'이라는 표시가 없어도 취소불능이다. '취소가능(revocable)'이라고 표시되어 있는 경우에만 취소가 가능하다.

❺ '이용가능하다'는 것은 'available'로 표기하는데, 'available with ABC Bank'라고 기재된 경우 ABC Bank만이 지정은행이 되며, 'available with any Bank'라고 기재된 경우 모든 은행이 지정은행이 된다. (○)

❻ 신용장이 확인은행에서 매입의 방법으로 이용 가능하다면 확인은행은 "상환청구권 조건(with recourse)" 매입할 수 있다. (×)

해설 신용장이 확인은행에서 매입의 방법으로 이용 가능하다면 확인은행은 "상환청구권 없이(without recourse)" 매입하여야 한다.

❼ 신용장은 개설은행, 확인은행이 있는 경우에는 수익자의 동의가 없이는 조건변경되거나 취소될 수 없는데, 이 경우 확인은행의 동의는 요구되지 않는다. (×)

해설 신용장은 개설은행, 확인은행이 있는 경우에는 그 확인은행, 그리고 수익자의 동의가 없이는 조건변경되거나 취소될 수 없다.

❽ 개설은행이 지정은행에 결제 또는 매입하도록 권리를 부여한 경우, 지정은행은 결제 또는 매입의무가 있다. (×)

해설 지정은행이 동의를 명백히 표시하지 않은 경우에는 지정은행은 결제 또는 매입의무가 없다.

❾ 개설은행(지정은행, 확인은행 포함)은 서류심사에 대하여 문면상 일치 여부만 심사하며, 서류의 진정성에 대해서는 심사하지 않는다. (○)

❿ 서류심사 기간은 제시일의 다음날로부터 최장 7은행영업일 이내이다. (×)

해설 최장 5은행영업일 이내

⓫ 확인은행은 제시가 일치한다고 판단되는 경우 결제(honour) 또는 매입하고 그 서류들을 개설은행에 송부해야 한다. (○)

⓬ 송장의 명칭을 신용장에서 특별히 요구하지 않았다면, 모든 명칭의 송장(예시: commercial invoice, tax invoice, customs invoice, pro-forma invoice나 provisional invoice 등)이 가능하다. (×)

해설 확정되지 않은 송장인 pro-forma invoice나 provisional invoice는 수리되지 않는다(ISBP para. 57).

⓭ 신용장의 유효기일 또는 최종제시일이 제시가 되어야 하는 은행이 영업을 하지 않는 날인 경우, 유효기일 또는 경우에 따라 최종제시일은 그 다음 첫 은행영업일까지 연장된다. 최종선적일은 이런 사유로 연장된다. (✕)

해설 최종선적일은 이런 사유로 연장되지 않는다.

⓮ 신용장이 양도가능하기 위해서는 신용장에 명시적으로 "양도가능(transferable)"이라고 표시되어 있어야 한다. (○)

CHAPTER

08

기타 무역대금결제방식

제1절 BPO(Bank Payment Obligation)
　　　 방식

제2절 기타 무역대금결제방식

Section 01 BPO(Bank Payment Obligation) 방식

1. 의의

Bank Payment Obligation(BPO)방식은 SWIFT와 ICC에 의하여 새로 도입된 무역대금결제방식이다. BPO방식에서는 계약 체결(구매주문서 발송) 후에 수입자가 지급은행(Obligor Bank)에게 제공한 매매계약(구매주문서) 정보와 수출자가 물품 선적 후에 수취은행(Recipient Bank)에게 제공한 선적 및 송장 정보가 일치(match)하는 경우 지급은행이 대금을 지급하며, 수출자는 송장과 선적서류를 수입자에게 직접 송부한다.

지급은행(Obligor Bank)의 대금지급시기에 대해서는 일람지급과 연지급이 있다. 일람지급은 정보가 일치하면 곧바로 대금을 지급하는 것이고, 연지급은 정보 일치 후 일정 기일 후에 지급하는 것이다(예: "60 days after match", "90 days after match").

ICC에서는 BPO 통일규칙(Uniform Rules for Bank Payment Obligation : URBPO 750)을 제정하였다(2013. 7. 1. 시행).

무역거래에서 BPO방식의 거래 절차는 다음과 같다.

① 수출거래의 당사자(수출자와 수입자)는 매매계약(구매주문서)에서 대금결제조건을 BPO방식으로 정한다.

② 수입자는 지급은행(Obligor Bank)에 BPO 개설을 요청하고 매매계약(구매주문서)의 기본정보(minimum data)를 제공한다.

③ 수취은행(Recipient Bank)은 수출자에게 BPO 개설을 통지한다. 수출자는 매매계약(구매주문서)의 정보를 확인하고, 수취은행에게 BPO 조건 수락을 통지한다.

④ 수출자는 물품을 선적한다.

⑤ 수출자는 수취은행(Recipient Bank)에게 선적 및 송장 정보를 제공하고, 수취은행은 이를 거래매칭앱(Transaction Maching Application)에 전송한다.

⑥ 수입자는 지급은행(Obligor Bank)으로부터 선적 및 송장 정보(즉 일치보고서(match report))를 받는다. 어떠한 불일치(mismatch)가 있는 경우 수입자는 그 불일치를 수락할 수 있다.

⑦ 수취은행(Recipient Bank)은 수출자에게 성공적인 정보일치(successful data set match)를 통지하고, 결제기일을 통지한다.

⑧ 수출자는 송장 및 선적서류를 수입자에게 직접 송부한다. 수입자는 송장 및 선적서류를 통하여 운송인으로부터 물품을 인도받고, 수입통관을 한다.

⑨ 결제기일에 지급은행(Obligor Bank)은 수입자의 계좌에서 대금을 인출하여 수취은행(Recipient Bank)에게 송금한다.

BPO 거래 도해

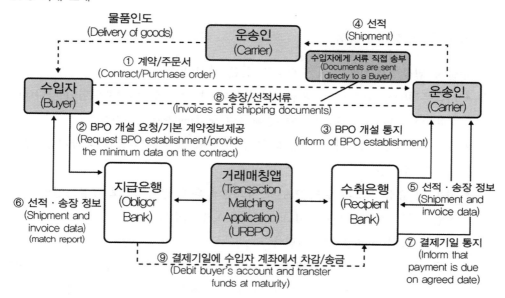

2. 특징과 장단점

1) 특징

BPO방식은 신용장방식과 오픈어카운트방식을 혼합한 방식으로 볼 수 있다. BPO방식은 은행이 지급한다는 점에서 신용장과 유사하고, 수출자가 송장 및 선적서류를 수입자에게 직접 송부한다는 점에서 오픈어카운트와 유사하다. 그러나 신용장방식에서는 개설은행이 서류를 제시받고 대금을 지급하지만, BPO방식에서는 지급은행(Obligor Bank)은 정보(선적 및 송장 정보)를 받고 대금을 지급한다는 점에서 차이가 있다. 오픈어카운트에서는 수입자가 대금을 지급하지만, BPO방식에서는 은행이 대금을 지급한다는 점에서 차이가 있다.

신용장거래에서는 실물 선적서류 자체가 개설은행에 제시되기 때문에 개설은행에 서류가 제시되는 데 상당한 시일이 소요되고, 개설은행이 수작업으로 서류심사를 해야 하므로 최장 5은행영업일의 서류심사기간이 요구된다. 이에 따라 대금지급이 늦어지게 된다. 그러나 BPO방식에서는 선적 및 송장 정보가 거래매칭앱(Transaction Maching Application)을 통하여 지급은행(Obligor Bank)에 전송되고, 선적 및 송장 정보의 일치 여부가 시스템에 의해 자동적으로 확인되므로 심사기간이 소요되지 않는다. 따라서 대금지급이 빨라진다.

2) 수출자입장에서 장점

수출자 입장에서 BPO방식은 다음과 같은 장점이 있다.

- 지급은행(Obligor Bank)이 지급의무가 있기 때문에 대금미결제위험이 낮다(미결제위험의 원천이 수입자로부터 지급은행(Obligor Bank)으로 전가된다).
- 선적 및 송장 정보가 시스템에 의해 자동적으로 확인되므로 대금지급시간을 앞당길 수 있다.
- 선적 및 송장 정보의 일치 여부가 시스템에 의해 결정되므로 개설은행의 '악의적인 서류하자 제기(alledged discrepancies)'가 어렵다.
- 수수료 등이 신용장보다 저렴하다.
- 수출자는 대금지급(또는 선적 및 송장 정보 일치 통보) 시까지 선적서류를 보류하여 물품에 대한 통제권을 유지할 수 있다. 수출자는 선적 및 송장 정보가 일치한다는 결과를 받은 후(또는 대금지급을 받은 후)에 수입자에게 선적서류를 보낸다.
- 수출자는 선적전 금융과 선적후 금융을 이용할 수 있다.
- BPO 개설 후에는 수입자는 수출자의 동의 없이는 구매주문서(또는 매매계약)을 취소할 수 없다.

3) 수입자입장에서 장점

수입자 입장에서 BPO방식은 다음과 같은 장점이 있다.

- BPO방식은 선적 및 송장 정보가 일치한다는 조건의 지급확약이기 때문에 선지급방식보다는 유리하다. 적어도 수출자가 물품을 선적한 후에 대금지급이 이루어진다.
- BPO 개설은 수입자가 재무적으로 양호하고 우량한 회사라는 것을 증명한다.
- 신용장과 마찬가지로 취소불능의 지급확약이다. 따라서 수출자가 물품을 선적

할 가능성이 높다.

- BPO방식은 대금지급이 보장되므로 연지급(외상)거래 조건의 합의가 가능하다.

Section 02 기타 무역대금결제방식

1. 위탁매매방식(Consignment)

위탁매매방식(consignment) 또는 위탁판매방식(consignment)은 수출국의 위탁자(수출자)가 무환으로 물품을 수입국의 위탁매매인에게 송부하고, 위탁매매인은 수입국에서 고객에게 물품을 판매하여 대금을 지급받으면 동 대금에서 위탁판매수수료를 공제하고 위탁자에게 송금하는 방식이다.

위탁매매인은 위탁자를 위하여 고객에게 물품을 판매하지만, 고객에 대하여는 매도인의 지위에 있게 된다. 따라서 위탁매매인은 고객에 대하여 물품인도의무가 있고, 대금지급청구권을 가진다.

대금미결제위험면에서 볼 때, 다음 면에서 위탁매매방식은 수출자(위탁자)에게 가장 불리한 결제방식으로 볼 수 있다(위탁매매방식은 open account보다도 불리).

 ⅰ) 위탁매매방식에서는 물품을 선적하여도 수출채권(대금청구권)이 발생하지 않는다. 수입국에서 물품이 판매되고 위탁매매인이 그 대금을 지급받은 후에만 위탁매매인에 대하여 대금송금을 청구할 수 있다. 반면에 open account에서는 물품의 선적후에는 대금청구권이 발생하며, 수입자는 수입국 현지에서 물품의 판매여부와 관계없이 결제기일에 대금을 결제해야 한다. 다시 말해, 수입국에서 물품의 판매리스크를 위탁매매에서는 위탁자가 부담하지만, open account에서는 수입자가 부담한다.

 ⅱ) 위탁매매인의 결제대금 미송금위험에 노출된다. 위탁매매인이 수입국에서 지급받은 대금을 송금하지 않는 경우 위탁자(수출자)는 손실을 보게 된다. 따라서 위탁매매인에 대한 충분한 신용조사가 필요하다.

 ⅲ) 수입국 고객의 미결제위험에 노출된다. 현지에서 위탁매매인으로부터 물품을 구매한 고객이 대금을 결제하지 않는 경우 위탁자는 손실을 보게 된다. 위탁매매인이 대금추심에 적극적이지 않은 경우 위탁자(수출자)가 수입국 고객에게 직접 대금청구권을 행사하는 것이 쉽지 않다.

그러나, 위탁매매방식에서는 위탁매매인은 수입국에 소재하고 다수의 고객 또는 판매망을 확보하고 있으므로 수출자가 수입국에 직접 수출하는 것보다는 매출을 증

대할 수 있다. 따라서 위탁매매에서의 핵심은 신뢰할 만한 위탁매매인을 선정하는 것
이라고 볼 수 있다. 또한, 물품을 수입국에 송부한 후에 수입국에서 고객들에게 판매
하므로 고객은 주문 즉시 물품을 인도받을 수 있다는 장점이 있어 판매량을 늘릴 수
있다.

2. 네팅방식(Netting)

네팅방식(netting)에서는 수출자는 수입국에 소재하는 자신의 창고에 물품을 보낸
다. 그리고 수입국에서 매수인은 수시로 물품을 반출하는데, 바로 그때 물품의 인도
가 이루어지고 대금청구권이 발생하며, 매수인은 계약에서 정한 지급기일에 대금을
결제한다. 통상 매수인이 물품을 반출한 후에 대금을 결제하므로 외상거래에 해당된
다고 볼 수 있다. 결제기일은 매수인이 반출한 물품을 수입국에서 판매하여 대금을
받아 결제자금을 마련하는데 적당한 기일로 정하는 것이 바람직하다.

구체적인 결제기일은 계약서에서 명확하게 기재하는 것이 필요하다. 결제기일의
예로 "Net 30 days from acceptnace", "Net 60 days from acceptance" 등을 들 수
있다. 그러나 "Net 30 days"는 기산일이 불명확하므로 삼가야 한다.

Chapter 08

EXERCISES

01 BPO방식이란?

02 BPO방식과 신용장방식의 공통점은?

03 BPO방식과 open account방식의 공통점은?

04 BPO방식에 적용되는 통일규칙은?

05 위탁매매방식(consignment)이란?

06 계약서에서 네팅방식(netting) 결제조건에 대한 예시 문안을 드시오.

※ 다음 중 옳은 것은 (×), 옳지 않은 것은 (O)로 표시하시오.
   ❶ BPO방식은 추심방식과 오픈어카운트방식을 혼합한 방식으로 볼 수 있다. (   )
   ❷ 위탁매매방식(consignment)은 수입국의 위탁매매인은 물품의 수입자에 해당하므로 결제기일에 대금을 송금해야 한다. (   )
   ❸ BPO방식은 은행이 지급한다는 점에서 신용장과 유사하고, 수출자가 송장 및 선적서류를 수입자에게 직접 송부한다는 점에서 오픈어카운트와 유사하다. (   )

01   **BPO방식이란?**

계약 체결(구매주문서 발송) 후에 수입자가 지급은행(Obligor Bank)에게 제공한 매매계약(구매주문서) 정보와 수출자가 물품 선적 후에 수취은행(Recipient Bank)에게 제공한 선적 및 송장 정보가 일치(match)하는 경우 지급은행이 대금을 지급하며, 수출자는 송장과 선적서류를 수입자에게 직접 송부하는 방식

02   **BPO방식과 신용장방식의 공통점은?**

은행에 지급책임이 있다.

03   **BPO방식과 open account방식의 공통점은?**

수출자가 송장 및 선적서류를 수입자에게 직접 송부한다.

04   **BPO방식에 적용되는 통일규칙은?**

URBPO 750

05   **위탁매매방식(consignment)이란?**

수출국의 위탁자(수출자)가 무환으로 물품을 수입국의 위탁매매인에게 송부하고, 위탁매매인은 수입국에서 고객에게 물품을 판매하여 대금을 지급받으면 동 대금에서 위탁판매수수료를 공제하고 위탁자에게 송금하는 방식이다.

06   **계약서에서 네팅방식(netting) 결제조건에 대한 예시 문안을 쓰시오.**

Net 30 days from acceptance

※   **다음 중 옳은 것은 (×), 옳지 않은 것은 (○)로 표시하시오.**

❶ BPO방식은 추심방식과 오픈어카운트방식을 혼합한 방식으로 볼 수 있다. (×)

해설 BPO방식은 신용장방식과 오픈어카운트방식을 혼합한 방식으로 볼 수 있다.

❷ 위탁매매방식(consignment)은 수입국의 위탁매매인은 물품의 수입자에 해당하므로 결제기일에 대금을 송금해야 한다. (×)

해설 수입국의 위탁매매인은 물품의 수입자가 아니고 위탁자(수출자)를 위하여 물품을 파는 자이므로 수입국에서 판매되어 지급받는 대금에 한하여 송금할 의무가 있다.

❸ BPO방식은 은행이 지급한다는 점에서 신용장과 유사하고, 수출자가 송장 및 선적서류를 수입자에게 직접 송부한다는 점에서 오픈어카운트와 유사하다. (O)

독립적 은행보증(청구보증)과 보증신용장

　　국제거래에서 주채무자의 채무이행에 대한 담보로 독립적 은행보증(청구보증, 독립보증)이 사용된다. 국제거래에서 독립적 은행보증, 독립보증, 독립적 보증, 은행보증, 청구보증 등 다양한 용어가 사용되는데, 실질적으로는 동일하다. 실제 국제거래에서 발행되는 보증서의 표제를 보면, "Letter of Guarantee"인 경우가 가장 많다.

　　독립적 은행보증(청구보증)은 주로 수출자의 수출이행에 대한 담보로 제공되지만, 수입자의 대금지급(또는 차주의 대출금 상환)에 대한 담보로 제공되기도 한다. 수출자의 수출이행에 대한 담보로 사용되는 독립적 은행보증을 '이행보증(performance guarantee)'이라고 하고, 매수인의 대금지급(또는 차주의 차입금 상환)에 대한 담보로 사용되는 독립적 은행보증을 '대금지급보증(payment guarantee)'이라고 한다.

　　한편, 미국에서는 연방법상 은행의 보증서 발행이 금지되는 것으로 인식하여 독립적 은행보증의 대용으로 보증신용장(standby letter of credit)을 발행하게 되었는데, 보증신용장은 독립적 은행보증과 명칭만 다를 뿐 실질적으로 동일한 것이다.

Section 02 독립적 은행보증(청구보증)

1. 의의

1) 개념

독립적 은행보증(independent bank guarantee) 또는 청구보증(demand guarantee)이 란, 주채무자의 채무이행에 대한 담보로 제공되는 것으로 수익자가 보증서에 기재된 조건에 따라 단순히 지급청구를 하면, 보증서에 정해진 금액을 기본계약(underlying contract)과는 독립적으로 지급하기로 하는 보증인(보증은행)의 확약이다.

독립적 은행보증 도해

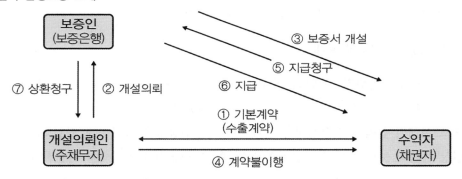

수익자에게 지급하면(또는 지급청구를 받으면) 보증인(보증은행)은 주채무자에게 상 환청구권을 행사한다. 독립적 은행보증(청구보증)은 기본거래와 독립적이고, 단순서면 지급청구만으로 지급하기 때문에 수익자의 부당한 지급청구 가능성이 높다. 따라서 독립적 은행보증(청구보증)의 법리는 주로 '부당한 지급청구(unfair calling)' 또는 '사기 의 지급예외(fraud exception)'의 판단에 맞추어져 있다.

독립적 은행보증(청구보증)은 1차적이고 주된 의무라는 점에서 2차적 의무인 전 통적 · 일반적 "보증(surety)"과는 차이가 있다.

2) 명칭

독립적 은행보증(청구보증)의 명칭에 대해서는 'bond', 'bank guarantee', 'independent guarantee', 'demand guarantee', 'letter of guarantee' 등 다양한 명칭이 사용된다. 「독립보증 및 보증신용장에 관한 유엔협약(United Nations Convention on Independent Guarantees and Standby Letter of Credit)」에서는 'independent guarantee'라는 용어를 사용하고, 'standby letter of credit(보증신용장)'도 같은 것으로 규정하고 있다. 그리고 ICC에서는 1992년 「Uniform Rules for Demand Guarantee」를 제정하였는데, 이 규칙에서는 "demand guarantee(청구보증)"라는 용어를 사용하고 있다. 한편, 국제수출보험연맹(Berne Union)에서는 'bond', 'guarantee'라는 용어를 주로 사용하고, 세부적으로 'bid bond', 'advance payment bond', 'progress payment bond', 'performance bond', 'retention payment bond', 'surety bond', 기타로 구분한다. 국내에서는 "독립적 은행보증", "독립보증", "독립적 보증", "청구보증" 등 다양하게 번역하며, 대법원에서는 '독립적 은행보증(first demand bank guarantee)'이라고 부르고 있다(대법원 1994.12.9. 선고 93다43873 판결, 대법원 2014.8.26. 선고 2013다53700 판결, 대법원 2015.2.12. 선고 2014다 228228 판결, 대법원 2015.7.9. 선고 2014다6442 판결).

3) 보증신용장과의 관계

미국에서는 독립적 은행보증의 대용으로 보증신용장(standby L/C)을 사용해 왔는데, 그 이유는 미국 연방법(Title 12. U.S.C(seventh))상 은행의 보증서발급이 금지되는 것으로 이해되어 독립적 은행보증서 대신에 보증신용장을 발급하게 되었다. 미국 연방법상 은행의 보증서 발급은 은행의 능력 외(ultra vires)로 인식되어 편법적인 수단으로 독립적 은행보증과 명칭만 다르고 내용은 동일한 보증신용장을 사용해 왔다(보증신용장은 '신용장의 탈을 쓴 보증서'라고 표현할 수 있음).

그러나 이는 보증신용장이 독립적 은행보증(또는 청구보증)과는 다르다는 널리 잘못 알려진 인식 때문인데, 보증신용장은 독립적 은행보증(청구보증)의 또 하나의 명칭에 불과하다. 즉, 보증신용장은 유럽의 독립적 은행보증(청고보증)과 다르다는 것은 잘못된 인식이며, 그 본질은 유럽의 독립적 은행보증과 동일하다. 실무에서도 보증신용장은 독립적 은행보증서와 차별 없이 사용되고 있으며, 어떤 보증서는 표제에 'Standby L/C'와 'letter of guarantee'를 병기하는 것도 있다. 한편, 1996. 2. 9. 미국 통화감사원장(the Comptroller of the Currency)은 최종 유권해석(the final revised Interpretive Ruling 7.1016)을 통해 은행의 보증서발급권능을 인정하였다. 그러나 현재에도 미국에서는 관행적으로 보증신용장을 사용하고 있다.

4) 독립적 은행보증(또는 보증신용장) 관련 국제규칙과 협약

(1) ICC의 청구보증통일규칙(URDG 758, 2010)

ICC 은행위원회(Banking Commission)와 국제상무위원회(International Commercial Practice Commission)는 10년간(1981~1991)의 작업을 거쳐 1992년에 Uniform Rules for Demand Guarantees을 제정하였다. 이 규칙은 약칭 "URDG 458"이라고 한다. 한편, 이 규칙은 2010년 개정되었는데(Uniform Rules for Demand Guarantees : "청구보증통일규칙" - 대법원에서는 "독립적 보증에 관한 통일규칙"으로 번역한 바 있음(대법원 2014. 8. 26. 선고 2013다53700 판결)), 이 개정본은 약칭 "URDG 758"이라고 한다.

(2) ICC의 신용장통일규칙(UCP 600, 2007)

보증신용장은 형식적으로 화환신용장과 동일하고 화환신용장에서 적용되는 독립성, 추상성이 그대로 적용되는 등 화환신용장과 유사점이 많아, ICC에서는 1983년 신용장통일규칙(UCP 400)을 개정하여 적용범위를 보증신용장(standby L/C)으로 확대하였고, 현행 신용장통일규칙(UCP 600)에서도 적용범위에 보증신용장이 포함됨을 명시하고 있다(제1조). 다만, 보증신용장은 화환신용장과는 여러 가지 면에서 차이가 있는데, 신용장통일규칙은 화환신용장의 적용을 목적으로 하였으므로 신용장통일규칙의 모든 조항이 적용되는 것이 아니고 적용가능한 범위 내에서만 적용된다.

(3) ICC의 보증신용장통일규칙(ISP 98)

신용장통일규칙의 적용범위를 보증신용장까지 적용범위를 확대하였지만, 보증신용장은 화환신용장과는 상이한 점이 많아 보증신용장에만 적용되는 별도의 통일규칙의 필요성이 대두되었다. 이에 따라 ICC에서는 1998년 4월 6일 보증신용장통일규칙(International Standby Practice : 'ISP98')을 제정하였고, 이 통일규칙은 1999년 1월 1일부터 시행되었다. 이 통일규칙은 보증신용장에 대한 일반적으로 승인된 실무, 관습 및 관행을 반영하였다.

이 통일규칙의 적용대상은 원칙적으로 보증신용장이며, 이에는 이행보증신용장, 금융보증신용장, 그리고 직불보증신용장이 포함된다. 또한, 보증신용장 외에 이와 유사한 확약(undertaking)에도 적용되며, 그 명칭, 국내용인지 국제용인지 관계없다. 이에 따라 독립적 은행보증이라는 표제로 발급되는 보증서에도 적용가능하다.

(4) 독립보증 및 보증신용장에 관한 유엔협약

1988년 유엔총회에서 독립보증에 관한 통일규칙의 제정이 필요하다는 결정을 하였고, 독립보증을 규율하는 규칙의 제정 작업을 진행하여 UNCITRAL에서 초안을 마련하였으며 1995년 12월 11일 제50차 유엔총회에서 「독립보증 및 보증신용장에 관한 유엔협약(United Nations Convention on Independent Guarantees and Standby Letter of Credit)」을 채택하였다. 유엔협약은 2000. 1. 1. 발효되었고, 2020. 10월 현재 체약국은 8개국(에쿠아도르, 파나마, 엘살바도르, 쿠웨이트, 튀니지, 가봉, 라이베리아, 벨라루스)이다.

유엔협약은 총 7개의 장에 27개 조문으로 구성되어 있다. 유엔협약은 독립보증(independent guarantee) 및 보증신용장(Standby L/C)에 대한 일반적인 원칙을 규정하기 위한 것이며, 독립보증 및 보증신용장 양자에 공통적으로 적용시키기 위해 협약에서는 중립적 용어인 'undertaking'이라는 용어를 사용하고 있다. 그리고 유엔협약 제19조에서는 서류가 위조된 경우 등 지급거절사유를 규정하고 있다.

2. 분류 및 종류

1) 주채무의 성질에 따른 분류

금전채무(financial (or payment) obligations)에 대한 담보로 제공되는 보증과 비금전채무(non-financial obligations)에 대한 담보로 제공되는 보증으로 구분할 수 있다. 전자는 "대금지급보증(payment guarantee)", 후자는 "이행보증(performance guarantee)"이라고 한다. 무역거래에서 이행보증은 수출자의 수출이행에 대한 담보로 제공되고, 대금지급보증은 수입자의 대금지급에 대한 담보로 제공된다.

2) 당사자 구조에 따른 분류

(1) 직접보증(3당사자 보증)

직접보증(direct guarantee)은 주채무자인 개설의뢰인의 요청에 의해 보증인(보증은행)이 수익자 앞으로 직접 보증서를 발급하는 것이다. 직접보증의 당사자는 개설의뢰인, 보증인(보증은행), 수익자의 3당사자이므로 이를 '3당사자보증(three-party guarantee)'이라고도 부른다. 기본계약상의 채무자가 개설의뢰인이 되고, 기본계약상의 채권자가 수익자가 된다.

　수출계약에서 수출자의 수출이행에 대한 담보로 제공되는 이행보증의 경우 수출자(매도인)가 개설의뢰인이 되고, 수입자(매수인)는 수익자가 된다. 반면에 수입자(매수인)의 대금지급에 대한 담보로 제공되는 지급보증의 경우 수입자(매수인)가 개설의뢰인이 되고 수출자(매도인)는 수익자가 된다.

직접보증(3자 보증)

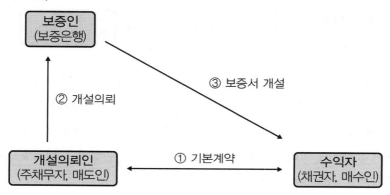

　수익자의 편의를 위해 현지은행(수익자 소재지국에 소재하는 은행)을 통지은행(advising bank)으로 지정하는 경우가 있는데, 통지은행은 보증서발행 사실통지나 수익자로부터 받은 통지나 서류를 보증인(보증은행)에게 전달하는 역할을 한다.

(2) 간접보증(4당사자 보증)

　간접보증(indirect guarantee)은 개설의뢰인이 자신의 거래은행(1차 지시은행)에게 개설의뢰를 하고, 동 은행이 수익자가 지정한 은행(2차 개설은행)앞으로 구상보증서(counter guarantee)를 발급하고, 동 구상보증서에 기해 2차 개설은행이 수익자 앞으로 주보증서(primary guarantee)를 발행하는 방식이다. 개설의뢰인(applicant), 1차 지시은행(first instructing bank), 2차 개설은행(second issuing bank), 수익자(beneficiary)의 4당사자가 존재하기 때문에 4당사자 보증(four-party guarantee)이라고도 한다.

간접보증(4자 보증)

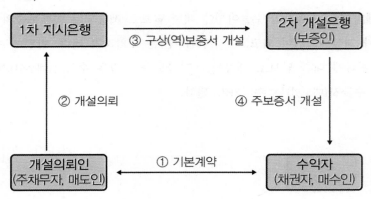

간접보증에서 수익자가 지급청구할 수 있는 보증서는 자신이 지정한 은행 즉, 2차 개설은행이 발급한 주보증서(primary guarantee)이다. 한편, 주채무자의 거래은행인 1차 지시은행이 발행한 보증서를 구상보증(counter guarantee-또는 역보증) 또는 간접보증(indirect guarantee)이라고 부르며, 수익자가 지정한 은행이 수익자앞으로 발급한 보증서를 주보증서(primary guarantee)라고 부른다.

주채무자의 채무불이행 등 지급청구사유 발생시, 수익자는 주보증서(primary guarantee)에 기해 2차 개설은행에게 지급청구하고, 2차 개설은행은 1차 지시은행에 상환청구를 하고, 1차 지시은행은 주채무자에 상환청구권을 행사한다. 보증수익자는 1차 지시은행에 지급청구할 수 없다.

2차 개설은행이 1차 지시은행에 대해 지급청구할 수 있는 것은 구상보증(counter guarantee)에 기한 것인데, 구상보증의 보증금액은 주보증서의 보증금액이 일치하는 것이 일반적이지만, 금액을 달리할 수도 있다. 이 경우 1차 지시은행과 2차 개설은행이 주보증서의 보증금액을 분담한 것으로 볼 수 있다.

(ICC의 Counter Guarantee 모델양식)
Our reference number _____ .

At the request of _____, please issue on our responsibility in favor of _____ your guarantee in the following wording:

Quote

We have been informed that _____, (hereinafter called "the Principal"), has entered into contract No._____dated _____ with you, for the supply of (description of goods and/or services)

Furthermore, we understand that, according to the conditions of the contract, a performance guarantee is required.

At the request of the Principal, we(name of bank) _____ hereby irrevocably undertake to pay you any sum or sums not exceeding in total an amount of _____(say: _____) upon receipt by us of your first demand in writing and your written statement stating:

i) that the Principal is in breach of his obligation(s) under the underlying contract;and

ii) the respect in which the Principal is in breach.

Your demand for payment must be accompanied by the following document(s): (specify document(s) if any, or delete)

This guarantee shall expire on _____ at the latest.

Consequently, any demand for payment under it must be received by us at this office on or before that date.

This guarantee is subject to the Uniform Rules for Demand Guarantees, ICC Publication No. 758.

Unquote

In consideration of your issuing your guarantee as above, we hereby give you our irrevocable counter-guarantee and undertake to pay you any sum or sums not exceeding in total an amount of_____(say:_____) upon receipt by us at this office no later than _____ of your first written demand. Such a demand shall be supported by your written statement that you have received a demand for payment under your guarantee in accordance with its terms and with Article 20 of the Uniform Rules for Demand Guarantees.

This counter-guarantee is subject to the Uniform Rules for Demand Guarantees, ICC Publication No.458.
Please confirm to us the issuance of your guarantee.

Note:
Instruction are given, usually by authenticated teletransmission or tested electronic data interchange(EDI) message equivalent thereto, by banks acting as Instructing Parties for the issue of Guarantee by other banks acting as Guarantors. Alternatively, instructions may be given on paper.

출처 : "ICC Model Forms for Issuing Demand Guarantees", ICC Publication No. 503(E)

3) 주채무의 내용에 따른 분류

(1) 입찰보증

입찰보증(Bid Bond, Tender Guarantee)이란, 입찰방식의 거래에 있어서 입찰참가자가 발주자앞으로 제출하는 보증서로, 입찰참가자가 낙찰된 후 계약체결에 응하지 않거나 계약체결 후 일정기한 내에 계약이행보증서(Performance Bond)를 제출하지 못하는 경우에 발주자가 지급청구를 할 수 있도록 하는 보증이다. 보증금액은 통상 입찰금액의 1~2% 상당이다.

(2) 계약이행보증

계약이행보증(performance bond, performance guarantee)이란, 수출자, (수주자)가 계약상의 의무를 이행하지 않음으로써 수입자(발주자)가 입게 되는 손해를 보상받기 위한 보증이다.

보증기간은 통상적으로 수출이행(공사완료)시점까지이다. 최근에는 별도의 하자보수보증서의 발급 대신에 계약이행보증의 기간을 하자보수보증기간까지 포함토록 하는 경우가 늘어나고 있다. 이는 보증서 재발행에 따른 행정비용을 줄이기 위한 것이다. 당사자가 달리 정하지 않는 이상 계약의 일부이행에 따라 보증금액이 감액되지 않는다.

계약이행보증은 통상 계약금액의 10%이다. 수출거래(프로젝트)의 성격에 따라 보증비율이 상이할 수 있는데, 프로젝트의 특성상 공기가 제한되어 있고, 대리 시공이 곤란한 경우에는 보증비율이 높다. 당사자가 달리 정하지 않는 이상 계약의 일부 이행에 따라 보증금액이 감액되지는 않는다.

(3) 선수금환급보증

선수금환급보증(Advance Payment Bond, Advance Payment Guaranteee)이란, 수출자(수추자)의 계약불이행 시 기지급된 '선수금(downpayment, advance payment)'의 반환을 보장받기 보증이다. 'Advance Payment Bond'라는 용어 대신에 'Repayment Guarantee'라는 용어를 사용하기도 한다. 선수금비율은 통상적으로 계약금액의 15~30% 정도이며, 기성고방식(progressive payment method/miles stone payment method)의 수출거래에 있어서는 공정율에 따라 보증금액이 감액된다.

한편, 선박수출거래에서는 선박건조단계별(계약체결(signing of contract) → 착공(steel cutting) → 용골거치(keel laying) → 진수(launching) → 인도(delivery))에 따라 계약금액을 지급한다. 표준형태는 각 단계별로 계약금액의 20%씩을 지급한다. 선박수출거래에서는 'Advance Payment Bond' 대신에 'Refund Guarantee'라는 용어를 사용하나, 이것도 광의의 선수금환급보증으로 볼 수 있다.

(4) 유보금환급보증

유보금환급보증(Retention Bond)이란, 기 지급한 유보금의 상환을 보증하는 것이다. 기성고방식의 수출거래에 있어서 발주자는 각 기성단계별로 기성대금 중에서 일부를 시공자(Constructor)의 완공불능위험에 대비하기 위하여 지급하지 않고 유보한다. 이에 시공자는 유보금 상당의 유보금환급보증서를 제출한 후 동 유보금을 받는다. 유보금은 통상 5~10% 정도이며, 그 목적에 있어서 계약이행보증과 중복되는 측면이 있으므로 최근에는 계약이행보증서가 발급되는 경우에는 유보금환급보증은 별도로 요구하지 않고 있다.

(5) 하자보수보증

하자보수보증(Maintenance Bond, Warranty Guarantee)이란, 하자발생시 일정금액을 보증금으로 지급하는 보증이다. 외관상 산업설비의 설치 또는 해외건설공사가 완료되었으나, 공사에 대한 하자 여부는 일정기간이 경과해야 확인할 수 있다. 따라서 발주자(채권자)는 완공 후에도 일정기간(통상 1~2년) 하자보증을 요구하며, 하자보증조로 일정금액의 대금을 하자보증기간이 완료되는 기간까지 지급하지 않는다. 이에 시공자가 하자보수보증서를 제공하는 경우에는 동 금액을 지급한다. 통상 하자보증금액은 5~10%이며, 최근에는 별도의 하자보수보증서의 발급대신에 계약이행보증서의 기간을 하자보수보증기간까지 포함토록 하는 경우가 늘어나고 있는데, 그 이유는 보증서 재발행에 따른 비용을 줄이기 위한 것이다.

공사진행도에 따른 독립적 은행보증의 종류

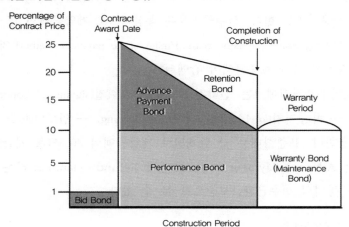

3. 특성(독립성)

1) 독립성

독립적 은행보증(청구보증)은 원칙적으로 기본계약(underlying contract)과는 독립적이며, 기본계약의 영향을 받지 않는다. 즉 보증인(보증은행)은 기본계약상의 사유를 들어 지급거절할 수 없다. 예를 들어 수출계약을 원인으로 독립적 은행보증이 발행된 경우 독립적 은행보증의 지급청구사유는 독립적 은행보증 상의 조건충족 여부만을 기준으로 하며, 수출계약상의 수출이행여부를 기준으로 하지 않는다. 이에 따라 수익자의 지급청구가 독립적 은행보증의 조건을 충족하는 경우 보증인(보증은행)은 수출자가 수출계약을 이행하였기 때문에 지급청구사유가 되지 않는다는 항변을 할 수 없다.

일반보증(surety)에서는 보증인(보증은행)은 주채무가 무효 또는 취소되었다는 이유로 보증채무도 효력이 없다는 항변을 하거나 주채무자가 채권자에 대하여 가지는 항변권을 원용하여 채권자의 보증채무이행청구 시 이의를 제기할 수 있고, 주채무자에게 먼저 이행청구를 하거나 집행할 것을 요구할 수 있다. 그러나 독립적 은행보증은 일반보증에서 인정되는 부종성과 보충성이 없어 보증수익자는 보증인(보증은행)에 대하여 일정한 사유가 발생하였다는 주장만으로 지급청구가 가능하며 보증인(보증은행)은 그 주장의 당부에 관계 없이 즉시(forthwith on demand), 무조건적으로(unconditionally) 지급해야 한다. 이에 따라 보증인(보증은행)은 사실상 주채무자의 지위에 서게 된다.

2) 화환신용장과의 비교

화환신용장(documentary credit)은 기본거래인 매매계약과는 독립적이며 서류상의 청구에 의해 지급을 하는 추상성면에서는 독립적 은행보증과 공통점을 갖지만, 다음의 면에서 차이가 있다(수출자의 수출이행에 대한 담보로 제공되는 전형적인 이행보증서 기준).

ⅰ) 화환신용장에서는 수출자가 수익자가 되며 수입자가 개설의뢰인이 된다. 그러나 이행보증서에서는 수출자가 개설의뢰인이 되며 수입자는 수익자가 된다.

ⅱ) 화환신용장은 수입자의 대금지급에 대한 담보로 제공되며 수출자의 정상적인 수출이행 시 지급청구할 수 있다. 그러나 이행보증서에서는 수출자의 수출이행에 대한 담보로 제공되며 수출자의 수출불이행시에 지급청구할 수 있다. 수출자입장에서 화환신용장에서 지급받을 신용장대금은 수출계약에서 지급받기로 한 수출대금과 실질적으로 차이가 없다. 그러나 수입자입장에서 이행보증에서 지급받을 금액은 금전으로 수출계약에서의 이익과는 다르다.

ⅲ) 화환신용장에서 수익자는 지급청구를 위해 선하증권, 상업송장 등 신용장에서 요구하는 각종의 서류를 제출해야 한다. 그러나 이행보증서에서는 일반적으로 매도인이 계약을 불이행하였다는 단순한 서면진술서의 제출만으로 지급청구가 가능하다.

ⅳ) 화환신용장에서 개설은행은 대금지급 또는 환어음의 인수와 동시에 물품과 동일한 가치가 있는 선하증권 등 선적서류를 받는다. 이에 따라 개설의뢰인이 개설은행에게 대금을 상환하지 않는다면 물품을 처분하여 만족을 얻을 수 있다. 그러나 이행보증서에서 보증인(보증은행)은 아무런 담보장치가 없다.

ⅴ) 화환신용장에서 개설은행은 개설의뢰인의 대금상환능력이 주된 심사사항이지만, 이행보증서에서는 수출자의 수출이행능력(시공능력, 건조능력, 물품조달능력 등)이 주된 심사사항이다.

ⅵ) 화환신용장에 적용되는 국제규칙(또는 협약)에는 ICC의 신용장통일규칙(UCP 600)이 있고, 이행보증서에 적용되는 국제규칙(또는 협약)에는 ICC의 청구보증통일규칙(URDG 758), 독립보증 및 보증신용장에 관한 유엔협약, ICC의 보증신용장통일규칙(ISP 98)이다.

ⅶ) 이행보증서에서는 부당한 지급청구(사기적 청구)의 가능성이 화환신용장보다 높다. 그 이유는 화환신용장에서는 선하증권, 상업송장, 포장명세서, 검사증명서 등 다수의 서류를 제시해야 하고, 이러한 서류 중에는 제3자가 작성해야 하는 서류도 있지만, 이행보증서에서는 단순한 지급청구만으로도 지급청구가 가능하기 때문이다.

화환신용장과 이행보증서의 비교

구 분	화환신용장	이행보증서
개설의뢰인(채무자)	수입자	수출자
수익자	수출자	수입자
지급사유	수출자의 계약이행 시	수출자의 계약불이행 시
제출서류	선하증권, 상업송장, 포장명세서, 검사증명서 등	단순서면지급청구
담보기능	수입자의 대금지급	수출자의 계약이행
개설은행의 담보	물품에 대한 권리취득 (서류인수와 동시에 물품과 동일한 선하증권 취득)	물품에 대한 권리 없음
국제적 통일규칙	신용장통일규칙(UCP 600)	• 청구보증통일규칙(URDG 758) • 독립보증 및 보증신용장에 관한 유엔협약 • 보증신용장통일규칙(ISP98)
SWIFT MT	MT 700 (신용장 개설) * MT : Message Type	MT 760 (보증신용장/지급보증서 개설) * MT : Message Type

3) 사기의 지급예외(Fraud Exception)

독립적 은행보증은 독립성·추상성을 기본적인 속성으로 하고 있다. 따라서 원칙적으로는 수익자의 서면지급청구만 있으면 기본계약과는 독립적으로 보증금액을 지급해야 한다. 국제거래에서 독립적 은행보증은 수출자의 채무불이행에 대한 담보수단으로서 중요한 기능을 하고 있으나, 보증수익자가 독립성을 악용하여 지급청구를 하는 경우가 있어 문제가 되고 있다. 이러한 부당한, 악의적인, 권리남용적인 청구에 대해서도 보증인(보증은행)은 예외 없이 지급청구에 응해야 하는지가 논란이 되어 왔다.

영국, 미국 등 대부분의 국가에서는 사기적 청구, 부당한 지급청구에 대해서는 지급거절을 인정하고 있다. 우리 대법원에서도 1994년 판결(대법원 1994.12.9. 선고, 93다43873 판결)에서 최초로 권리남용의 원칙에 따라 지급거절을 인정하였고, 그 후 2014년 판결(대법원 2014. 8. 26. 선고 2013다53700 판결)에서도 이를 확인하였다. 한편, 유엔협약에서는 이와 관련하여 지급거절할 수 있는 사유들을 규정하고 있으며, 미국 통일상법전에서도 사기적 청구에 대한 지급예외(fraud exception)에 대해 규정하고 있다(이 조항은 보증신용장(즉 독립적 은행보증)에도 적용가능하다. 동 조항에서는 사기적 청구시 개설은행의 지급거절을 제한하는 경우도 규정하고 있다. 즉 사기적 청구가 있어도 개설은행이 지급해야 하는 경우를 규정하고 있다. 사기를 모르고 지급을 한 지정인이 지급청구하는 경우 개설은행은 대금을 지급해야 한다).

사기의 지급예외(Fraud Exception) 규정

유엔협약
유엔협약 제19조 제1항에서는 1) 제출서류가 진정한 것이 아니거나 위조된 경우 2) 지급청구서류나 부속서류에 의하면 지급할 시기가 되지 않은 경우 3) 보증의 유형이나 목적에 비추어 지급청구가 납득할 만한 근거가 없는 경우를 지급거절사유로 규정하고 있으며, '3)'에 해당하는 구체적인 사유로 다음을 규정하고 있다.

a) 보증서가 담보하는 위험이 의심할 여지없이 실현되지 아니한 경우
b) 기본계약상의 주채무자(개설의뢰인)의 의무가 법원이나 중재판정부에 의해 무효로 선언된 경우. 다만, 보증서가 이러한 경우까지 포함시키는 경우는 제외
c) 기본계약상의 주채무자의 의무가 의심할 여지없이 수익자에게 만족할 정도로 이행된 경우

d) 기본계약상의 의무의 이행이 수익자의 악의적인 부당행위에 의하여 이행되지 못하였다는 것이 확실한 경우

e) 구상보증(counter guarantee)의 수익자가 악의로 지급한 경우를 규정하고 있다.

한편, 제3항에서는 제1항의 상황이 존재하는 경우 지급을 막기 위해서 주채무자가 법원에 임시조치를 취하는 것을 허용하고 있다. 일반적으로 보증인이 지급거절할 수 있는 사유는 (1) 보증의 유효성, 즉 서류의 위조, 허위 등 (2) 보증기간 경과, 제출서류의 불일치 (3) 기타 상계권과 같은 개인적인 방어권 등을 들 수 있다.

보증신용장(standby letter of credit)은 주채무자의 채무이행에 대한 담보로 제공되는 것으로 수익자가 보증신용장에 기재된 조건에 따라 단순히 지급청구를 하면 개설은행(issuing bank)은 보증신용장에서 정한 금액을 기본계약(underlying contract)과는 독립적으로 지급하는 약정이다.

국제거래에서는 수출자(매도인)의 계약이행에 대한 담보장치로 보증신용장(standby letter of credit)이 사용되지만, 수입자의 대금지급에 대한 담보장치로 사용되기도 한다. 보증신용장은 독립적 은행보증(청구보증)과 법적이나 기능적으로 동일한 것으로 보고 있고, 실무에서도 양자는 차별 없이 사용되고 있다.

독립적 은행보증(청구보증)은 주로 유럽국가에서 사용되어 왔고, 보증신용장은 미국에서 고안되어 사용되어 왔는데, 그 이유는 미국 은행은 이행성보증서를 포함한 보험증권의 발행이 금지되는 것으로 인식되어 그 대안으로 제2의 신용장인 보증신용장을 개발했기 때문이다.

보증신용장에도 화환신용장의 가장 기본적인 성격인 "독립성"이 적용되고, 그 성격은 독립적 은행보증(청구보증)의 독립성과 동일하다. 그리고 보증신용장은 1차적이고 주된 의무라는 점에서 2차적 의무인 일반보증(surety)과는 차이가 있다.

화환신용장(documentary L/C)이 지급청구를 위해 환어음, 선하증권 등의 화물의 가치를 지니는 서류를 요구함에 비해, 보증신용장에서는 단순한 지급청구만으로 대금을 지급하므로 '무화환신용장(non-documentary L/C)'으로 부르기도 하는데, 이는 정확한 명칭은 아니다.

독립적 은행보증(청구보증)과 보증신용장은 다른 것인가? → 다르지 않다.

미국에서는 독립적 보증의 대용으로 보증신용장(standby letter of credit)이 이용되어 왔다. 미국법에서는 보증서 발행이 금지되는 것으로 해석되어 왔기 때문에, 이러한 제한을 우회하기 위하여 보증서 대신 관행적으로 보증신용장을 발행해왔다. 따라서 실질적으로 보증신용장은 청구보증(또는 독립적 보증)과 차이가 없다. 그러나 현재는 미국법상으로 은행의 보증서 발행이 허용된다.

EXERCISES

01 독립적 은행보증(청구보증)이란?

02 ICC가 제정한 demand guarantee에 대한 통일규칙은?

03 주채무의 내용에 따른 독립적 은행보증(청구보증)은(5개)?

04 보증신용장(standby letter of credit)이란?

05 화환신용장과 이행보증서를 비교하시오.

구 분	화환신용장	이행보증서
개설의뢰인(채무자)	수입자	
수익자	수출자	
지급사유	수출자의 계약이행 시	
제출서류	선하증권, 상업송장, 포장명세서, 검사증명서 등	
담보기능	수입자의 대금지급	
개설은행의 담보	물품에 대한 권리취득 (서류인수와 동시에 물품과 동일한 선하증권 취득)	
국제적 통일규칙	신용장통일규칙(UCP 600)	
SWIFT MT	MT 700 (신용장 개설)	

※ 다음 중 옳은 것은 (×), 옳지 않은 것은 (○)로 표시하시오.

❶ 독립적 은행보증과 청구보증은 동일한 것이다. (   )

❷ demand guarantee와 surety는 동일한 것이다. (   )

❸ 청구보증은 수출자의 계약이행에 대한 담보로 사용되고, 보증신용장은 수입자의 대금지급에 대한 담보로 사용되는 것으로 서로 다른 것이다. (   )

❹ 독립적 은행보증(청구보증)은 기본거래와는 독립적이고, 무조건적인 지급확약이므로 부당한 지급청구(unfair calling) 또는 사기적인 지급청구(fraudulent calling)에 대해서도 지급해야 한다. (   )

❺ 유럽에서는 은행의 보증서 발행이 금지되는 것으로 인식되어 독립적 은행보증의 대용으로 보증신용장(standby letter of credit)을 발행하게 되었는데, 보증신용장은 독립적 은행보증과 명칭만 다를 뿐 실질적으로 동일한 것이다. (   )

▌정답 및 해설

01 독립적 은행보증(청구보증)이란?

수익자가 보증서에 기재된 조건에 따라 단순히 지급청구를 하면, 보증서에 정해진 금액을 기본계약(underlying contract)과는 독립적으로 지급하기로 하는 보증인(보증은행)의 확약이다.

02 ICC가 제정한 demand guarantee에 대한 통일규칙은?

URDG 758

03 주채무의 내용에 따른 독립적 은행보증(청구보증)은(5개)?

bid-bond, performance guarantee (P-bond), advance payment guarantee (AP-bond), Retention bond (R-bond), maintenance bond (M-bond)

04 보증신용장(standby letter of credit)이란?

주채무자의 채무이행에 대한 담보로 제공되는 것으로 수익자가 보증신용장에 기재된 조건에 따라 단순히 지급청구를 하면 개설은행(issuing bank)은 보증신용장에서 정한 금액을 기본계약(underlying contract)과는 독립적으로 지급하는 약정

05 화환신용장과 이행보증서를 비교하시오.

구 분	화환신용장	이행보증서
개설의뢰인(채무자)	수입자	수출자
수익자	수출자	수입자
지급사유	수출자의 계약이행 시	수출자의 계약불이행 시
제출서류	선하증권, 상업송장, 포장명세서, 검사증명서 등	단순서면지급청구
담보기능	수입자의 대금지급	수출자의 계약이행
개설은행의 담보	물품에 대한 권리취득 (서류인수와 동시에 물품과 동일한 선하증권 취득)	물품에 대한 권리 없음
국제적 통일규칙	신용장통일규칙(UCP 600)	• 청구보증통일규칙(URDG 758) • 독립보증 및 보증신용장에 관한 유엔협약 • 보증신용장통일규칙(ISP98)
SWIFT MT	MT 700 (신용장 개설)	MT 760 (보증신용장/지급보증서 개설)

※ **다음 중 옳은 것은 (×), 옳지 않은 것은 (O)로 표시하시오.**

❶ 독립적 은행보증과 청구보증은 동일한 것이다. (O)

❷ demand guarantee와 surety는 동일한 것이다. (×)

해설 demand guarantee에서 보증인은 1차적 의무를 부담한다. 그러나 surety에서 보증인은 2차적 의무를 부담하며, 주채무자에게 먼저 이행청구할 것을 주장할 수 있다.

❸ 청구보증은 수출자의 계약이행에 대한 담보로 사용되고, 보증신용장은 수입자의 대금지급에 대한 담보로 사용되는 것으로 서로 다른 것이다. (×)

해설 청구보증(독립적 은행보증)과 보증신용장은 사실상 동일한 것이다.

❹ 독립적 은행보증(청구보증)은 기본거래와는 독립적이고, 무조건적인 지급확약이 므로 부당한 지급청구(unfair calling) 또는 사기적인 지급청구(fraudulent calling) 에 대해서도 지급해야 한다. (×)

해설 다수의 국가에서는 부당한 지급청구(unfair calling) 또는 사기적인 지급청구 (fraudulent calling)에 대해서는 지급거절을 인정하고 있다.

❺ 유럽에서는 은행의 보증서 발행이 금지되는 것으로 인식되어 독립적 은행보증의 대용으로 보증신용장(standby letter of credit)을 발행하게 되었는데, 보증신용장 은 독립적 은행보증과 명칭만 다를 뿐 실질적으로 동일한 것이다. (×)

해설 유럽 → 미국

수출금융(Export Finance)

1. 수출금융의 개념

무역금융(trade finance)은 무역거래(수출입거래)에 필요한 자금을 조달하는 것을 의미하는 것으로 수출금융(export financing)과 수입금융(import financing)을 모두 포함한다. 그러나 대부분의 무역거래는 신용(외상)으로 진행되어 수입금융보다는 수출금융이 보편적인바, "수출금융"의 의미로 "무역금융"이라는 용어를 사용하는 경우가 많다.

수출금융(export financing)이란, 수출이행에 필요한 자금을 조달하고, 수출이행 후 수출채권을 통하여 자금을 조달하는 것을 말한다. 수출거래를 성공적으로 이행하고, 수익성을 제고하는 데에는 수출금융이 매우 중요한 요소가 된다.

수출금융은 분류기준에 따라 다양하게 구분할 수 있다. 자금의 필요시기에 따라 선적전금융(pre-shipment finance)과 선적후금융(post-shipment finance)으로 구분할 수 있고, 자금조달의 주체에 따라 공급자신용(supplier credit)과 구매자신용(buyer credit)으로 구분할 수 있다.

선적전금융(pre-shipment finance)은 수출이행을 위한 물품구매, 원재료 구매, 기타 물품 조달(또는 용역 개발) 등에 필요한 자금을 조달하는 것을 말한다. 이를 수출운전자본금융(export working capital financing)이라고도 한다. 선적후금융(post-shipment finance)은 수출이행 후에 수출채권을 매각 또는 담보로 제공하여 자금을 조달하는 것을 말한다. 대표적인 선적후금융에는 수출환어음매입(Nego), 포페이팅(forfaiting), 수출팩토링(export factoring) 등이 있다. 동일한 금융기관에서 선적전금융과 선적후금융을 제공하는 경우가 많다. 수출계약체결 후 선적전금융을 제공하고, 물품선적 후에는 선적후금융을 제공하는데, 선적후금융으로 선적전금융을 대환처리한다. 이 경우 선적후금융만 남게 되며, 수입자(또는 개설은행)가 대금을 결제하면, 선적후금융은 종결된다.

공급자신용(supplier credit)과 구매자신용(buyer credit)

1) 공급자신용(supplier credit)이란, 공급자(매도인)가 계약이행에 필요한 자금을 자신의 신용으로 조달하는 금융조달방법으로, 통상 단기신용거래에서 이용된다. 매매계약에서는 물품 생산 또는 구매에 필요한 자금을 매도인이 조달하고, 도급계약에서는 일의 완성에 필

요한 자금을 수급인이 조달한다. 수출거래에서는 수출이행에 필요한 자금을 수출자가 자신의 신용으로 금융기관으로부터 차입하여 수출이행을 하고, 수입자로부터 대금을 받으면, 금융기관과의 대출계약에 따라 차입금을 상환한다. 물론, 수입자가 대금을 결제하지 않는 경우에도 수출자는 금융기관앞으로 그 차입금을 상환해야 한다.

2) 구매자신용(buyer credit)이란, 공급자의 계약이행에 필요한 자금을 구매자(매수인)가 자신의 신용으로 조달하는 금융조달방법이다. 따라서 매매계약에서는 물품 생산 또는 구매에 필요한 자금을 매수인이 조달하여 매도인에게 지급하고, 도급계약에서는 일의 완성에 필요에 자금을 도급인이 조달하여 수급인에게 지급한다. 수출거래에서는 수입자가 자신의 신용으로 금융기관으로부터 수입에 필요한 자금을 차입하여 선수금 또는 기성대금으로 수출자에게 지급한다. 따라서 수출자는 자금이 없어도 수출을 이행할 수 있다. 수입자는 수입물품을 처분하여 그 대금으로 금융기관에 차입금을 상환한다. 구매자신용은 일반 상품무역거래에서는 거의 사용되지 않고, 주로 플랜트수출, 해외건설, 선박수출, 프로젝트 파이낸스방식의 프로젝트 등 대규모 거래에서 사용된다.

2. 수출금융조달시 고려사항

수출금융의 필요성은 대금결제조건과 밀접한 관련이 있다. 예를 들어 선지급방식의 경우 수출금융이 필요하지 않을 것이고, open account 방식에서는 선적전금융 및 선적후금융이 모두 필요할 것이다. 수출금융을 결정하기 전에 수출자는 다음 사항을 고려해야 한다.

ⅰ) 수출금융 필요성 : 수입자에게 유리한 결제조건을 제시하는 것은 수출경쟁력을 제고시킨다. 한편, 수입자에게 유리한 결제조건은 수출자에게 자금부담을 준다. 따라서 수출계약을 체결하기 전에 수출금융 조달의 부담을 감수하면서 수출거래를 할 필요가 있는지, 수출금융 조달은 가능한지 검토해야 한다.

ⅱ) 수출금융기간 : 수출금융기간은 외상결제기간을 정하게 한다. 수출금융기간이 길면, 그만큼 외상결제기간을 길게 정할 수 있다. 반대로 외상결제기간은 수출금융기간을 정하기도 한다. 수출금융기간을 협의한 후에 외상결제기간을 정하는 것이 바람직하다.

ⅲ) 다양한 금융조달방법과 금융비용 : 수출금융에는 다양한 방법(또는 유형)이 있고, 각 방법별로 금융비용에 차이가 있다. 따라서 금융비용이 가장 낮은 방법을 찾는 것이 필요하다.

ⅳ) 수출거래위험과 금융조달 : 위험한 수출거래일수록 금융조달은 어렵고 금융
비용은 높다. 또한, 수입자의 신용위험뿐만 아니라, 수입국의 정치적·경제
적 불안정성도 수출거래위험 및 금융조달에 적지 않은 영향을 준다.

Section 02 선적전 금융(Pre-shipment Finance) _____

1. 의의

선적전금융(pre-shipment finance)은 수출이행을 위한 물품구매, 원재료 구매, 기타 물품 조달(또는 용역 개발) 등에 필요한 자금을 조달하는 것을 말한다. 이를 수출운전자본금융(export working capital financing)이라고도 한다. 통상 물품의 선적으로 수출계약이 이행되므로 물품의 선적까지 필요한 자금을 의미하는 것으로 이해할 수 있다. 무역거래는 주로 신용(외상)방식에 의하므로 선적전금융이 필요하다.

선적전금융으로는 수출이행을 위한 자금을 차입하는 것이 전형적이지만, 원자재나 완제품 구매를 위하여 내국신용장(local L/C)을 개설하는 방법을 이용할 수도 있다. 수출이행을 위한 자금차입의 경우 통상의 운전자금으로 차입한 차입금을 사용할 수 있지만, 개별 수출계약서나 신용장을 근거로 무역금융을 차입하는 것이 유리하다. 이 경우 무역금융의 한도는 개별 수출계약서의 계약금액이나 신용장 금액을 한도로 하며, 대출기간은 선적예정일까지로 정한다.

2. 선적전금융의 담보

선적전금융을 제공받은 수출자가 수출이행을 못하는 경우 금융(대출)사고가 발생하게 되는데, 영세한 중소기업의 경우 상대적으로 대출사고율이 높다. 따라서 은행은 선적전금융을 제한하거나 담보를 요구하는데, 영세한 중소기업의 경우 마땅한 담보제공이 불가하여 선적전금융에 어려움을 겪는다.

선적전금융에는 수출계약서 또는 수출신용장 그 자체가 담보적 기능을 한다. 수출보험은 선적전금융을 위한 매우 유용한 담보역할을 한다. 선적전금융에 대한 수출보험으로는 한국무역보험공사의 수출신용보증(선적전), 미국 US EXIM Bank의 "Export Working Capital Guarantee", 영국 UKEF(U.K. Export Finance)의 "Export Working Capital Scheme" 등이 있다.

Section 03 선적후 금융(Post-shipment Finance) _____

1. 개념

선적후 금융(post-shipment finance)은 수출이행후(선적후) 수출채권을 조기에 현금화하여 운전자금을 확보하는 금융방식으로서 수출환어음매입(nego), 포페이팅(forfaiting), 수출팩토링(export factoring) 등이 있다.

한편, 선적후금융의 경우에도 수출대금이 결제되지 않고, 수출자도 선적후금융을 상환하지 못하는 경우 금융(대출)사고가 발생하게 된다. 통상 선적후금융은 수출채권이 담보역할을 하므로 금융(대출)사고의 가능성이 선적전금융보다는 낮다. 수출보험은 선적후금융을 위한 유용한 담보장치로 한국무역보험공사의 수출신용보증(선적후), 수출신용보증(Nego), 단기수출보험의 보험금청구권·수취권 양도, 미국 US EXIM Bank의 "Export Credit Insurance", 영국 UKEF의 "Supplier Credit Bills and Notes Facility" 등을 활용할 수 있다.

수출보험은 수출대금미결제위험을 담보하기 위해 도입되었지만, 무역거래에서 수출금융이 중요해짐에 따라 수출금융을 원활하게 하기 위한 담보장치로서의 역할이 강조되고 있다. 따라서 수출보험도 수출금융의 하나로 볼 수 있으며, 수출거래에서 매우 중요한 역할을 하고 있다. 우리나라의 경우 전체 수출의 20% 이상이 수출보험 지원을 받고 있다.

2. 수출환어음매입(수출채권매입)

1) 의의

수출환어음매입(negotiation)이란, 은행이 수출자로부터 수출환어음 및 선적서류 등 수출채권을 매입하여 그 대금을 수출자에게 지급하고, 수출환어음의 지급인인 수입자(또는 신용장방식의 수출거래에서는 개설은행)에게 수출환어음의 지급을 청구하여 수출환어음의 대금을 지급받으며, 수출환어음을 지급받지 못하는 경우 수출자에게 기지급한 대금을 상환받는 것을 말한다. 간단히 은행이 수출자로부터 수출환어음과 서류를 매입하는 것으로 정의할 수 있다. 수출환어음매입은 간단히 "네고(Nego)"라고도 불린다.

수출환어음매입 도해

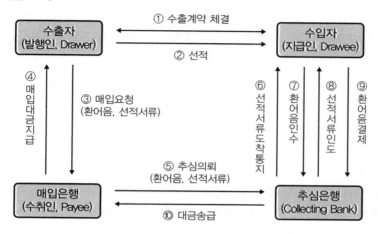

참고로 UCP 600에서는 '매입(negotiation)은 신용장에 일치하는 서류가 제시되면 지정은행이 신용장대금을 지급하거나 지급에 동의하면서 환어음 또는 서류를 매수하는 것을 말한다'고 규정하고 있는데(제2조), 일반적인 선적후금융에서의 수출환어음매입의 개념과 동일하지는 않다.

매입은행은 수출환어음매입 후 신용장개설은행이나 수입자로부터 대금을 지급받지 못할 수도 있다. 이 경우 매입은행은 수출자에게 매입대금의 상환을 청구해야 한다. 이에 따라 수출환어음매입은 수출자에게 대한 신용공여(여신행위)로 간주하여 수출환어음매입 시 매입은행은 수출자와 수출환어음거래약정(또는 여신거래약정)을 체결하는데, 주요 내용은 다음과 같다.

- 부대서류 및 화물은 매입외국환은행의 어음채권 및 부대비용의 지급
- 환어음 및 부대서류의 우송 중 사고에 관한 처리방법 및 책임소재
- 환어음이 부도 또는 인수 거절되는 경우 처리절차
- 기타 필요한 경우 담보의 제공 또는 환어음대금의 상환 및 제비용의 부담문제

O/A방식의 수출거래에서 수출채권 매입절차
① 선적 및 선적서류 송부 : 수출자는 선적하고 선적서류(운송서류, 보험서류, 상업송장 등)를 수입자에게 직접 송부한다.

② 외국환거래약정 체결 및 매입신청서 접수 : 외국환거래약정을 체결하고, 수출자로부터 매입신청서, 수출신고필증, 수출계약서, 선적서류 사본을 받는다.

③ 서류검토 및 매입여부 결정 : 매입신청서상의 기재사항과 수출계약서상의 요구사항 일치여부를 확인하고 수출자의 신용상태 및 채권보전이 확실한 경우 매입한다.

④ 수출대금채권의 양도 : 수출자는 수출대금채권 양도에 따른 대금지급지시서(Standing Payment Instruction)를 수입자에게 송부한 후 수입자로부터 이에 대한 동의서를 받아 매입은행에 제출한다.

⑤ 입금계좌 지정 : 수입자에게 수출대금을 은행에 직접 또는 은행이 지정한 계좌에 입금하도록 지시한다.

⑥ 계정처리 및 수수료 징구 : 계정과목은 매입외환으로 기표하며 환가료 등을 징수하고 매입대전은 수출자에게 입금한다.

⑦ 부도시 대금상환 : 수출대금채권이 만기일에 회수되지 않는 경우 수출자는 매입대금을 매입은행에 상환한다. 그 외 수출자에게 기한이익상실 사유가 발생한 경우에는 수출대금채권의 만기일 전에도 수출자는 매입대금을 매입은행에 상환해야 한다.

2) 수출환어음 부도(수출대금 미결제) 시 매입은행의 권리

수출환어음 매입 시 매입은행은 지급인이 수출환어음 대금을 지급하기 전에 수출자 앞으로 수출환어음 매입대금을 선지급한다. 이에 따라 추후에 수출환어음이 부도(일람불환어음에서 지급인이 수출환어음을 인수하지 않거나 기한부환어음에서 지급인이 인수 후 어음만기일에 환어음대금을 지급하지 않음)처리되면, 매입은행은 수출환어음 매입대금에 대해 손실을 입게 된다. 이 경우 매입은행이 행사할 수 있는 권리로는 수출자(환어음발행인)에 대한 상환청구권과 지급인(수입자 또는 개설은행)에 대한 어음대금청구권이 있다.

1) 수출자(환어음발행인)에 대한 상환청구권

매입은행은 발행인에게 상환청구권을 행사할 수 있다. 발행인은 수출환어음의 주채무자는 아니지만, 수출환어음을 발행하였으므로 어음의 상환의무를 부담한다. 한편, 신용장방식거래에서 수입자를 지급인으로 하여 환어음이 발행된 경우 이 환어음의 법률상 성질은 보통의 환어음과 다를 바가 없으므로, 이 경우에도 신용장에 기한 법률관계와는 별도로 어음법에 의한 법률관계가 병존하고, 따라서 선적서류 및 환어음을 매입한 매입은행은 개설은행에 의한 신용장금액의 상환이 거절되고, 또한 환어음상 지급인에 의한 지급도 거절된 경우에는 특별한 사정이 없는 한, 개설은행의 상환거절이 정당한지 여부와 상관없이 어음법에 따라 그 환어음의 발행인에게 소구권을 행사할 수 있다(대법원 2000. 1. 21. 선고 97다41516 판결). 그 외 담보권 등 수출환어음매입 시 매입은행이 강구한 장치에 따라 다양한 권리를 행사할 수 있다.

2) 지급인(수입자, 개설은행)에 대한 권리

무신용장방식에서 지급인(수입자)이 수출환어음을 인수하고 만기일에 어음대금을 결제하지 않는 경우 매입은행은 수출환어음의 수취인이므로 수입자에게 직접 어음대금의 지급청구를 할 수 있다. 그러나 수출계약상 수출자의 지위나 수출대금채권을 매입은행에 양도하였다는 등의 특별한 사정이 없는 한, 수입자에 대한 수출대금채권은 여전히 수출자에게 있다고 보아야 하는바(대법원 2002. 11. 13. 선고 2002다42315 판결), 수입자가 수출환어음을 인수하지 않았다면, 매입은행은 수입자에게 직접 수출환어음의 인수나 수출대금의 지급을 청구할 수 없을 것이다.

한편, 신용장방식거래에는 개설은행이 신용장대금의 주채무자이고 통상 개설은행이 수출환어음의 지급인이 된다. 신용장통일규칙에 의거 자유매입신용장에서의 모든 매입은행, 그리고 매입제한신용장에서의 지정은행인 매입은행은 개설은행에게 신용장대금의 지급을 청구할 수 있다(UCP 600 제7조제c항). 매입은행이 신용장통일규칙과 신용장조건에 따라 매입을 하였을 때에는 개설은행은 신용장대금을 매입은행 앞으로 지급해야 한다. 그러나 매입은행은 신용장통일규칙과 신용장조건에 따른 서류인수 시에만 신용장대금청구가 가능하며, 매입은행이 아니고 단지 환어음의 선의의 소지인이라는 사실만으로는 개설은행에 대하여 단순한 어음관계에 기한 청구가 아닌 신용장에 기한 법률관계에 따라 신용장대금을 청구할 수 없다(대법원 2002. 8. 23. 선고 2000다66140 판결).

3. 포페이팅(Forfaiting)

1) 의의

포페이팅(forfaiting)은 현금을 대가로 채권을 포기 또는 양도한다는 불어의 "a forfait"에서 유래된 용어이다. 포페이팅(forfaiting)이란, 포페이터(forfaiter)가 수출자로부터 수출채권을 "상환청구권 없이(without recourse)" 매입하는 것을 말한다(ICC의 포페이팅통일규칙 제2조). 한편, 포페이팅은 포페이터(forfaiter)가 환어음(bill of exchange) 또는 약속어음(promissory note) 등 유통증권(negotiable instrument)상의 채권을 상환청구권 없이(without recourse)매입하는 금융기법을 말한다고 정의하기도 한다.

"비상환조건 또는 상환청구불능조건(without recourse)"이라 함은, 수입자가 수입대금을 결제하지 않는 경우(또는 개설은행이 신용장대금을 결제하지 않는 경우)에 수출자에게 상환청구하지 않는 것을 의미한다.

기한부신용장(usance L/C)에서 개설은행이 수출자가 발행한 환어음과 선적서류를 인수하여 인수통보한 후(또는 인수통보를 조건으로) 금융기관인 포페이터가 위 환어음을 포함한 수출채권을 할인매입하여 수출자에게 대금을 지급하고, 포페이터는 만기일에 개설은행으로부터 신용장대금을 지급받으며, 만기일에 개설은행이 신용장대금을 지급하지 않는 경우에도 포페이터는 수출자에게 상환청구권을 행사하지 않는다. 포페이팅은 주로 자본재(capital goods) 수출거래에서 사용되며, 포페이터가 수출자에게 상환청구하지 않으므로 수출대금미회수위험은 포페이터인 금융기관이 부담한다. 이에 따라 포페이팅은 주로 신용장거래에서 이용되며, 무신용장거래에서는 수입자 거래은행의 지급보증이 요구된다.

포페이팅에서는 수출자는 금융기관으로부터 수출채권을 상환청구불능조건으로 매도하기 때문에 만기일에 수입자가 대금을 결제하지 않아도 수출자는 금융기관에 상환해야할 의무가 없는바, 포페이팅을 통해 수출자는 수출대금미회수위험으로부터 벗어날 수 있다.

포페이팅비용(forfaiting cost)은 환어음 할인율로 볼 수 있고, 수출환어음매입에서 환가료와 유사하다. 포페이팅의 환어음할인율은 수출환어음 환가료보다 높기 때문에 금융기관 입장에서는 포페이팅이 수익률이 높다. 그러나 금융거래는 수익성 외에 안전성도 중시되기 때문에 통상 금융기관은 신용장거래에서만 포페이팅을 한다. 물론 포페이팅은 무신용장방식 수출거래에서도 사용될 수 있는데, 수입자의 신용도가 매우 높거나 신용이 양호한 금융기관이 어음보증한 거래에 제한적으로 사용된다.

수출포페이팅거래의 절차는 다음과 같다.

① 수출입자간 수출계약을 체결한다. 그리고 수출자는 금융기관과 포페이팅 약정을 체결한다(포페이팅 약정은 수출계약 체결전 또는 신용장 개설후에 할 수도 있다).
② 수출자의 거래은행은 수출자에게 신용장(또는 대금지급보증서)을 개설한다. 신용장은 수출자의 거래은행(통지은행)을 통해 통지된다.
③ 수출자는 신용장 조건에 따라 물품을 선적한다.

④ 수출자는 포페이터(금융기관)에게 신용장 서류(선적서류, 환어음 등)를 교부한다.

⑤ 포페이터는 위 서류를 검토한 후 개설은행에 송부한다.

⑥ 개설은행은 신용장 서류를 심사한 후 서류에 이상이 없으면, 서류를 인수하고 포페이터에게 인수통지(Acceptance Advice: A/A)를 한다.

⑦ 개설은행은 수입자에게 선적서류를 교부한다.

⑧ 포페이터는 포페이팅 수수료 등을 공제한 후 신용장 대금을 수출자에게 지급한다.

⑧ 포페이터는 포페이팅 수수료 등을 공제한 후 신용장 대금을 수출자에게 지급한다.

⑨ 신용장대금의 결제기일에 수입자는 개설은행에게 신용장대금을 상환한다.

⑩ 신용장대금의 결제기일에 개설은행은 포페이터에게 신용장대금을 결제한다.

수출포페이팅 거래 도해

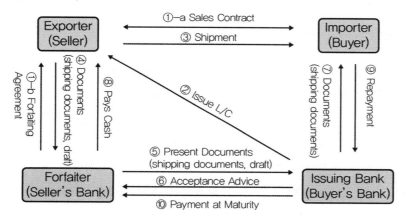

2) 수출환어음매입과 포페이팅의 비교

수출환어음매입에서는 통상 매입은행(negotiating bank)은 상환청구조건(with recourse) 또는 환매조건부로 매입하기 때문에 환어음 부도시에는 환어음의 발행인인 수출자에게 상환청구권을 행사하거나 환매권을 행사하여 환어음을 수출자에게 다시 매도하여 이미 지급한 매입대금을 회수한다.

포페이팅과 수출환어음매입의 주요 차이점을 살펴보면, 매입형태면에서 포페이팅은 상환청구불능조건의 수출환어음매입이나, 수출환어음매입은 환매조건부(또는 상환청구조건) 수출환어음매입이다. 그리고 대상거래에 있어 포페이팅은 연지급신용장거래(또는 지급보증부거래)를 대상으로 하나, 수출환어음매입은 신용장 및 무신용장방식의 거래 모두 가능하다.

수출환어음매입과 수출포페이팅의 비교

구 분	포페이팅	수출환어음매입
금융형태	비상환조건부(without recourse) 매입	상환조건부(with recourse) 매입
취급기관	금융기관	금융기관
대상거래	연지급신용장거래 (인수통지조건)	신용장 및 무신용장거래
수출자의 대차대조표	자산·부채 미계상	자산·부채 계상
수수료	어음할인율	환가료
대금미결제시	수출자앞 상환청구불가	수출자앞 상환청구가능

4. 국제팩토링(International Factoring)

1) 의의

국제팩토링(international factoring)이란, 공급자(수출자)가 수출거래에서 발생하는 외상매출채권을 팩터(factor)에게 양도하거나 양도할 것을 약정하고, 팩터는 공급자(수출자)에게 금융의 제공, 매출채권에 관한 계정의 유지, 매출채권의 회수, 채무자의 채무불이행으로부터의 보호 등의 금융서비스를 제공하는 것을 말한다. 통상 팩터(팩토링회사)는 수출자를 대신하여 수입자에 대한 신용조사 및 신용위험의 인수, 매출채권의 기업관리 및 대금회수, 금융제공 기타 회계처리 등의 업무를 대행하므로 국제팩토링은 무신용장방식의 연지급거래에서 주로 이용된다.

국제팩토링은 통상 전세계 팩토링회사의 회원망을 통하여 수입자의 신용을 바탕으로 이루어지는 무신용장방식의 새로운 무역거래방식이다. 국제거래에서 팩토링회사는 수출자를 위하여 수출채권과 관련된 대금회수를 보장하고 회계업무를 대신한다. 그리고 수입자에게는 수입을 위한 신용을 공여해줌으로써 해외로부터 신용으로 물품과 용역을 수입할 수 있게 한다.

수출팩토링거래 도해

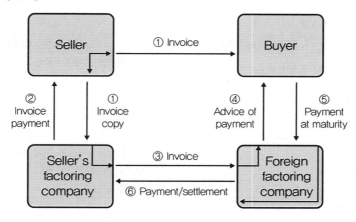

2) 포페이팅과 국제팩토링의 비교

일반적으로 포페이팅과 국제팩토링의 주요 차이점은 다음과 같다.

i) 포페이팅은 신용장거래 또는 금융기관의 지급보증부 거래를 대상으로 하고, 국제팩토링은 무신용장거래를 대상으로 한다.

ii) 포페이팅은 수출대금의 100%까지 지급하며, 국제팩토링은 80~100%까지 지급하는데 기업에 따라 해외 입금시까지 유보금으로 보관하는 경우도 많고, 유럽은 통상 90% 수준이다.

iii) 포페이팅에서 수출거래의 결제기간에 대해 특별한 제한은 없으나 통상 6개월 이상의 거래를 대상으로 하고, 국제팩토링은 6개월 이내의 단기거래를 대상으로 한다.

iv) 포페이팅은 상환청구불능조건이나, 국제팩토링은 상환청구불능을 원칙으로 하되 상환청구하는 경우도 있다.

v) 포페이팅은 관련 당사자들에 대한 정보를 비밀로 하는 것이 관례이므로 비밀성이 보장되나, 국제팩토링은 팩터가 매출채권의 매입을 수입자에게 통지하는 것이 일반적이므로 비밀성이 보장되지 않는다.

vi) 부가서비스측면에서 포페이팅은 채권의 할인매입과 관련된 제한적 업무수행을 하나, 국제팩토링은 채권추심, 회계 서비스 등을 하는 경우가 많다.

포페이팅과 팩토링 비교

구 분	포페이팅(Forfaiting)	국제팩토링(Factoring)
개 념	수출채권을 상환청구불능조건으로 매입	수출채권을 상환청구불능조건으로 매입 (예외적으로 상환청구)
대상거래	신용장거래(또는 금융기관의 지급보증 거래)	무신용장거래
대상채권	유통증권(negotiable instrument) : 환어음, 약속어음	비유통증권(non-negotiable instrument) : 외상매출채권
지 급 율	100%까지	80~100% (기업에 따라 해외 입금시까지 유보금으로 보관하는 경우도 많으며, 유럽은 통상 90% 수준)
기 간	특별한 제한은 없으나 통상 6개월 이상의 거래	6개월 이내의 단기거래
운영기관	대부분 은행	전문 팩터 또는 은행
상환청구	상환청구불능조건	상환청구불능조건(예외적 상환청구)
부가서비스	채권의 할인매입과 관련된 제한적 업무수행	채권추심, 회계 서비스 등 일부 존재 (특히 유럽)
거래 비밀성	포페이팅 관련 당사자들에 대한 정보를 비밀로 하는 것이 관례이므로 비밀성이 보장됨	팩터가 매출채권의 매입을 수입자에게 통지하는 것이 일반적이므로 비밀성이 보장되지 않음

EXERCISES

01 무역금융(trade finance)이란?

02 가장 대표적인 선적후금융은? (3개)

03 수출환어음매입이란?

04 포페이팅(forfaiting)이란?

05 국제팩토링(international factoring)이란?

※ 다음 중 옳은 것은 (×), 옳지 않은 것은 (○)로 표시하시오.
   ❶ 무역금융은 수출금융과 수입금융을 포함하는데, 일반적으로 수입금융에 대한 수요
      가 많다. (   )
   ❷ 구매자신용(buyer credit)이란, 수출자가 수출이행에 필요한 자금을 자신의 신용으
      로 조달하는 금융조달방법으로, 통상 단기신용거래에서 이용된다. (   )
   ❸ 포페이팅(forfaiting)에서는 포페이터(forfaiter)가 수출자로부터 수출채권을 "상환
      청구조건(witht recourse)으로 매입한다. (   )

▌ 정답 및 해설

01   무역금융(trade finance)이란?

무역금융(trade finance)은 무역거래(수출입거래)에 필요한 자금을 조달하는 것을 의미하는 것으로 수출금융(export financing)과 수입금융(import financing)을 모두 포함한다.

02   가장 대표적인 선적후금융은? (3개)

수출환어음매입(negotiation), 포페이팅(forfaiting), 수출팩토링(export factoring)

03   수출환어음매입이란?

은행이 수출자로부터 수출환어음 및 선적서류 등 수출채권을 매입하여 그 대금을 수출자에게 지급하고, 수출환어음의 지급인인 수입자(또는 신용장방식의 수출거래에서는 개설은행)에게 수출환어음의 지급을 청구하여 수출환어음의 대금을 받으며, 수출환어음을 지급받지 못하는 경우 수출자에게 기 지급한 대금을 반환받는 것을 말한다.

04   포페이팅(forfaiting)이란?

포페이터(forfaiter)가 수출자로부터 수출채권을 "상환청구권 없이(without recourse)" 매입하는 것

05   국제팩토링(international factoring)이란?

공급자(수출자)가 수출거래에서 발생하는 외상매출채권을 팩터(factor)에게 양도하거나 양도할 것을 약정하고, 팩터는 공급자(수출자)에게 금융의 제공, 매출채권에 관한 계정의 유지, 매출채권의 회수, 채무자의 채무불이행으로부터의 보호 등의 금융서비스를 제공하는 것

※   다음 중 옳은 것은 (×), 옳지 않은 것은 (○)로 표시하시오.

❶ 무역금융은 수출금융과 수입금융을 포함하는데, 일반적으로 수입금융에 대한 수요가 많다. (×)

해설 무역거래는 외상거래 비중이 높기 때문에 수출금융에 대한 수요가 크다.

❷ 구매자신용(buyer credit)이란, 수출자가 수출이행에 필요한 자금을 자신의 신용으로 조달하는 금융조달방법으로, 통상 단기신용거래에서 이용된다. (×)

[해설] 구매자신용(buyer credit) → 공급자신용(supplier credit)

❸ 포페이팅(forfaiting)에서는 포페이터(forfaiter)가 수출자로부터 수출채권을 "상환청구조건(witht recourse)으로 매입한다. (×)

[해설] 포페이터(forfaiter)가 수출자로부터 수출채권을 "상환청구권 없이(without recourse)" 매입한다.

11

수출보험(수출신용보증)

1. 개설

국제거래는 상대방에 의한 신용위험이 높고, 상대국의 국가위험(전쟁, 혁명, 송금제한, 수용 등)에도 노출된다. 당사자들은 이러한 위험을 제거 또는 감소시킬 수 있는 담보장치를 필요로 하는데, 수출보험은 이러한 담보장치의 하나로 국제거래에서 널리 이용되고 있다.

특히, 개발도상국이나 저개발국가의 경우 국가위험(또는 비상업위험)의 발생할 가능성이 높은데, 이러한 위험은 통상의 상업보험에서는 담보하지 않는 것이 일반적이다. 그러나 수출보험은 비영리정책보험(대부분의 국가에서 비영리정책보험으로 운영)으로 국가위험을 담보하여 국제거래에서의 위험담보장치로 선호되고 있다. 우리나라에서는 한국무역보험공사에서 수출보험을 운영하고 있다.

2010년 7월 수출보험법의 개정(수출보험법 → 무역보험법)에 따라 현행 무역보험법에서는 '수출보험'이라는 용어 대신 '무역보험'이라는 용어를 사용하고 있다. 주된 개정 이유는 수출보험 외에 수입보험을 추가하기 위한 것이다. 이에 따라 무역보험법에서의 '무역보험'은 '수출보험'과 '수입보험'을 포괄하는 개념이다. 수입보험은 국민경제에 중요한 자원 및 물품의 수입에 한정된다.

2. 수출보험의 의의

1) 수출보험의 의의

수출보험(export insurance, export credit insurance)이란, 수출거래에서 수입자(또는 신용장 개설은행)의 신용위험(지급불능, 지급지체, 지급거절, 인수거절, 인수불능) 또는 수입국의 비상위험(non-commercial Risk)으로 인한 수출대금미회수위험을 담보하는 보험이다.

수출보험에는 보험계약자면에서 1) 수출거래에서 신용위험 또는 비상위험으로 인하여 수입자가 수출대금을 미결제하는 경우 그로 인한 손해를 보험계약자인 수출자에게 보상하는 보험(이 경우 보험계약자와 피보험자는 수출자)과 2) 수출거래에서 수입대금을 금융기관으로부터 차입한 차주(통상 수입자)가 신용위험 또는 비상위험으로 인하여 차입금을 금융기관 앞으로 상환하지 못하는 경우 그로 인한 손해를 보험계약자인 금융기관 앞으로 보상하는 보험(이 경우 보험계약자와 피보험자는 금융기관)으로 구분할 수 있다.

각국의 수출보험 운영주체를 살펴보면, 정부, 공기관, 또는 정부로부터 지원을 받는 공적기관이 운영주체인 경우가 많은데, 이러한 운영주체를 공적수출신용기관(official export credit agency)이라고 한다. 한편, 수출에 필요한 자금을 지원하는 것을 수출금융(export financing or export loan)'이라고 하고, 수출보험(또는 수출신용보증)과 수출금융을 합하여 수출신용(export credit)이라고 한다. 수출신용제도를 운영하는 기관을 수출신용기관(export credit agency: ECA)이라고 한다.

---

export insurance(수출보험) vs. export credit insurance(수출신용보험)
세계수출신용시장에서 '수출보험(export insurance)'과 '수출신용보험(export credit insurance)'은 혼용되고 있는데, 우리나라에서는 1968년 수출보험법 제정 시부터 '수출보험(export insurance)'으로 규정하였다(2010. 7월 수출보험법은 무역보험법으로 개정되어, 현행 무역보험법에서는 '무역보험'이라는 용어를 사용하고 있는데, 무역보험은 수출보험과 수입보험을 포괄하는 개념이며, 한국무역보험공사에서는 무역보험법으로 개정되기 전에 운영하고 있던 수출보험종목을 동일한 명칭으로 사용하고 있다).

export credit insurance vs. export credit guarantee
한편, 세계수출신용시장에서 'export credit guarantee' 또는 'export guarantee'도 사용되고 있는데, 이는 본질 내지는 경제적 기능은 export credit insurance (export insurance)과 동일한 것으로 세계수출신용시장에서 사실상 같은 것으로 취급되고 있다. 다만, 개별 수출보험제도, 개별 수출신용보증제도의 내용이 모두 동일한 것은 아니므로 각 개별제도의 내용에 따른 차이는 있다.

---

2) 수출보험의 연혁

최초의 수출신용기관은 영국의 수출신용보증국(Export Credits Guarantee Department: ECGD)이다. ECGD는 1919년 제1차 세계대전 직후 영국 수출자에 대한 수출보험(또는 수출보증)지원을 통한 수출진흥 및 수출산업의 경쟁력 강화를 목적으로 영국 상무부내 '수출신용국(Export Credits Department)'으로 출범하였으며, 1926년에 ECGD로 개칭되었다. 2013. 9. 2.부터 ECGD는 the UK Export Finance (UKEF)의 명칭으로 운영되고 있다.

　우리나라에서는 1968년 12월 31일 수출보험법이 제정·공포되어 1969년 1월 1일부터 시행되었다. 초기에는 대한재보험공사를 수출보험대행기관으로 정하여 1969년부터 대한재보험공사에서 수출보험을 운영하였다. 1976년 한국수출입은행의 설립으로 한국수출입은행의 중장기금융 및 해외투자금융지원과 연계하여 수출보험을 지원하기 위해 1977년 1월 1일부터 수출보험업무를 한국수출입은행이 대행토록 수출보험법을 개정하였다. 한편, 수출보험도입시에는 재무부가 수출보험을 관장하였으나, 수출보험은 근본적으로 무역과 밀접한 관련을 맺고 있고, 수출진흥정책의 기능을 수행하고 있음을 감안하여 1978년 12월 수출보험법을 개정하여 수출보험 관리감독권한을 상공부로 이관하였다. 한편, 수출보험이 수출지원정책으로서의 중요성이 더해지고 업무실적이 늘어남에 따라 한국수출입은행의 대행체제보다는 독립기관의 전담체제로 운용할 필요가 있어 1992년 7월 한국수출보험공사를 설립하여 수출보험을 전담시키고 있다. 그리고 2010년 7월 수출보험법은 무역보험법으로 개정되었고, 한국수출보험공사는 한국무역보험공사로 명칭이 변경되었다.

3) 수출보험의 담보위험

　수출보험은 수출자가 수출대금을 회수할 수 없게 된 경우에 입게 되는 손실(또는 구매자신용방식에서 수입자 앞으로 결제대금을 대출한 은행이 수입자로부터 이 대출금을 회수할 수 없게 된 경우에 입게 되는 손실)을 보상하는 제도이다. 여기서 손실을 초래하게 되는 원인을 수출보험의 담보위험이라고 하는데, 수출보험의 담보위험은 크게 비상위험과 신용위험으로 구분된다. 비상위험(political risk, non-commercial Risk)은 수입국에서의 환거래 제한, 전쟁, 혁명 등 당사자에게 책임 없는 사유로 수출대금의 회수가 불가능하게 된 경우를 말하고, 신용위험(credit risk, commercial risk)은 수입자의 지급불능, 지급지체, 인수거절 등 수입자에게 책임 있는 사유로 수출대금이 회수되지 않는 것을 말한다.

> **비상위험**
>
> 비상위험은 세부적으로 정치 · 경제 · 재해위험 등 3가지로 분류하기도 한다. 정치적 위험이란 계약의 이행을 불가능하게 하는 수입국의 전쟁, 혁명, 내란, 폭동 등 정치적인 요인으로 인하여 손실이 발생하는 위험을 말하며 협의(狹義)의 비상위험이라고 한다. 경제적 위험이란 외환부족 등으로 인한 환거래 제한, 지급유예, 및 수입정책 변화에 따른 수입규제 등을 말한다. 재해위험이란 계약의 이행을 불가능하게 하는 태풍, 홍수, 지진, 화산폭발, 해일 등 주로 천재지변이 많다.

3. 수출보험의 특성과 기능

1) 수출보험의 특성

(1) 정책보험

현재 수출보험은 수출을 촉진하고 국민경제의 발전을 위해 수출보험기금을 재원으로 한국무역보험공사에 의해 운영되는 정책보험이다. 수출보험은 정책보험이기 때문에 무역보험법이라는 특별법에 의해 운영되고 있고, 산업통상자원부의 감독을 받는다. 대법원에서도 수출보험법(현행 무역보험법)에 따른 수출보험은 수출 기타 대외거래에서 발생하고 통상의 보험으로는 구제하기 곤란한 위험으로 인한 재산상의 손실을 보상해 줌으로써 수출무역 기타 대외거래의 진흥을 도모하기 위한 비영리적인 정책보험으로 판시하고 있다(대법원 1993.11.23. 선고 93누1664 판결).

(2) 손해보험

상법에서는 보험의 종류를 크게 손해보험과 인보험으로 구분하는데, 손해보험이란 '보험자가 보험사고에 의하여 생길 수 있는 피보험자의 재산상의 손해를 보상할 것을 약정하고, 보험계약자가 이에 대하여 보험료를 지급할 것을 약정함으로써 효력이 생기는 보험계약'이다. 수출보험도 주채무자의 채무불이행으로 인하여 피보험자에게 생기는 재산상의 손해(수출대금, 수입자금 대출금)를 보상하는 것을 내용으로 하므로 손해보험에 해당된다.

(3) 신용보험

신용보험은 주채무자의 채무불이행(default)을 담보하는 보험인데, 수출보험은 주채무자인 수입자(또는 차주)의 채무불이행을 담보하는 것이므로 신용보험에 해당된다.

(4) 기업보험

수출보험에서 보험계약자는 일반 개인이 아니고 수출기업 내지는 금융기관이며 서로 대등한 경제적 지위에 있으므로 기업보험의 성격을 가진다. 이에 따라 대법원에서는 상법 제663조 소정의 보험계약자 등의 불이익변경금지원칙은 보험계약자와 보험자가 서로 대등한 경제적 지위에서 계약조건을 정하는 이른바 기업보험에 있어서의 보험계약의 체결에 있어서는 그 적용이 배제되므로 기업보험에 해당하는 수출보험에 있어서는 적용되지 않는 것으로 판시하고 있다(대법원 2000.11.14. 선고 99다52336 판결).

(5) 사법상의 계약

대법원은 수출보험계약에 따른 보험자와 보험계약자 사이의 법률관계는 그 성질상 공법상의 권리의무관계가 아니고, 통상의 보험에 있어서와 마찬가지로 보험계약관계라고 하는 사법상의 권리의무로 보고 있다(대법원 1993.11.23. 선고 93누1664 판결).

(6) 약관의 규제에 관한 법률의 적용 배제

약관의 규제에 관한 법률은 보험자가 거래상의 지위를 남용하여 불공정한 내용의 약관을 작성·통용하는 것을 방지하고, 불공정한 내용의 약관을 규제하여 건전한 거래질서를 확립함으로써 소비자를 보호하고, 국민생활의 균형있는 향상을 도모함을 목적으로 하므로 대부분의 조항이 보험계약자를 보호하는 규정이다. 그러나 수출보험은 정책보험이며 기업보험이기 때문에 약관의 규제에 관한 법률 제7조(면책조항의 금지)~제14조(소제기의 금지 등)의 규정이 적용되지 않는다(법 제15조, 시행령 제3조제3호). 나아가 대법원은 약관의 규제에 관한 법률 제6조(일반원칙)도 수출보험에는 적용되지 않는다고 판시하고 있다(대법원 2002.5.28. 선고 2000다50299 판결).

2) 수출보험의 기능

(1) 대금미회수위험 담보

수출보험의 제1차적 기능은 수입자의 대금미지급위험을 담보하는 것이다. 수출보험은 수입국에서 발생하는 비상위험 또는 신용위험으로 인하여 수출이 불가능하게 되거나 수출대금의 회수가 불가능해지는 경우 수출자 등이 입게 되는 손실을 보상한다.

(2) 금융보완적 기능

수출보험은 수출대금미회수위험을 담보하므로 금융기관으로 하여금 수출 금융을 공여하게 하는 금융보완적 기능을 가진다. 즉 수출금융에서는 수출대금의 회수가능성 여부가 대출심사의 중요한 기준이 되는바, 수출보험에 의하여 이를 해결할 수 있으므로 금융기관은 수출자에게 담보요건 등에서 보다 유리한 조건으로 수출자금을 대출할 수 있게 된다. 그리고 수출자는 수출금융을 통하여 유동성을 제고할 수 있다. 자금력이 부족한 기업들에게는 대금미회수위험기능보다고 금융보완기능이 중요하다고 볼 수 있다.

(3) 수출진흥정책 수단으로서의 기능

수출보험은 수출무역, 기타 대외거래의 촉진 및 진흥을 위하여 정부의 지원하에 운영됨에 따라 보험요율 등을 정함에 있어 장기적 차원에서의 수지균형을 목표로 하여 가능한 한 저율로 책정하는 한편 보상비율 등에서는 최대한 수출자에게 유리한 형태의 보상제도를 채택하는 등 수출경쟁력을 강화시키고, 결과적으로 수출을 촉진시키는 역할을 하게 되는 수출진흥정책 수단으로서의 기능을 갖는다.

(4) 해외수입자에 대한 신용조사기능

수출보험지원과 더불어 수입자에 대한 신용조사를 병행하는 수출보험기관도 있다. 수출보험은 효율적인 인수 및 관리를 기하고 보험사고를 미연에 방지하기 위해 다각적으로 해외수입자의 신용상태와 수입국의 정치경제사정에 관한 조사활동을 하게 되는바, 이러한 해외수입자 및 수입국에 관한 신용정보를 제공하여 수출자로 하여금 효과적으로 활용할 수 있도록 함으로써 수출자의 신규수입선 확보와 수출거래 확대에 기여함과 동시에 건전한 수출거래를 유도하는 부수적 기능을 가지고 있다.

1. 개설

수출보험의 본래의 기능은 수출자의 수출대금 미회수위험담보인데, 최근에는 금융보완적 기능이 중요시됨에 따라 수출보험제도가 다양해졌다. 현행 한국무역보험공사에서 운영하고 있는 주요 수출보험으로는 단기수출보험, 수출신용보증, 중장기수출보험, 수출보증보험, 환변동보험, 해외공사보험, 해외투자보험, 해외사업금융보험 등이 있다. 그중에서 단기수출보험이 가장 대표적이고, 중소기업은 수출신용보증에 대한 수요가 높다.

2. 주요 수출보험(수출신용보증)

1) 단기수출보험

수출거래의 결제기간에 따라 단기수출보험과 중장기수출보험으로 구분한다. 단기수출보험은 결제기간이 2년 이하의 수출거래를 대상으로 하고 중장기수출보험은 결제기간 2년 초과의 수출거래를 대상으로 한다.

단기수출보험은 종래의 일반수출보험 종목이 1994년 11월에 폐지되고 새로이 도입된 제도로서, 가장 대표적인 수출보험종목이다.

현재 무역보험공사가 운영하는 단기수출보험에는 단기수출보험(선적후 – 일반수출거래 등), 단기수출보험(수출채권유동화), 단기수출보험(포페이팅), 단기수출보험(구매자신용) 등이 있는데, 그중 단기수출보험(선적후 – 일반수출거래 등)이 가장 대표적이다.

단기수출보험(선적후 – 일반수출거래 등)은 수출거래에 있어 수출계약체결 후에 수입국에서의 비상위험으로 수출불능이 되거나 수출대금이 회수불능이 되는 경우, 또는 수입자(또는 신용장 개설은행)의 신용위험으로 인하여 수출대금이 결제되지 않는 경우에 수출자가 입게 되는 손실을 보상하는 제도이다.

수출자가 수출계약에 따라 정상적으로 수출이행을 한 경우에만 보상하며, 수출자가 정상적으로 수출이행을 하지 않은 경우 면책된다. 대표적인 면책사유는 수출물품에 하자가 있는 경우와 신용장방식의 수출거래에서 신용장에서 요구하는 선적서류에 하자가 있는 경우이다. 그리고 물품의 멸실, 훼손 등 물품에 대해 발생한 손실도 보상하지 않는데, 이는 통상의 적하보험으로 담보되기 때문이다.

단기수출보험(선적후–일반수출거래 등)의 보험계약체결절차는 다음과 같다.

① 신용조사의뢰 및 인수한도책정신청 : 수출자는 수입자에 대한 신용조사를 의뢰한다. 최초 이용하는 수출자의 경우 자신에 대한 신용자료도 제출하여 무역보험공사로부터 수출자 신용등급을 받는다.

② 인수한도책정 : 무역보험공사는 수입자 신용조사 결과를 수입자 신용등급을 평가하고 수출보험 인수한도를 책정한다.

③ 수출계약체결 : 수출자는 수출계약을 체결한다(수출계약 체결 후에 신용조사의뢰 및 인수한도책정신청을 할 수도 있다).

④ 선적(수출이행) : 수출자는 물품 선적 등 수출이행을 한다.

⑤ 수출통지 : 수출자는 물품 선적 후에 무역보험공사 앞으로 수출통지를 한다.

⑥ 보험관계 성립 : 수출통지를 받은 후 보험관계를 성립시키고 수출자 앞으로 보험관계 성립 및 보험료 납부통지를 한다(선적일로부터 보험관계가 성립된다).

⑦ 대금미결제 : 수입자의 대금미결제는 보험사고가 된다.

⑧ 사고발생통지 및 보험금청구 : 수입자의 대금미결제 시 수출자는 사고발생통지를 하고, 일정기간 후(통상 1개월 후)에 보험금청구를 한다.

⑨ 사고조사 및 보험금지급 : 사고조사를 실시하여 대금미결제에 대해 수출자의 책임이 없는 경우 보험금을 지급한다.

⑩ 채권추심 : 무역보험공사는 보험자대위권에 기해 수입자를 상대로 독촉, 소송 등 채권추심절차를 진행한다(수출자가 직접 채권추심을 하기도 한다).

단기수출보험(선적후-일반수출거래) 도해

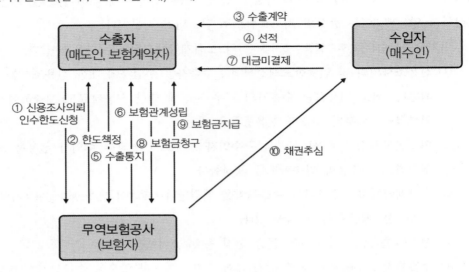

2) 수출신용보증(선적전)

수출신용보증(선적전)은 금융기관이 제공하는 선적전 수출금융(pre‒shipment finance)에 대한 보증이다. 수출기업이 수출물품을 제조, 가공하거나 조달할 수 있도록 금융기관(외국환은행, 수출유관기관)에 수출신용보증서를 담보로 제공하여 금융기관이 수출기업에 선적전 수출금융을 제공할 수 있도록 한다.

수출신용보증(선적전)에는 회전보증방식과 개별보증방식이 있다. 1) 회전보증방식은 신용보증한도와 보증기간 범위 내에서 계속 반복하여 발생하는 채무를 보증하는 방법으로, 기존 보증부대출금을 상환하면 그 금액만큼 한도가 되살아나는 방식이다. 일종의 마이너스통장이라고 보면 된다. 2) 개별보증방식은 특정 수출계약(또는 특정자금)과 관련하여 상환기일이 보증기간 이내 도래하도록 실행된 대출에 대하여 채무를 보증하는 방법이다. 개별보증은 특정 수출계약서 또는 특정 신용장에 대하여 해당건의 수출이행에 필요한 자금의 차입에 대하여 보증하는 제도이다. 참고로 개별보증방식의 이용절차는 다음과 같다.

① 수출계약 체결 : 수출계약을 체결한다(신용장방식에서는 신용장을 받는다).

② 수출신용보증 신청 : 수출자와 금융기관(수출금융 제공자)이 공동으로 수출신용보증 신청을 한다(하나의 신청서에 수출자와 금융기관이 공동으로 신청).

③ 수출신용보증서 발급 : 무역보험공사는 금융기관앞으로 수출신용보증서(선적

전)를 발급한다.

④ 보증부 대출 : 수출신용보증서를 담보로 금융기관은 수출자에게 선적전수출
금융을 제공한다.

⑤ 수출이행/물품선적 : 선적전수출금융을 이용하여 수출자는 수출물품을 생산·
조달하여 선적한다.

⑥ 선적전수출금융상환 : 수출물품의 선적후에 선적전수출금융을 상환한다. 통
상 대출금융기관에 수출채권 매도(negotiation)하여 선적후수출금융을 제공받
고 그 선적후수출금융을 상환한다. 해당 금융기관에서는 선적후수출금융으로
선적전수출금융을 대환처리한다.

수출신용보증(선적전) 도해

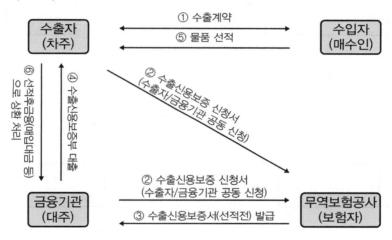

3) 중장기수출보험

중장기수출보험은 결제기간 2년 초과의 수출거래(공급자신용방식), 또는 상환기간
2년 초과 대출거래(구매자신용방식)를 대상으로 한다. 결제기간 2년 초과의 수출거래를
지원하는 중장기수출보험이 중장기수출보험(공급자신용)이고, 상환기간 2년 초과의 대
출거래를 지원하는 중장기수출보험이 중장기수출보험(구매자신용)이다. 그 외 결제기
간 2년 초과의 수출거래에서 물품 등의 선적전에 수입국에서 발생한 비상위험 또는
수입자의 파산으로 인하여 발생한 손실을 보상하는 중장기수출보험(선적전)이 있다.

(1) 중장기수출보험(공급자신용)

중장기수출보험(공급자신용)은 결제기간 2년 초과이고, 공급자신용(supplier credit)으로 금융이 조달되는 수출거래를 부보대상으로 하는 수출보험이다. 중장기수출보험(공급자신용)은 주로 플랜트수출, 선박수출, 해외건설공사 등을 지원대상으로 하고 있다. 이러한 거래는 통상 계약금액이 거액이고, 장기간에 걸쳐서 대금이 상환되며, 거래절차가 복잡하며, 장기간에 걸쳐서 거래가 추진되고, 수출대금의 미회수 위험이 높아 수출보험이 요구된다.

중장기수출보험(공급자신용) 도해

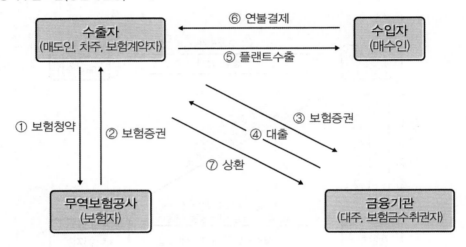

(2) 중장기수출보험(구매자신용)

중장기수출보험(구매자신용)은 상환기간 2년 초과의 구매자신용(buyer credit)의 거래에서 수입자가 수출대금을 결제하는 데 필요한 자금을 금융기관이 수입자앞 대출하는 금융거래를 부보대상으로 하는 수출보험이다. 담보하는 위험은 수입자의 대금미상환이지만, 수입자의 대금미상환위험을 제거하는 단순한 보험적 기능보다는 수입자의 대금미상환시 금융기관 앞으로 동 금액을 보험금으로 지급하는 보증적 기능이 중요시되고 있다. 수입자의 대출금상환채무는 순수한 금전채무이며, 수입자의 대출금미상환시 금융기관 앞으로 보험금을 지급하므로 사실상 보증과 그 기능이 동일하며, 이를 중장기수출신용보증이라고 부르는 국가도 있다. 지원대상 수출거래는 중장기수출보험(공급자신용)과 동일하다. 다만, 금융구조면에서 중장기수출보험(공급자신용)이 수출자가 자금을 조달하는 공급자신용의 수출거래를 대상으로 하는 반면, 중장기수출보험(구매자신용)은 수입자가 자금을 조달하는 구매자신용의 수출거래를 대상으로 한다.

중장기수출보험(구매자신용) 도해

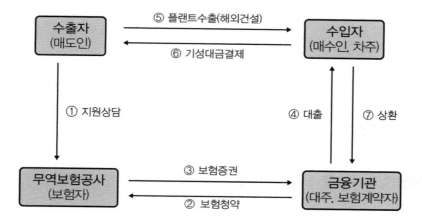

Chapter 11

EXERCISES

01 수출보험이란?

02 수출보험을 최초로 도입한 국가는?

03 수출보험종목 중에서 가장 대표적인 종목은?

※ 다음 중 옳은 것은 (×), 옳지 않은 것은 (O)로 표시하시오.

❶ export insurance, export credit insurance와 export credit guarantee는 서로 다른 개념이다. (　)

❷ 수출보험에도 약관의 규제에 관한 법률 제7조(면책조항의 금지)~제14조(소제기의 금지 등)의 규정이 적용된다. (　)

| 정답 및 해설

01　　**수출보험이란?**

수출보험이란, 수출거래에서 수입자(또는 신용장 개설은행)의 신용위험 또는 수입국의 비상위험으로 인한 수출대금미회수위험을 담보하는 보험이다.

02 **수출보험을 최초로 도입한 국가는?**

영국

03 **수출보험종목 중에서 가장 대표적인 종목은?**

단기수출보험

※ **다음 중 옳은 것은 (✕), 옳지 않은 것은 (○)로 표시하시오.**

❶ export insurance, export credit insurance와 export credit guarantee는 서로 다른 개념이다. (✕)

해설 export insurance, export credit insurance와 export credit guarantee는 사실상 동일한 개념이다.

❷ 수출보험에도 약관의 규제에 관한 법률 제7조(면책조항의 금지)~제14조(소제기의 금지 등)의 규정이 적용된다. (✕)

해설 수출보험에는 약관의 규제에 관한 법률 제7조(면책조항의 금지)~제14조(소제기의 금지 등)의 규정이 적용되지 않는다.

부 록

Article 1 Application of UCP

The Uniform Customs and Practice for Documen-tary Credits, 2007 Revision, ICC Publication no. 600 ("UCP") are rules that apply to any documentary credit ("credit") (including, to the extent to which they may be applicable, any standby letter of credit) when the text of the credit expressly indicates that it is subject to these rules. They are binding on all parties thereto unless expressly modified or excluded by the credit.

제1조 신용장통일규칙의 적용범위

제6차 개정 신용장통일규칙(2007년 개정, 국제상업회의소 간행물 제600호, "신용장통일규칙")은 신용장의 문면에 위 규칙이 적용된다는 것을 분명하게 표시 한 경우 모든 화환신용장{위 규칙이 적용 가능한 범위 내에서는 보증신용장(standby letter of credit)을 포함한다. 이하 "신용장"이라 한다}에 적용된다.
이 규칙은 신용장에서 명시적으로 수정되거나 그 적용이 배제되지 않는 한 모든 당사자를 구속한다.

Article 2 Definitions

For the purpose of these rules:

Advising bank means the bank that advises the credit at the request of the issuing bank.

Applicant means the party on whose request the credit is issued.

Banking day means a day on which a bank is regularly open at the place at which an act subject to these rules is to be performed.

Beneficiary means the party in whose favour a credit is issued.

Complying presentation means a presentation that is in accordance with the terms and conditions of the credit, the applicable provisions of these rules and international standard banking practice.

Confirmation means a definite undertaking of the confirming bank, in addition to that of the issuing bank, to honour or negotiate a complying presen-tation.

Confirming bank means the bank that adds its confirmation to a credit upon the issuing bank's authorization or request.

Credit means any arrangement, however named or described, that is irrevocable and thereby constitutes a definite undertaking of the issuing bank to honour a complying presentation.

Honour means:

a. to pay at sight if the credit is available by sight payment.

b. to incur a deferred payment undertaking and pay at maturity if the credit is available by deferred payment.

c. to accept a bill of exchange ("draft") drawn by the beneficiary and pay at maturity if the credit is available by acceptance.

Issuing bank means the bank that issues a credit at

제2조 정의

이 규칙에서는 다음과 같이 해석한다.

통지은행(**Advising Bank**)은 개설은행의 요청에 따라 신용장을 통지하는 은행을 의미한다.

개설의뢰인(**Applicant**)은 신용장 개설을 신청한 당사자를 의미한다.

은행영업일(**Banking day**)은 이 규칙이 적용되는 행위가 이루어지는 장소에서 은행이 통상적으로 영업하는 날을 의미한다.

수익자(**Beneficiary**)는 신용장 개설을 통하여 이익을 받는 당사자를 의미한다.

일치하는 제시(**Complying presentation**)는 신용장 조건, 적용 가능한 범위 내에서의 이 규칙의 규정, 그리고 국제표준은행관행에 따른 제시를 의미한다.

확인(**Confirmation**)은 일치하는 제시에 대하여 결제(honour) 또는 매입하겠다는 개설은행의 확약에 추가하여 확인은행이 하는 확약을 의미한다.

확인은행(**Confirming bank**)은 개설은행의 수권 또는 요청에 의하여 신용장에 확인을 한 은행을 의미한다.

신용장(**Credit**)은 그 명칭과 상관없이 개설은행이 일치하는 제시에 대하여 결제(honour)하겠다는 확약으로서 취소가 불가능한 모든 약정을 의미한다.

결제(**honour**)는 다음과 같은 내용을 의미한다.

a. 신용장이 일람지급에 의하여 이용가능하다면 일람출급으로 지급하는 것.

b. 신용장이 연지급에 의하여 이용가능하다면 연지급을 확약하고 만기에 지급하는 것.

c. 신용장이 인수에 의하여 이용가능하다면 수익자가 발행한 환어음을 인수하고 만기에 지급하는 것.

개설은행(**Issuing bank**)은 개설의뢰인의 신청 또는

the request of an applicant or on its own behalf. **Negotiation** means the purchase by the nominated bank of drafts (drawn on a bank other than the nominated bank) and/or documents under a complying presentation, by advancing or agreeing to advance funds to the beneficiary on or before the banking day on which reimbursement is due to the nominated bank. **Nominated bank** means the bank with which the credit is available or any bank in the case of a credit available with any bank. **Presentation** means either the delivery of documents under a credit to the issuing bank or nominated bank or the documents so delivered. **Presenter** means a beneficiary, bank or other party that makes a presentation.	그 자신을 위하여 신용장을 개설한 은행을 의미한다. 매입(**Negotiation**)은 일치하는 제시에 대하여 지정은행이, 지정은행에 대한 상환의무 있는 은행영업일 또는 그 이전에 대금을 지급함으로써 또는 대금지급에 동의함으로써 환어음(지정은행이 아닌 은행 앞으로 발행된) 및/또는 서류를 매수(purchase)하는 것을 의미한다. 지정은행(**Nominated bank**)은 신용장이 이용가능한 은행을 의미하고, 어느 은행에서나 이용가능한 경우 모든 은행을 의미한다. 제시(**Presentation**)는 신용장에 의하여 이루어지는 개설은행 또는 지정은행에 대한 서류의 인도 또는 그렇게 인도된 그 서류 자체를 의미한다. 제시자(**Presenter**)는 제시를 하는 수익자, 은행 또는 다른 당사자를 의미한다.

Article 3 Interpretations

For the purpose of these rules:

Where applicable, words in the singular include the plural and in the plural include the singular.

A credit is irrevocable even if there is no indication to that effect.

A document may be signed by handwriting, facsimile signature, perforated signature, stamp, symbol or any other mechanical or electronic method of authentication.

A requirement for a document to be legalized, visaed, certified or similar will be satisfied by any signature, mark, stamp or label on the document which appears to satisfy that requirement.

Branches of a bank in different countries are considered to be separate banks.

Terms such as "first class", "well known", "qualified", "independent", "official", "competent" or "local" used to describe the issuer of a document allow any issuer except the beneficiary to issue that document.

Unless required to be used in a document, words such as "prompt", "immediately" or "as soon as possible" will be disregarded.

The expression "on or about" or similar will be interpreted as a stipulation that an event is to occur during a period of five calendar days before until five calendar days after the specified date, both start and end dates included.

The words "to", "until", "till", "from" and "between" when used to determine a period of shipment include the date or dates mentioned, and the words "before" and "after" exclude the date mentioned.

The words "from" and "after" when used to determine a maturity date exclude the date mentioned.

제3조 해석

이 규칙에서는 다음과 같이 해석한다.

적용 가능한 경우, 단수의 단어는 복수의 단어를 포함하고, 복수의 단어는 단수의 단어를 포함한다.

신용장은 취소불능이라는 표시가 없더라도 취소가 불가능하다.

서류는 자필, 팩시밀리서명, 천공서명, 스탬프, 상징 또는 그 외 기계식 또는 전자식 확인방법으로 서명될 수 있다.

공증, 사증, 공인 또는 이와 유사한 서류의 요건은 그 요건에 부합하는 것으로 보이는 서류상의 모든 서명, 표시, 스탬프 또는 라벨에 의하여 만족될 수 있다.

서로 다른 국가에 위치한 같은 은행의 지점들은 다른 은행으로 본다.

서류의 발행자를 표현하기 위하여 사용되는 "first class(일류)", "well known(저명한)", "qualified(자격 있는)", "independent(독립적인)", official(공적인)", "competent(능력있는)" 또는 "local(현지의)"라는 용어들은 수익자를 제외하고, 해당 서류를 발행하는 모든 서류 발행자가 사용할 수 있다.

"신속하게(prompt)", "즉시(immediately)" 또는 "가능한 한 빨리(as soon as possible)"라는 단어들은 서류상에서 요구되지 않았다면 무시된다.

"그 시경(on or about)" 또는 이와 유사한 표현은 어떠한 일이 시기(始期)와 종기(終期)를 포함하여 특정 일자의 전 5일부터 후 5일까지의 기간 중에 발생해야 하는 규정으로 해석된다.

선적기간을 정하기 위하여 "to", "until", "till", "from", 그리고 "between"이라는 단어가 사용된 경우 이는 (기간에) 명시된 일자 혹은 일자들을 포함하고, "before"와 "after"라는 단어는 명시된 일자를 제외한다.

만기(滿期)를 정하기 위하여 "from"과 "after"라는 단어가 사용된 경우에는 명시된 일자를 제외한다.

The terms "first half" and "second half" of a month shall be construed respectively as the 1st to the 15th and the 16th to the last day of the month, all dates inclusive.

The terms "beginning", "middle" and "end" of a month shall be construed respectively as the 1st to the 10th, the 11th to the 20th and the 21st to the last day of the month, all dates inclusive.

어느 월의 "전반(first half)"과 "후반(second)"이라는 단어는 각 해당 월의 1일부터 15일까지, 16일부터 해당 월의 마지막 날까지로 해석되며, 그 기간 중의 모든 날짜가 포함된다.

어느 월의 "초(beginning)", "중(middle)", "말(end)"이라는 단어는 각 해당 월의 1일부터 10일, 11일부터 20일, 21일부터 해당 월의 마지막 날까지로 해석되며, 그 기간 중의 모든 날짜가 포함된다.

Article 4 Credits v. Contracts

a. A credit by its nature is a separate trans— action from the sale or other contract on which it may be based. Banks are in no way concerned with or bound by such contract, even if any reference whatsoever to it is included in the credit. Consequently, the undertaking of a bank to honour, to negotiate or to fulfil any other obligation under the credit is not subject to claims or defences by the applicant resulting from its relationships with the issuing bank or the beneficiary.

A beneficiary can in no case avail itself of the contractual relationships existing between banks or between the applicant and the issuing bank.

b. An issuing bank should discourage any attempt by the applicant to include, as an integral part of the credit, copies of the underlying contract, proforma invoice and the like.

제4조 신용장과 원인계약

a. 신용장은 그 본질상 그 기초가 되는 매매 또는 다른 계약과는 별개의 거래이다. 신용장에 그러한 계약에 대한 언급이 있더라도 은행은 그 계약과 아무런 관련이 없고, 또한 그 계약 내용에 구속되지 않는다. 따라서 신용장에 의한 결제(honour), 매입 또는 다른 의무이행은 개설의뢰인과 개설은행, 수익자 사이에서 발생된 개설의뢰인의 주장이나 항변에 구속되지 않는다. 수익자는 어떠한 경우에도 은행들 사이 또는 개설의뢰인과 개설은행 사이의 계약관계를 원용할 수 없다.

b. 개설은행은 개설의뢰인이 원인계약이나 견적 물품 송장 등의 사본을 신용장의 일부분으로 포함시키려는 어떠한 시도도 하지 못하게 하여야 한다.

Article 5 Documents v. Goods, Services or Performance

Banks deal with documents and not with goods, services or performance to which the documents may relate.

제5조 서류와 물품, 서비스 또는 의무이행

은행은 서류로 거래하는 것이며 그 서류가 관계된 물품, 용역, 의무이행으로 거래하는 것은 아니다.

Article 6 Availability, Expiry Date and Place for Presentation

a. A credit must state the bank with which it is available or whether it is available with any bank. A credit available with a nominated bank is also available with the issuing bank.

b. A credit must state whether it is available by sight payment, deferred payment, acceptance or negotiation.

c. A credit must not be issued available by a draft drawn on the applicant.

d. i. A credit must state an expiry date for presentation. An expiry date stated for honour or negotiation will be deemed to be an expiry date for presentation.

   ii. The place of the bank with which the credit is available is the place for presentation. The place for presentation under a credit available with any bank is that of any bank.

제6조 이용가능성, 유효기일 그리고 제시장소

a. 신용장은 그것이 이용가능한 은행을 명시하거나 모든 은행에서 이용가능한지 여부를 명시하여야 한다. 지정은행에서 이용가능한 신용장은 또한 개설은행에서도 이용할 수 있다.

b. 신용장은 그것이 일람지급, 연지급, 인수 또는 매입에 이용가능한지 여부를 명시하여야 한다.

c. 신용장은 개설신청인을 지급인으로 하는 환어음에 의하여 이용가능하도록 개설되어서는 안 된다.

d. i. 신용장은 제시를 위한 유효기일을 명시하여야 한다. 신용장대금의 결제(honour) 또는 매입을 위한 유효기일은 제시를 위한 유효기일로 본다.

   ii. 신용장의 이용가능한 은행의 장소가 제시를 위한 장소이다. 모든 은행에서 이용가능한 신용장에서의 제시장소는 그 모든 은행의 소재지가 된다. 개설은행 이 소재지가 아닌 제시

A place for presentation other than that of the issuing bank is in addition to the place of the issuing bank.

e. Except as provided in sub-article 29 (a), a presentation by or on behalf of the beneficiary must be made on or before the expiry date.

장소는 개설은행의 소재지에 그 장소를 추가한 것이다.

e. 제29조 (a)항에 규정된 경우를 제외하고, 수익자에 의한 또는 수익자를 위한 제시는 유효기일 또는 그 전에 이루어져야 한다.

Article 7 Issuing Bank Undertaking

a. Provided that the stipulated documents are presented to the nominated bank or to the issuing bank and that they constitute a complying presentation, the issuing bank must honour if the credit is available by:

  i. sight payment, deferred payment or acceptance with the issuing bank;

  ii. sight payment with a nominated bank and that nominated bank does not pay;

  iii. deferred payment with a nominated bank and that nominated bank does not incur its deferred payment undertaking or, having incurred its deferred payment undertaking, does not pay at maturity;

  iv. acceptance with a nominated bank and that nominated bank does not accept a draft drawn on it or, having accepted a draft drawn on it, does not pay at maturity;

  v. negotiation with a nominated bank and that nominated bank does not negotiate.

b. An issuing bank is irrevocably bound to honour as of the time it issues the credit.

c. An issuing bank undertakes to reimburse a nominated bank that has honoured or negotiated a complying presentation and forwarded the documents to the issuing bank. Reimbursement for the amount of a complying presentation under a credit available by acceptance or deferred payment is due at maturity, whether or not the nominated bank prepaid or purchased before maturity. An issuing bank's undertaking to reimburse a nominated bank is independent of the issuing bank's undertaking to the beneficiary.

제7조 개설은행의 의무

a. 신용장에서 규정된 서류들이 지정은행 또는 개설은행에 제시되고, 그것이 신용장조건에 일치하는 제시일 경우 개설은행은 다음과 같은 결제(honour)의 의무를 부담한다.

  i. 신용장이 개설은행에서 일람지급, 연지급 또는 인수에 의하여 이용될 수 있는 경우;

  ii. 신용장이 지정은행에서 일람지급에 의하여 이용될 수 있는데, 지정은행이 대금을 지급하지 않는 경우;

  iii. 신용장이 지정은행에서 연지급에 의하여 지급될 수 있는데, 지정은행이 연지급의무를 부담하지 않는 경우, 또는 그와 같은 연지급의 의무를 부담하였으나 만기에 대금을 지급하지 않는 경우;

  iv. 신용장이 지정은행에서 인수에 의하여 이용될 수 있는데, 지정은행이 지정은행을 지급인으로 하는 환어음을 인수하지 않거나 그 환어음을 인수하였더라도 만기에 지급하지 않는 경우;

  v. 신용장이 지정은행에서 매입에 의하여 이용될 수 있는데, 지정은행이 매입하지 않는 경우.

b. 개설은행은 신용장의 개설시점으로부터 취소가 불가능한 결제(honour)의 의무를 부담한다.

c. 개설은행은 일치하는 제시에 대하여 지정은행이 결제(honour) 또는 매입을 하고, 그 서류를 개설은행에 송부한 지정은행에 대하여 신용장대금을 상환할 의무를 부담한다. 인수신용장 또는 연지급신용장의 경우 일치하는 제시에 대응하는 대금의 상환은 지정은행이 먼저 만기 이전에 대금을 먼저 지급하였거나 또는 매입하였는지 여부와 관계없이 만기에 이루어져야 한다. 개설은행의 지정은행에 대한 상환의무는 개설은행의 수익자에 대한 의무로부터 독립적이다.

Article 8 Confirming Bank Undertaking

a. Provided that the stipulated documents are presented to the confirming bank or to any other nominated bank and that they constitute a complying presentation, the confirming bank must:

  i. honour, if the credit is available by

    a) sight payment, deferred payment or acceptance with the confirming bank;

제8조 확인은행의 의무

a. 신용장에서 규정된 서류들이 확인은행 또는 다른 지정은행에 제시되고, 그것이 신용장 조건에 일치하는 제시일 경우,

  i. 확인은행은 다음과 같은 경우 결제(honour)의 의무를 부담한다.

    a) 신용장이 확인은행에서 일람지급, 연지급 또는 인수에 의하여 이용될 수 있는 경우

b) sight payment with another nominated bank and that nominated bank does not pay;

c) deferred payment with another nominated bank and that nominated bank does not incur its deferred payment undertaking or, having incurred its deferred payment undertaking, does not pay at maturity;

d) acceptance with another nominated bank and that nominated bank does not accept a draft drawn on it or, having accepted a draft drawn on it, does not pay at maturity;

e) negotiation with another nominated bank and that nominated bank does not negotiate.

ii. negotiate, without recourse, if the credit is available by negotiation with the confirming bank.

b. A confirming bank is irrevocably bound to honour or negotiate as of the time it adds its confirmation to the credit.

c. A confirming bank undertakes to reimburse another nominated bank that has honoured or negotiated a complying presentation and forwarded the documents to the confirming bank. Reimbursement for the amount of a complying presentation under a credit available by acceptance or deferred payment is due at maturity, whether or not another nominated bank prepaid or purchased before maturity. A confirming bank's undertaking to reimburse another nominated bank is independent of the confirming bank's undertaking to the beneficiary.

d. If a bank is authorized or requested by the issuing bank to confirm a credit but is not prepared to do so, it must inform the issuing bank without delay and may advise the credit without confirmation.

Article 9 Advising of Credits and Amendments

a. A credit and any amendment may be advised to a beneficiary through an advising bank. An advising bank that is not a confirming bank advises the credit and any amendment without any undertaking to honour or negotiate.

b. By advising the credit or amendment, the advising bank signifies that it has satisfied itself as to the apparent authenticity of the credit or amendment and that the advice accurately reflects the terms and conditions of the credit or amendment received.

---

b) 신용장이 다른 지정은행에서 일람지급에 의하여 이용될 수 있는데, 해당 지정은행이 대금을 지급하지 않는 경우

c) 신용장이 다른 지정은행에서 연지급에 의하여 이용될 수 있는데, 해당 지정은행이 연지급의 의무를 부담하지 않는 경우, 또는 그와 같은 연지급의 의무를 부담하였으나 만기에 대금을 지급하지 않는 경우

d) 신용장이 다른 지정은행에서 인수에 의하여 이용될 수 있는데, 해당 지정은행이 그 지정은행을 지급인으로 한 환어음을 인수하지 않거나 그 환어음을 인수하였더라도 만기에 대금을 지급하지 않는 경우

e) 신용장이 다른 지정은행에서 매입에 의하여 이용될 수 있는데, 해당 지정은행이 매입하지 않는 경우

ii. 신용장이 확인은행에서 매입의 방법으로 이용 가능하다면, 확인은행은 상환청구권(recourse) 없이 매입하여야 한다.

b. 확인은행은 신용장에 확인을 추가하는 시점으로부터 취소가 불가능한 결제(honour) 또는 매입의 의무를 부담한다.

c. 확인은행은 일치하는 제시에 대하여 결제(honour) 또는 매입을 하고 그 서류를 확인은행에 송부한 다른 지정은행에 대하여 신용장 대금을 상환할 의무를 부담한다. 인수신용장 또는 연지급신용장의 경우 일치하는 제시에 대응하는 대금의 상환은 다른 지정은행이 그 신용장의 만기 이전에 대금을 먼저 지급하였거나 또는 매입하였는지 여부와 관계없이 만기에 이루어져야 한다. 확인은행의 다른 지정은행에 대한 상환의무는 확인은행의 수익자에 대한 의무로부터 독립적이다.

d. 어떤 은행이 개설은행으로부터 신용장에 대한 확인의 권한을 받았거나 요청 받았음에도 불구하고, 그 준비가 되지 않았다면, 지체 없이 개설은행에 대하여 그 사실을 알려주어야 하고, 이 경우 신용장에 대한 확인 없이 통지만을 할 수 있다.

제9조 신용장 및 이에 대한 조건변경의 통지

a. 신용장 및 이에 대한 조건변경은 통지은행을 통하여 수익자에게 통지될 수 있다. 확인은행이 아닌 통지은행은 결제(honour)나 매입에 대한 어떤 의무의 부담없이 신용장 및 이에 대한 조건변경을 통지한다.

b. 통지은행은 신용장 또는 그 조건변경을 통지함으로써 신용장 또는 그 조건변경에 대한 외견상의 진정성이 충족된다는 점과 그 통지가 송부받은 신용장 또는 그 조건변경의 조건들을 정확하게 반영하고 있다는 점을 표명한다.

c. An advising bank may utilize the services of another bank ("second advising bank") to advise the credit and any amendment to the beneficiary. By advising the credit or amendment, the second advising bank signifies that it has satisfied itself as to the apparent authenticity of the advice it has received and that the advice accurately reflects the terms and conditions of the credit or amendment received.

d. A bank utilizing the services of an advising bank or second advising bank to advise a credit must use the same bank to advise any amendment thereto.

e. If a bank is requested to advise a credit or amendment but elects not to do so, it must so inform, without delay, the bank from which the credit, amendment or advice has been received.

f. If a bank is requested to advise a credit or amendment but cannot satisfy itself as to the apparent authenticity of the credit, the amend－ment or the advice, it must so inform, without delay, the bank from which the instructions appear to have been received. If the advising bank or second advising bank elects nonetheless to advise the credit or amendment, it must inform the beneficiary or second advising bank that it has not been able to satisfy itself as to the apparent authenticity of the credit, the amendment or the advice.

Article 10 Amendments

a. Except as otherwise provided by article 38, a credit can neither be amended nor cancelled without the agreement of the issuing bank, the confirming bank, if any, and the beneficiary.

b. An issuing bank is irrevocably bound by an amendment as of the time it issues the amendment. A confirming bank may extend its confirmation to an amendment and will be irrevocably bound as of the time it advises the amendment. A confirming bank may, however, choose to advise an amendment without extending its confirmation and, if so, it must inform the issuing bank without delay and inform the beneficiary in its advice.

c. The terms and conditions of the original credit (or a credit incorporating previously accepted amendments) will remain in force for the beneficiary until the beneficiary communicates its acceptance of the amendment to the bank that advised such amendment. The beneficiary should give notification of acceptance or rejection of an amendment. If the beneficiary fails to give such notification, a presentation that

---

c. 통지은행은 수익자에게 신용장 및 그 조건변경을 통지하기 위하여 다른 은행(이하, "제2통지은행"이라 한다)을 이용할 수 있다. 제2통지은행은 신용장 또는 그 조건변경을 통지함으로써 신용장 또는 그 조건변경에 대한 외견상의 진정성이 충족된다는 점과 그 통지가 송부받은 신용장 또는 그 조건 변경의 조건들을 정확하게 반영하고 있다는 점을 표명한다.

d. 신용장을 통지하기 위하여 통지은행 또는 제2통지은행을 이용하는 은행은 그 신용장의 조건변경을 통지하기 위하여 동일한 은행을 이용하여야만 한다.

e. 은행이 신용장 또는 조건변경을 통지하도록 요청받았으나 이를 수락하지 않을 경우 신용장, 조건변경 또는 통지를 송부한 은행에 지체 없이 이를 알려주어야 한다.

f. 은행이 신용장 또는 조건변경을 통지하도록 요청받았으나, 신용장, 그 조건변경 또는 통지의 외견상 진위성에 대한 요건을 충족하지 못한다고 판단한 경우, 지체없이 그 지시를 송부한 것으로 되어 있는 은행에 그 사실을 통지하여야 한다. 그럼에도 불구하고 통지은행 또는 제2통지은행이 신용장 또는 조건변경을 통지하기로 한 경우, 그 은행은 수익자 또는 제2통지은행에 신용장, 그 조건변경 또는 통지가 외견상 진위성에 대한 요건을 충족하지 못한다는 점을 알려주어야 한다.

제10조 조건변경

a. 제38조에서 규정한 경우를 제외하고 신용장은 개설은행, 확인은행이 있는 경우에는 그 확인은행, 그리고 수익자의 동의가 없이는 조건변경되거나 취소될 수 없다.

b. 개설은행은 신용장에 대한 조건을 변경한 경우 그 시점으로부터 변경 내용에 대하여 취소 불가능하게 구속된다. 확인은행은 조건변경에 대한 확인을 연장할 수 있고, 그 조건변경을 통지한 경우 그 시점으로부터 취소 불가능하게 그 내용에 구속된다. 그러나, 확인은행이 조건변경에 대하여 확인을 연장함이 없이 통지만을 하기로 선택한 경우 지체 없이 개설은행에 그 사실을 알려주어야 하고, 그 통지에서 수익자에게 그 사실을 알려주어야 한다.

c. 원신용장(또는 이전에 조건변경이 수락된 신용장)의 조건은 수익자가 조건변경을 통지한 은행에 대하여 변경된 내용을 수락한다는 뜻을 알려줄 때까지는 수익자에 대하여 효력을 가진다. 수익자는 조건변경 내용에 대한 수락 또는 거절의 뜻을 알려주어야 한다. 수익자가 위 수락 또는 거절의 뜻을 알리지 않은 경우, 신용장 및 아직 수락되지 않고 있는 조건변경 내용에 부합하는 제시가 있으면 수익자가 그러

complies with the credit and to any not yet accepted amendment will be deemed to be notification of acceptance by the beneficiary of such amendment. As of that moment the credit will be amended.

d. A bank that advises an amendment should inform the bank from which it received the amendment of any notification of acceptance or rejection.

e. Partial acceptance of an amendment is not allowed and will be deemed to be notification of rejection of the amendment.

f. A provision in an amendment to the effect that the amendment shall enter into force unless rejected by the beneficiary within a certain time shall be disregarded.

Article 11 Teletransmitted and Pre-Advised Credits and Amendments

a. An authenticated teletransmission of a credit or amendment will be deemed to be the operative credit or amendment, and any subsequent mail confirmation shall be disregarded.
If a teletransmission states "full details to follow" (or words of similar effect), or states that the mail confirmation is to be the operative credit or amendment, then the teletransmission will not be deemed to be the operative credit or amendment. The issuing bank must then issue the operative credit or amendment without delay in terms not inconsistent with the teletransmission.

b. A preliminary advice of the issuance of a credit or amendment ("pre-advice") shall only be sent if the issuing bank is prepared to issue the operative credit or amendment. An issuing bank that sends a pre-advice is irrevocably committed to issue the operative credit or amend-ment, without delay, in terms not inconsistent with the pre-advice.

Article 12 Nomination

a. Unless a nominated bank is the confirming bank, an authorization to honour or negotiate does not impose any obligation on that nominated bank to honour or negotiate, except when expressly agreed to by that nominated bank and so communicated to the beneficiary.

b. By nominating a bank to accept a draft or incur a deferred payment undertaking, an issuing bank authorizes that nominated bank to prepay or purchase a draft accepted or a deferred payment undertaking incurred by that nominated bank.

c. Receipt or examination and forwarding of documents by a nominated bank that is not a confirming

한 조건변경 내용을 수락한다는 뜻을 알린 것으로 간주한다. 이 경우 그 순간부터 신용장은 조건이 변경된다.

d. 신용장의 조건변경을 통지하는 은행은 조건변경을 송부한 은행에게 조건변경 내용에 대한 수락 또는 거절의 뜻을 통보하여야 한다.

e.조건변경에 대하여 일부만을 수락하는 것은 허용되지 않으며, 이는 조건변경 내용에 대한 거절의 의사표시로 간주한다.

f. 수익자가 일정한 시간 내에 조건변경을 거절하지 않으면 조건변경이 효력을 가지게 된다는 규정이 조건변경 내용에 있는 경우 이는 무시된다.

제 11조 전신과 사전 통지된 신용장 및 그 조건변경

a. 진정성이 확인된 신용장 또는 조건변경의 전신은 유효 신용장 또는 조건변경으로 간주되고, 어떤 추가적인 우편확인은 무시된다. 전신의 내용에서 "상세한 명세가 추후 송부될 것"(또는 이와 유사한 문구 유사한 취지의 단어)이라고 표현되어 있거나, 또는 우편확인이 유효한 신용장 또는 조건변경이라고 표현되어 있는 경우, 이러한 전신은 유효한 신용장 또는 조건변경으로 간주되지 않는다. 그 경우 개설은행은 지체 없이 전신과 불일치하지 않는 조건으로 유효한 신용장을 개설하거나 조건변경을 하여야 한다.

b. 신용장의 개설 또는 조건변경에 대한 사전적인 통지(이하 "사전통지"라 한다)는 개설은행이 유효한 신용장 또는 조건변경을 개설할 수 있을 경우에만 송부되어 질 수 있다. 사전통지를 보낸 개설은행은 이와 불일치하지 않는 조건으로 지체 없이 취소 불가능하고 유효한 신용장을 개설하거나 조건변경을 하여야 한다.

제12조 지정

a. 지정은행이 확인은행이 아닌 경우, 결제(honour) 또는 매입에 대한 수권은 지정은행이 결제(honour) 또는 매입에 대하여 명백하게 동의하고 이를 수익자에게 통보한 경우를 제외하고는 그 지정은행에 대하여 결제(honour) 또는 매입에 대한 어떤 의무도 부과하지 않는다.

b. 개설은행은 어떤 은행이 환어음을 인수하거나 연지급의 의무를 부담하도록 지정함으로써 그 지정은행이 대금을 먼저 지급하거나 또는 인수된 환어음을 매수(purchase)하거나, 또는 그 지정은행이 연지급의 의무를 부담하도록 권한을 부여한다.

c. 확인은행이 아닌 지정은행이 서류를 수취하거나 또는 심사 후 서류를 송부하는 것은 그 지정은행에게

bank does not make that nominated bank liable to honour or negotiate, nor does it constitute honour or negotiation.

결제(honour) 또는 매입에 대한 책임을 부담시키는 것이 아니고, 또한 그것이 결제(honour) 또는 매입을 구성하지도 않는다.

Article 13 Bank−to−Bank Reimbursement Arrangements

a. If a credit states that reimbursement is to be obtained by a nominated bank ("claiming bank") claiming on another party ("reimbursing bank"), the credit must state if the reimbursement is subject to the ICC rules for bank−to−bank reimbursements in effect on the date of issuance of the credit.

b. If a credit does not state that reimbursement is subject to the ICC rules for bank−to−bank reimbursements, the following apply:

 i. An issuing bank must provide a reimbursing bank with a reimbursement authorization that conforms with the availability stated in the credit. The reimbursement authorization should not be subject to an expiry date.

 ii. A claiming bank shall not be required to supply a reimbursing bank with a certificate of compliance with the terms and conditions of the credit.

 iii. An issuing bank will be responsible for any loss of interest, together with any expenses incurred, if reimbursement is not provided on first demand by a reimbursing bank in accor− dance with the terms and conditions of the credit.

 iv. A reimbursing bank's charges are for the account of the issuing bank. However, if the charges are for the account of the beneficiary, it is the responsibility of an issuing bank to so indicate in the credit and in the reimbursement authorization. If a reimbursing bank's charges are for the account of the beneficiary, they shall be deducted from the amount due to a claiming bank when reimbursement is made. If no reimbursement is made, the reimbursing bank's charges remain the obligation of the issuing bank.

c. An issuing bank is not relieved of any of its obligations to provide reimbursement if reim− bursement is not made by a reimbursing bank on first demand.

제13조 은행간 상환약정

a. 신용장에서 지정은행(이하 "청구은행"이라 한다)이 다른 당사자(이하 "상환은행"이라 한다)에게 청구하여 상환을 받도록 규정하고 있다면, 그 신용장은 상환과 관련하여 신용장 개설일에 유효한 은행간 상환에 대한 국제상업회의소 규칙의 적용을 받는지 여부를 명시하여야 한다.

b. 신용장이 상환과 관련하여 은행간 상환에 대한 국제상업회의소 규칙의 적용을 받는다는 사실을 명시하지 않으면, 아래 내용이 적용된다.

 i. 개설은행은 신용장에 명시된 이용가능성에 부합하는 상환권한을 상환은행에 수여하여야 한다. 상환권한은 유효기일의 적용을 받지 않아야 한다.

 ii. 청구은행은 신용장의 조건에 일치한다는 증명서를 상환은행에 제시하도록 요구받아서는 안 된다.

 iii. 신용장의 조건에 따른 상환은행의 최초 지급청구시에 상환이 이루어지지 않으면, 개설은행은 그로 인하여 발생한 모든 비용과 함께 모든 이자 손실에 대하여도 책임을 부담한다.

 iv. 상환은행의 수수료는 개설은행이 부담한다. 그러나 그 수수료를 수익자가 부담하여야 한다면, 개설은행은 신용장과 상환수권서에 그러한 사실을 명시할 책임을 부담한다. 상환은행의 수수료를 수익자가 부담하여야 한다면, 그 수수료는 상환이 이루어질 때에 청구은행에 지급하여야 할 금액으로부터 공제된다. 상환이 이루어지지 아니한다면, 상환은행의 수수료는 개설은행이 부담하여야 한다.

c. 최초 지급청구시에 상환은행에 의한 상환이 이루어지지 아니한 경우 상환을 제공할 개설은행 자신의 의무는 면제되지 아니한다.

Article 14 Standard for Examination of Documents

a. A nominated bank acting on its nomination, a confirming bank, if any, and the issuing bank must examine a presentation to determine, on the basis of the documents alone, whether or

제14조 서류심사의 기준

a. 지정에 따라 행동하는 지정은행, 확인은행이 있는 경우의 확인은행 그리고 개설은행은 서류에 대하여 문면상 일치하는 제시가 있는지 여부를 단지 서류만에 의해서 심사하여야 한다.

not the documents appear on their face to constitute a complying presentation.

b. A nominated bank acting on its nomination, a confirming bank, if any, and the issuing bank shall each have a maximum of five banking days following the day of presentation to determine if a presentation is complying. This period is not curtailed or otherwise affected by the occurrence on or after the date of presentation of any expiry date or last day for presentation.

c. A presentation including one or more original transport documents subject to articles 19, 20, 21, 22, 23, 24 or 25 must be made by or on behalf of the beneficiary not later than 21 calendar days after the date of shipment as described in these rules, but in any event not later than the expiry date of the credit.

d. Data in a document, when read in context with the credit, the document itself and international standard banking practice, need not be identical to, but must not conflict with, data in that document, any other stipulated document or the credit.

e. In documents other than the commercial invoice, the description of the goods, services or perfor— mance, if stated, may be in general terms not conflicting with their description in the credit.

f. If a credit requires presentation of a docu— ment other than a transport document, insurance document or commercial invoice, without stipulating by whom the document is to be issued or its data content, banks will accept the document as presented if its content appears to fulfil the function of the required document and otherwise complies with sub—article 14 (d).

g. A document presented but not required by the credit will be disregarded and may be returned to the presenter.

h. If a credit contains a condition without stipulating the document to indicate compliance with the condition, banks will deem such condition as not stated and will disregard it.

i. A document may be dated prior to the issuance date of the credit, but must not be dated later than its date of presentation.

j. When the addresses of the beneficiary and the applicant appear in any stipulated document, they need not be the same as those stated in the credit or in any other stipulated document, but must be within the same country as the respective addresses mentioned in the credit. Contact details (telefax, telephone, email and the

b. 지정에 따라 행동하는 지정은행, 확인은행이 있는 경우의 확인은행 그리고 개설은행에게는 제시가 일치하는지 여부를 결정하기 위하여 제시일의 다음날로부터 기산하여 최장 5 은행영업일이 각자 주어진다. 이 기간은 유효기일 내의 제시일자나 최종제시일 또는 그 이후에 발생하는 사건에 의해서 단축되거나 달리 영향을 받지 않는다.

c. 제19조, 제20조, 제21조, 제22조, 제23조, 제24조 또는 제25조에 따른 하나 이상의 운송서류 원본이 포함된 제시는, 이 규칙에서 정하고 있는 선적일 후 21일보다 늦지 않게 수익자에 의하거나 또는 그를 대신하여 이루어져야 하고, 어떠한 경우라도 신용장의 유효기일보다 늦게 이루어져서는 안 된다.

d. 신용장, 서류 그 자체 그리고 국제표준은행관행의 문맥에 따라 읽을 때의 서류상의 정보(data)는 그 서류나 다른 적시된 서류 또는 신용장상의 정보와 반드시 일치될 필요는 없으나, 그들과 저촉되어서는 안 된다.

e. 상업송장 이외의 서류에서, 물품, 서비스 또는 의무 이행의 명세는, 만약 기재되는 경우, 신용장상의 명세와 저촉되지 않는 일반적인 용어로 기재될 수 있다.

f. 신용장에서 누가 서류를 발행하여야 하는지 여부 또는 그 정보의 내용을 명시함이 없이 운송서류, 보험서류 또는 상업송장 이외의 다른 어떠한 서류의 제시를 요구한다면, 그 서류의 내용이 요구되는 서류의 기능을 충족하는 것으로 보이고 또한 그 밖에 제14조 (d)항에 부합하는 한 은행은 제시된 대로 그 서류를 수리한다.

g. 제시되었으나 신용장에서 요구되지 아니한 서류는 무시될 것이고 제시자에게 반환될 수 있다.

h. 조건과 일치함을 나타낼 서류를 명시함이 없이 신용장에 어떠한 조건이 담겨 있다면, 은행은 그러한 조건이 기재되지 아니한 것으로 간주하고 무시할 것이다.

i. 서류는 신용장 개설일 이전 일자에 작성된 것일 수 있으나 제시일자보다 늦은 일자에 작성된 것이어서는 안 된다.

j. 수익자와 개설의뢰인의 주소가 어떤 요구서류에 나타날 때, 그것은 신용장 또는 다른 요구서류상에 기재된 것과 동일할 필요는 없으나 신용장에 기재된 각각의 주소와 동일한 국가 내에 있어야 한다. 수익자 및 개설의뢰인의 주소의 일부로 기재된 세부 연락처(팩스, 전화, 이메일 및 이와 유사한 것)는 무시된다. 그러나 개설의뢰인의 주소와 세부 연락처가

like) stated as part of the beneficiary's and the applicant's address will be disregarded. However, when the address and contact details of the applicant appear as part of the consignee or notify party details on a transport document subject to articles 19, 20, 21, 22, 23, 24 or 25, they must be as stated in the credit.

k. The shipper or consignor of the goods indicated on any document need not be the beneficiary of the credit.

l. A transport document may be issued by any party other than a carrier, owner, master or charterer provided that the transport document meets the requirements of articles 19, 20, 21, 22, 23 or 24 of these rules.

제19조, 제20조, 제21조, 제22조, 제23조, 제24조 또는 제25조의 적용을 받는 운송서류상의 수하인 또는 통지처의 일부로서 나타날 때에는 신용장에 명시된 대로 기재되어야 한다.

k. 어떠한 서류상에 표시된 물품 선적인 또는 송하인은 신용장의 수익자일 필요가 없다.

l. 운송서류가 이 규칙 제19조, 제20조, 제21조, 제22조, 제23조 또는 제24조의 요건을 충족하는 한, 그 운송서류는 운송인, 소유자, 선장, 용선자 아닌 어느 누구에 의해서도 발행될 수 있다.

Article 15 Complying Presentation

a. When an issuing bank determines that a presentation is complying, it must honour.

b. When a confirming bank determines that a presentation is complying, it must honour or negotiate and forward the documents to the issuing bank.

c. When a nominated bank determines that a presentation is complying and honours or negotiates, it must forward the documents to the confirming bank or issuing bank.

제15조 일치하는 제시

a. 개설은행은 제시가 일치한다고 판단할 경우 결제(honour)하여야 한다.

b. 확인은행은 제시가 일치한다고 판단할 경우 결제(honour) 또는 매입하고 그 서류들을 개설은행에 송부하여야 한다.

c. 지정은행은 제시가 일치한다고 판단하고 결제(honour) 또는 매입할 경우 그 서류들을 확인은행 또는 개설은행에 송부하여야 한다.

Article 16 Discrepant Documents, Waiver and Notice

a. When a nominated bank acting on its nomination, a confirming bank, if any, or the issuing bank determines that a presentation does not comply, it may refuse to honour or negotiate.

b. When an issuing bank determines that a presentation does not comply, it may in its sole judgement approach the applicant for a waiver of the discrepancies. This does not, however, extend the period mentioned in sub-article 14 (b).

c. When a nominated bank acting on its nomination, a confirming bank, if any, or the issuing bank decides to refuse to honour or negotiate, it must give a single notice to that effect to the presenter.

The notice must state:

i. that the bank is refusing to honour or negotiate; and

ii. each discrepancy in respect of which the bank refuses to honour or negotiate; and

iii. a) that the bank is holding the documents pending further instructions from the presenter; or

b) that the issuing bank is holding the

제16조 하자있는 서류, 권리포기 및 통지

a. 지정에 따라 행동하는 지정은행, 확인은행이 있는 경우의 확인은행 또는 개설은행은 제시가 일치하지 않는다고 판단하는 때에는, 결제(honour) 또는 매입을 거절할 수 있다.

b. 개설은행은 제시가 일치하지 않는다고 판단하는 때에는, 자신의 독자적인 판단으로 하자에 대한 권리포기(waiver)를 위하여 개설의뢰인과 교섭할 수 있다. 그러나 이로 인하여 제14조 (b)항에 규정된 기간이 연장되지는 않는다.

c. 지정에 따라 행동하는 지정은행, 확인은행이 있는 경우의 확인은행 또는 개설은행이 결제(honour) 또는 매입을 거절하기로 결정하는 때에는, 제시자에게 그러한 취지로 한번에 통지하여야 한다.

통지에는 다음 사항을 기재하여야 한다.

ⅰ. 은행이 결제(honour) 또는 매입을 거절한다는 사실 그리고

ⅱ. 은행이 결제(honour) 또는 매입을 거절하는 각각의 하자 그리고

ⅲ. a) 제시자의 추가지시가 있을 때까지 은행이 서류를 보관할 것이라는 사실 또는

b) 개설의뢰인으로부터 권리포기를 받고 이를

documents until it receives a waiver from the applicant and agrees to accept it, or receives further instructions from the presenter prior to agreeing to accept a waiver; or

c) that the bank is returning the documents; or

d) that the bank is acting in accordance with instructions previously received from the presenter.

d. The notice required in sub—article 16 (c) must be given by telecommunication or, if that is not possible, by other expeditious means no later than the close of the fifth banking day following the day of presentation.

e. A nominated bank acting on its nomination, a confirming bank, if any, or the issuing bank may, after providing notice required by sub—article 16 (c) (iii) (a) or (b), return the documents to the presenter at any time.

f. If an issuing bank or a confirming bank fails to act in accordance with the provisions of this article, it shall be precluded from claiming that the documents do not constitute a complying presentation.

g. When an issuing bank refuses to honour or a confirming bank refuses to honour or negotiate and has given notice to that effect in accordance with this article, it shall then be entitled to claim a refund, with interest, of any reimbursement made.

받아들이기로 동의하거나, 또는 권리포기를 받아들이기로 동의하기 이전에 제시자로부터 추가지시를 받을 때까지, 개설은행이 서류를 보관할 것이라는 사실 또는

c) 은행이 서류를 반환할 것이라는 사실 또는

d) 은행이 사전에 제시자로부터 받은 지시에 따라 행동할 것이라는 사실

d. 제16조 (c)항에서 요구되는 통지는 전신(tele-communication)으로, 또는 그것의 이용이 불가능하다면 다른 신속한 수단으로, 제시일의 다음날로부터 기산하여 5영업일의 종료시보다 늦지 않게 이루어져야 한다.

e. 지정에 따라 행동하는 지정은행, 확인은행이 있는 경우의 확인은행 또는 개설은행은, 제16조 (c) (iii (a) 또는 (b)에서 요구되는 통지를 한 후라도, 언제든지 제시자에게 서류를 반환할 수 있다.

f. 개설은행 또는 확인은행이 이 조항의 규정에 따라 행동하지 못하면, 그 은행은 서류에 대한 일치하는 제시가 아니라는 주장을 할 수 없다.

g. 개설은행이 결제(honour)를 거절하거나 또는 확인은행이 결제(honour) 또는 매입을 거절하고 이 조항에 따라 그 취지의 통지를 한 때에는, 그 은행은 이미 지급된 상환 대금을 이자와 함께 반환 청구할 권리를 갖는다.

Article 17 Original Documents and Copies

a. At least one original of each document stipulated in the credit must be presented.

b. A bank shall treat as an original any document bearing an apparently original signature, mark, stamp, or label of the issuer of the document, unless the document itself indicates that it is not an original.

c. Unless a document indicates otherwise, a bank will also accept a document as original if it:

i. appears to be written, typed, perforated or stamped by the document issuer's hand; or

ii. appears to be on the document issuer's original stationery; or

iii. states that it is original, unless the statement appears not to apply to the document presented.

d. If a credit requires presentation of copies of documents, presentation of either originals or copies is permitted.

제17조 원본 서류 및 사본

a. 적어도 신용장에서 명시된 각각의 서류의 원본 한 통은 제시되어야 한다.

b. 서류 자체가 원본이 아니라고 표시하고 있지 않은 한, 은행은 명백하게 원본성을 갖는 서류 발행자의 서명, 마크, 스탬프 또는 라벨이 담긴 서류를 원본으로 취급한다.

c. 서류에 다른 정함이 없다면 서류가 달리 표시하지 않으면, 은행은 또한 다음과 같은 서류를 원본으로 수리한다.

i. 서류 발행자의 손으로 작성, 타이핑, 천공서명 또는 스탬프된 것으로 보이는 것 또는

ii. 서류 발행자의 원본 서류용지 위에 작성된 것으로 보이는 것 또는

iii. 원본이라는 표시가 제시된 서류에는 적용되지 않는 것으로 보이지 않는 한, 원본이라는 표시가 있는 것

d. 신용장이 서류 사본의 제시를 요구하는 경우, 원본 또는 사본의 제시가 모두 허용된다.

e. If a credit requires presentation of multiple documents by using terms such as "in duplicate", "in two fold" or "in two copies", this will be satisfied by the presentation of at least one original and the remaining number in copies, except when the document itself indicates otherwise.

e. 신용장이 "in duplicate", "in two folds" 또는 "in two copies"와 같은 용어를 사용하여 복수의 서류의 제시를 요구하는 경우, 이 조건은 그 서류 자체에 달리 정함이 없는 한 적어도 한 통의 원본과 나머지 수량의 사본을 제시함으로써 충족된다.

Article 18 Commercial Invoice

a. A commercial invoice:
  i. must appear to have been issued by the beneficiary (except as provided in article 38);
  ii. must be made out in the name of the applicant (except as provided in sub-article 38 (g));
  iii. must be made out in the same currency as the credit; and
  iv. need not be signed.
b. A nominated bank acting on its nomination, a confirming bank, if any, or the issuing bank may accept a commercial invoice issued for an amount in excess of the amount permitted by the credit, and its decision will be binding upon all parties, provided the bank in question has not honoured or negotiated for an amount in excess of that permitted by the credit.
c. The description of the goods, services or performance in a commercial invoice must correspond with that appearing in the credit.

제18조 상업송장

a. 상업송장은,
  i. (제38조가 적용되는 경우를 제외하고는) 수익자가 발행한 것으로 보여야 한다.
  ii. (제38조 (g)항이 적용되는 경우를 제외하고는) 개설의뢰인 앞으로 발행되어야 한다.
  iii. 신용장과 같은 통화로 발행되어야 한다. 그리고
  iv. 서명될 필요는 없다.
b. 지정에 따라 행동하는 지정은행, 확인은행이 있는 경우의 확인은행 또는 개설은행은 신용장에서 허용된 금액을 초과하여 발행된 상업송장을 수리할 수 있고, 이러한 결정은, 문제된 은행이 신용장에서 허용된 금액을 초과한 금액을 결제(honour) 또는 매입하지 않았던 경우에 한하여, 모든 당사자를 구속한다.
c. 상업송장상의 물품, 서비스 또는 의무이행의 명세는 신용장상의 그것과 일치하여야 한다.

Article 19 Transport Document Covering at Least Two Different Modes of Transport

a. A transport document covering at least two different modes of transport (multimodal or combined transport document), however named, must appear to:
  i. indicate the name of the carrier and be signed by:
  • the carrier or a named agent for or on behalf of the carrier, or
  • the master or a named agent for or on behalf of the master.
  Any signature by the carrier, master or agent must be identified as that of the carrier, master or agent.
  Any signature by an agent must indicate whether the agent has signed for or on behalf of the carrier or for or on behalf of the master.
  ii. indicate that the goods have been dispatched, taken in charge or shipped on board at the place stated in the credit, by:
  • pre-printed wording, or
  • a stamp or notation indicating the date on

제19조 적어도 두 개 이상의 가지 다른 운송방법을 포괄하는 운송서류

a. 적어도 두 개 이상의 다른 운송방법을 포괄하는 운송서류(복합운송서류)는 어떤 명칭을 사용하든 간에 다음과 같이 보여야 한다.
  i. 운송인의 명칭을 표시하고 다음의 자에 의하여 서명되어야 한다.
  • 운송인, 또는 운송인을 위한 또는 그를 대리하는 기명대리인
  • 선장, 또는 선장을 위한 또는 그를 대리하는 기명대리인
  운송인, 선장 또는 대리인의 서명은 운송인, 선장 또는 대리인의 서명으로서 특정되어야 한다.

  대리인의 서명은 그가 운송인을 위하여 또는 대리하여 또는 선장을 위하여 또는 대리하여 서명한 것인지를 표시하여야 한다.
  ii. 물품이 신용장에 명시된 장소에서 발송, 수탁 또는 본선적재 되었다는 것을 다음의 방법으로 표시하여야 한다.
  • 미리 인쇄된 문구 또는
  • 물품이 발송, 수탁 또는 본선적재된 일자를 표시

which the goods have been dispatched, taken in charge or shipped on board.

The date of issuance of the transport document will be deemed to be the date of dispatch, taking in charge or shipped on board, and the date of shipment. However, if the transport document indicates, by stamp or notation, a date of dispatch, taking in charge or shipped on board, this date will be deemed to be the date of shipment.

iii. indicate the place of dispatch, taking in charge or shipment and the place of final destination stated in the credit, even if:

• the transport document states, in addition, a different place of dispatch, taking in charge or shipment or place of final destination, or

• the transport document contains the indi—cation "intended" or similar qualification in relation to the vessel, port of loading or port of discharge.

iv. be the sole original transport document or, if issued in more than one original, be the full set as indicated on the transport document.

v. contain terms and conditions of carriage or make reference to another source containing the terms and conditions of carriage (short form or blank back transport document). Contents of terms and conditions of carriage will not be examined.

vi. contain no indication that it is subject to a charter party.

b. For the purpose of this article, transhipment means unloading from one means of conveyance and reloading to another means of conveyance (whether or not in different modes of transport) during the carriage from the place of dispatch, taking in charge or shipment to the place of final destination stated in the credit.

c. i. A transport document may indicate that the goods will or may be transhipped provided that the entire carriage is covered by one and the same transport document.

ii. A transport document indicating that transhipment will or may take place is accep— table, even if the credit prohibits transhipment.

Article 20 Bill of Lading

a. A bill of lading, however named, must appear to:

i. indicate the name of the carrier and be signed by:

• the carrier or a named agent for or on behalf

하는 스탬프 또는 부기

운송서류의 발행일은 발송일, 수탁일 또는 본선적재일과 선적일로 본다. 그러나 운송서류가 스탬프 또는 부기에 의하여 발송일, 수탁일 또는 본선적재일을 표시하는 경우 그 일자를 선적일로 본다.

iii. 비록 다음의 경우라 할지라도 신용장에 기재된 발송지, 수탁지, 선적지와 최종목적지를 표시하여야 한다.

• 운송서류가 추가적으로 다른 발송지, 수탁지 또는 선적지 또는 최종목적지를 기재하는 경우 또는

• 운송서류가 선박, 선적항(port of loading) 또는 하역항(port of discharge)과 관련하여 "예정된"이라는 표시 또는 이와 유사한 제한을 포함하는 경우

iv. 유일한 운송서류 원본이거나 또는 원본이 한 통을 초과하여 발행되는 경우에는 운송서류에 표시된 전통(full set)이어야 한다.

v. 운송조건을 포함하거나 또는 운송조건을 포함하는 다른 출처를 언급하여야 한다(약식 또는 뒷면 백지 운송서류). 운송조건의 내용은 심사되지 않는다.

vi. 용선계약에 따른다는 어떤 표시도 포함하지 않아야 한다.

b. 이 조항의 목적상, 환적은 신용장에 기재된 발송지, 수탁지 또는 선적지로부터 최종목적지까지의 운송 도중에 하나의 운송수단으로부터 양하되어 다른 운송수단으로 재적재되는 것을 의미한다(운송방법이 다른지 여부는 상관하지 않는다).

c. i. 운송서류는 전운송이 하나의 동일한 운송서류에 의하여 포괄된다면 물품이 환적될 것이라거나 환적될 수 있다는 것을 표시할 수 있다.

ii. 환적이 될 것이라거나 될 수 있다고 표시하는 운송서류는 비록 신용장이 환적을 금지하더라도 수리될 수 있다.

제20조 선하증권

a. 선하증권은 어떤 명칭을 사용하든 간에 다음과 같이 보여야 한다.

i. 운송인의 명칭이 표시되고 다음의 자에 의하여 서명되어야 한다.

• 운송인, 또는 운송인을 위한 또는 그를 대리하는

of the carrier, or
- the master or a named agent for or on behalf of the master.

Any signature by the carrier, master or agent must be identified as that of the carrier, master or agent.

Any signature by an agent must indicate whether the agent has signed for or on behalf of the carrier or for or on behalf of the master.

ii. indicate that the goods have been shipped on board a named vessel at the port of loading stated in the credit by:
- pre—printed wording, or
- an on board notation indicating the date on which the goods have been shipped on board.

The date of issuance of the bill of lading will be deemed to be the date of shipment unless the bill of lading contains an on board notation indicating the date of shipment, in which case the date stated in the on board notation will be deemed to be the date of shipment.

If the bill of lading contains the indication "intended vessel" or similar qualification in relation to the name of the vessel, an on board notation indicating the date of shipment and the name of the actual vessel is required.

iii. indicate shipment from the port of loading to the port of discharge stated in the credit.

If the bill of lading does not indicate the port of loading stated in the credit as the port of loading, or if it contains the indication "intended" or similar qualification in relation to the port of loading, an on board notation indicating the port of loading as stated in the credit, the date of shipment and the name of the vessel is required. This provision applies even when loading on board or shipment on a named vessel is indicated by pre—printed wording on the bill of lading.

iv. be the sole original bill of lading or, if issued in more than one original, be the full set as indicated on the bill of lading.

v. contain terms and conditions of carriage or make reference to another source containing the terms and conditions of carriage (short form or blank back bill of lading). Contents of terms and conditions of carriage will not be examined.

vi. contain no indication that it is subject to a charter party.

b. For the purpose of this article, transhipment means unloading from one vessel and reloading

기명대리인
- 선장, 또는 선장을 위한 또는 그를 대리하는 기명대리인

운송인, 선장 또는 대리인의 서명은 운송인, 선장 또는 대리인의 서명으로서 특정되어야 한다.

대리인의 서명은 그가 운송인을 위하여 또는 대리하여 또는 선장을 위하여 또는 대리하여 서명한 것인지를 표시하여야 한다.

ii. 물품이 신용장에서 명시된 선적항에서 기명된 선박에 본선적재 되었다는 것을 다음의 방법으로 표시하여야 한다.
- 미리 인쇄된 문구 또는
- 물품이 본선적재된 일자를 표시하는 본선적재표기

선하증권이 선적일자를 표시하는 본선적재표기를 포함하지 않는 경우에는 선하증권 발행일을 선적일로 본다. 선하증권에 본선적재표기가 된 경우에는 본선적재표기에 기재된 일자를 선적일로 본다.

선하증권이 선박명과 관련하여 "예정선박" 또는 이와 유사한 표시를 포함하는 경우에는 선적일과 실제 선박명을 표시하는 본선적재표기가 요구된다.

iii. 신용장에 기재된 선적항으로부터 하역항까지의 선적을 표시하여야 한다.
선하증권이 신용장에 기재된 선적항을 선적항으로 표시하지 않는 경우 또는 선적항과 관련하여 "예정된"이라는 표시 또는 이와 유사한 제한을 포함하는 경우에는, 신용장에 기재된 선적항과 선적일 및 선적선박명을 표시하는 본선적재표기가 요구된다. 이 조항은 기명된 선박에의 본선적재 또는 선적이 미리 인쇄된 문구에 의하여 선하증권에 표시된 경우에도 적용된다.

iv. 유일한 선하증권 원본이거나 또는 원본이 한 통을 초과하여 발행되는 경우 선하증권에 표시된 전통(full set)이어야 한다.

v. 운송조건을 포함하거나 또는 운송조건을 포함하는 다른 출처를 언급하여야 한다(약식 또는 뒷면 백지 선하증권). 운송조건의 내용은 심사되지 않는다.

vi. 용선계약에 따른다는 어떤 표시도 포함하지 않아야 한다.

b. 이 조항의 목적상, 환적은 신용장에 기재된 선적항으로부터 하역항까지의 운송 도중에 하나의 선박으

to another vessel during the carriage from the port of loading to the port of discharge stated in the credit.

c. i. A bill of lading may indicate that the goods will or may be transhipped provided that the entire carriage is covered by one and the same bill of lading.

ii. A bill of lading indicating that tran−shipment will or may take place is acceptable, even if the credit prohibits transhipment, if the goods have been shipped in a container, trailer or LASH barge as evidenced by the bill of lading.

d. Clauses in a bill of lading stating that the carrier reserves the right to tranship will be disregarded.

Article 21 Non−Negotiable Sea Waybill

a. A non−negotiable sea waybill, however named, must appear to:

i. indicate the name of the carrier and be signed by:

• the carrier or a named agent for or on behalf of the carrier, or

• the master or a named agent for or on behalf of the master.

Any signature by the carrier, master or agent must be identified as that of the carrier, master or agent.

Any signature by an agent must indicate whether the agent has signed for or on behalf of the carrier or for or on behalf of the master.

ii. indicate that the goods have been shipped on board a named vessel at the port of loading stated in the credit by:

• pre−printed wording, or

• an on board notation indicating the date on which the goods have been shipped on board.

The date of issuance of the non−negotiable sea waybill will be deemed to be the date of shipment unless the non−negotiable sea waybill contains an on board notation indicating the date of shipment, in which case the date stated in the on board notation will be deemed to be the date of shipment.

If the non−negotiable sea waybill contains the indication "intended vessel" or similar qualification in relation to the name of the vessel, an on board notation indicating the date of shipment and the name of the actual vessel is required.

iii. indicate shipment from the port of loading to the port of discharge stated in the credit.

If the non−negotiable sea waybill does not indicate the port of loading stated in the

---

로부터 양하되어 다른 선박으로 재적재되는 것을 의미한다.

c. i. 선하증권은 전운송이 하나의 동일한 선하증권에 의하여 포괄된다면 물품이 환적될 것이라거나 환적될 수 있다는 것을 표시할 수 있다.

ii. 환적이 될 것이라거나 될 수 있다고 표시하는 선하증권은, 물품이 컨테이너, 트레일러, 래시바지에 선적되었다는 것이 선하증권에 의하여 증명되는 경우에는 비록 신용장이 환적을 금지하더라도 수리될 수 있다.

d. 운송인이 환적할 권리를 갖고 있음을 기재한 선하증권의 조항은 무시된다.

제21조 비유통성 해상화물운송장

a. 비유통 해상화물운송장은 어떤 명칭을 사용하든 간에 다음과 같이 보여야 한다.

i 운송인의 명칭이 표시되고 다음의 자에 의해서 서명되어야 한다.

• 운송인, 또는 운송인을 위한 또는 그를 대리하는 기명대리인

• 선장, 또는 선장을 위한 또는 그를 대리하는 기명대리인

운송인, 선장 또는 대리인의 서명은 운송인, 선장 또는 대리인의 서명으로서 특정되어야 한다.

대리인의 서명은 그가 운송인을 위하여 또는 대리하여 또는 선장을 위하여 또는 대리하여 서명한 것인지를 표시하여야 한다.

ii. 물품이 신용장에 기재된 선적항에서 기명된 선박에 본선적재 되었다는 것을 다음의 방법으로 표시하여야 한다.

• 미리 인쇄된 문구 또는

• 물품이 본선적재된 일자를 표시하는 본선적재표기

비유통 해상화물운송장이 선적일자를 표시하는 본선적재표기를 하지 않은 경우에는 비유통 해상화물운송장의 발행일을 선적일로 본다. 비유통 해상화물운송장에 본선적재표기가 된 경우에는 본선적재표기에 기재된 일자를 선적일로 본다.

비유통 해상화물운송장이 선박명과 관련하여 "예정선박"이라는 표시 또는 이와 유사한 제한을 포함하는 경우에는 선적일과 실제 선박명을 표시하는 본선적재표기가 요구된다.

iii. 신용장에 기재된 선적항으로부터 하역항까지의 선적을 표시하여야 한다.

비유통 해상화물운송장이 신용장에 기재된 선적항을 선적항으로 표시하지 않는 경우 또는

credit as the port of loading, or if it contains the indication "intended" or similar qualification in relation to the port of loading, an on board notation indicating the port of loading as stated in the credit, the date of shipment and the name of the vessel is required. This provision applies even when loading on board or shipment on a named vessel is indicated by pre-printed wording on the non-negotiable sea waybill.

iv. be the sole original non-negotiable sea waybill or, if issued in more than one original, be the full set as indicated on the non-negotiable sea waybill.

v. contain terms and conditions of carriage or make reference to another source containing the terms and conditions of carriage (short form or blank back non-negotiable sea waybill). Contents of terms and conditions of carriage will not be examined.

vi. contain no indication that it is subject to a charter party.

b. For the purpose of this article, tranship-ment means unloading from one vessel and reloading to another vessel during the carriage from the port of loading to the port of discharge stated in the credit.

c. i. A non-negotiable sea waybill may indicate that the goods will or may be transhipped provided that the entire carriage is covered by one and the same non-negotiable sea waybill.

ii. A non-negotiable sea waybill indicating that transhipment will or may take place is acceptable, even if the credit prohibits tranship-ment, if the goods have been shipped in a container, trailer or LASH barge as evidenced by the non-negotiable sea waybill.

d. Clauses in a non-negotiable sea waybill stating that the carrier reserves the right to tranship will be disregarded.

Article 22 Charter Party Bill of Lading

a. A bill of lading, however named, containing an indication that it is subject to a charter party (charter party bill of lading), must appear to:

i. be signed by:
- the master or a named agent for or on behalf of the master, or
- the owner or a named agent for or on behalf of the owner, or
- the charterer or a named agent for or on behalf of the charterer.

선적항과 관련하여 "예정된"이라는 표시 또는 이와 유사한 제한을 포함하는 경우에는, 신용장에 기재된 선적항과 선적일 및 적재선박명을 표시하는 본선적재 표기가 요구된다. 이 조항은 기명된 선박에의 본선적재가 미리 인쇄된 문구에 의하여 비유통 해상화물운송장에 표시된 경우에도 적용된다.

iv. 유일한 비유통 해상화물운송장 원본이거나 또는 원본이 한 통을 초과하여 발행되는 경우 비유통 해상화물운송장에 표시된 전통(full set)이어야 한다.

v. 운송조건을 포함하거나 또는 운송조건을 포함하는 다른 출처를 언급하여야 한다(약식 또는 뒷면 백지 비유통 해상화물운송장). 운송조건의 내용은 심사되지 않는다.

vi. 용선계약에 따른다는 어떤 표시도 포함하지 않아야 한다.

b. 이 조항의 목적상, 환적은 신용장에 기재된 선적항으로부터 하역항까지의 운송도중에 한 선박으로부터 양하되어 다른 선박으로 재적재되는 것을 의미한다.

c. i. 비유통 해상화물운송장은 전운송이 하나의 동일한 비유통 해상화물운송장에 의하여 포괄된다면 물품이 환적될 것이라거나 환적될 수 있다는 것을 표시할 수 있다.

ii. 환적이 될 것이라거나 환적될 수 있다고 표시하는 비유통 해상화물운송장은, 물품이 컨테이너, 트레일러, 래시 바지에 선적되었다는 것이 비유통 해상화물운송장에 의하여 증명되는 경우에는 비록 신용장이 환적을 금지하더라도 수리될 수 있다.

d. 운송인이 환적할 권리를 갖고 있음을 기재한 비유통 해상화물운송장의 조항은 무시된다.

제22조 용선계약부 선하증권

a. 어떤 명칭을 사용하든 간에 용선계약에 따른다는 선하증권(용선계약부 선하증권)은 다음과 같이 보여야 한다.

i 다음의 자에 의해서 서명되어야 한다.
- 선장, 또는 선장을 위한 또는 그를 대리하는 기명대리인
- 선주, 또는 선주를 위한 또는 그를 대리하는 기명대리인
- 용선자, 또는 용선자 를 위한 또는 그를 대리하는 기명대리인

Any signature by the master, owner, charterer or agent must be identified as that of the master, owner, charterer or agent.

Any signature by an agent must indicate whether the agent has signed for or on behalf of the master, owner or charterer.

An agent signing for or on behalf of the owner or charterer must indicate the name of the owner or charterer.

ii. indicate that the goods have been shipped on board a named vessel at the port of loading stated in the credit by:

• pre-printed wording, or

• an on board notation indicating the date on which the goods have been shipped on board.

The date of issuance of the charter party bill of lading will be deemed to be the date of shipment unless the charter party bill of lading contains an on board notation indicating the date of shipment, in which case the date stated in the on board notation will be deemed to be the date of shipment.

iii. indicate shipment from the port of loading to the port of discharge stated in the credit. The port of discharge may also be shown as a range of ports or a geographical area, as stated in the credit.

iv. be the sole original charter party bill of lading or, if issued in more than one original, be the full set as indicated on the charter party bill of lading.

b. A bank will not examine charter party contracts, even if they are required to be presented by the terms of the credit.

선장, 선주, 용선자 또는 대리인의 서명은 선장, 선주, 용선자 또는 대리인의 서명으로서 특정되어야 한다.

대리인의 서명은 그가 선장, 선주 또는 용선자 를 위하여 또는 대리하여 서명한 것인지를 표시하여야 한다.

선주를 위하여 또는 대리하여 또는 용선자를 위하여 또는 대리하여 서명하는 대리인은 선주 또는 용선자 의 명칭을 표시하여야 한다.

ii. 물품이 신용장에 기재된 선적항에서 기명된 선박에 본선적재되었다는 것을 다음의 방법으로 표시하여야 한다.

• 미리 인쇄된 문구 또는

• 물품이 본선적재된 일자를 표시하는 본선적재표기

용선계약부 선하증권이 선적일자를 표시하는 본선적재표기를 하지 않은 경우에는 용선계약부 선하증권의 발행일을 선적일로 본다. 용선계약부 선하증권에 본선적재표기가 된 경우에는 본선적재표기에 기재된 일자를 선적일로 본다.

iii. 신용장에 기재된 선적항으로부터 하역항까지의 선적을 표시하여야 한다. 하역항은 또한 신용장에 기재된 바에 따라 일정 범위의 항구들 또는 지리적 지역으로 표시될 수 있다.

iv. 유일한 용선계약부 선하증권 원본이거나 또는 원본이 한 통을 초과하여 발행되는 경우 용선계약부 선하증권에 표시된 전통(full set)이어야 한다.

b. 비록 신용장의 조건이 용선계약의 제시를 요구하더라도 은행은 용선계약을 심사하지 않는다.

Article 23 Air Transport Document

a. An air transport document, however named, must appear to:

i. indicate the name of the carrier and be signed by:

• the carrier, or

• a named agent for or on behalf of the carrier.

Any signature by the carrier or agent must be identified as that of the carrier or agent.

Any signature by an agent must indicate that the agent has signed for or on behalf of the carrier.

ii. indicate that the goods have been accepted for carriage.

iii. indicate the date of issuance. This date will be deemed to be the date of shipment unless the air transport document contains a specific notation of the actual date of shipment, in

제23조 항공운송서류

a. 항공운송서류는 어떤 명칭을 사용하든 간에 다음과 같이 보여야 한다.

i. 운송인의 명칭을 표시하고 다음의 자에 의하여 서명되어야 한다.

• 운송인 또는

• 운송인을 위한 또는 그를 대리하는 기명대리인 운송인 또는 대리인의 서명은 운송인 또는 대리인의 서명으로 특정되어야 한다. 대리인의 서명은 그 대리인이 운송인을 위하여 또는 운송인을 대리하여 서명한 것인지를 표시하여야 한다.

ii. 물품이 운송을 위하여 수리되었다는 것을 표시하여야 한다.

iii. 발행일을 표시하여야 한다. 항공운송서류가 실제 선적일에 대한 특정한 부기를 포함하지 않는 경우에는 이 일자를 선적일로 본다. 항공운송서류가 실제 선적일에 대한 특정한 부기를

which case the date stated in the notation will be deemed to be the date of shipment. Any other information appearing on the air transport document relative to the flight number and date will not be considered in determining the date of shipment.

　iv. indicate the airport of departure and the airport of destination stated in the credit.

　v. be the original for consignor or shipper, even if the credit stipulates a full set of originals.

　vi. contain terms and conditions of carriage or make reference to another source containing the terms and conditions of carriage. Contents of terms and conditions of carriage will not be examined.

b. For the purpose of this article, transhipment means unloading from one aircraft and reloading to another aircraft during the carriage from the airport of departure to the airport of destination stated in the credit.

c.　i. An air transport document may indicate that the goods will or may be transhipped, provided that the entire carriage is covered by one and the same air transport document.

　ii. An air transport document indicating that transhipment will or may take place is accep-table, even if the credit prohibits transhipment.

Article 24 Road, Rail or Inland Waterway Transport Documents

a. A road, rail or inland waterway transport document, however named, must appear to:

　i. indicate the name of the carrier and:

　• be signed by the carrier or a named agent for or on behalf of the carrier, or

　• indicate receipt of the goods by signature, stamp or notation by the carrier or a named agent for or on behalf of the carrier.

Any signature, stamp or notation of receipt of the goods by the carrier or agent must be identified as that of the carrier or agent.

Any signature, stamp or notation of receipt of the goods by the agent must indicate that the agent has signed or acted for or on behalf of the carrier.

If a rail transport document does not identify the carrier, any signature or stamp of the railway company will be accepted as evidence of the document being signed by the carrier.

　ii. indicate the date of shipment or the date the goods have been received for shipment, dispatch or carriage at the place stated in the

---

포함하는 경우에는 부기에 기재된 일자를 선적일로 본다.

운항번호와 일자와 관련하여 항공운송서류에 나타나는 그 밖의 모든 정보는 선적일을 결정할 때 고려되지 않는다.

　iv. 신용장에 기재된 출발공항과 도착공항을 표시하여야 한다.

　v. 비록 신용장이 원본 전통(full set)을 규정하더라도 송하인 또는 선적인용 원본이어야 한다.

　vi. 운송조건을 포함하거나 또는 운송조건을 포함하는 다른 출처를 언급하여야 한다. 운송조건의 내용은 심사되지 않는다.

b. 이 조항의 목적상, 환적은 신용장에 기재된 출발공항으로부터 도착공항까지의 운송 도중 하나의 항공기로부터 양하되어 다른 항공기로 재적재되는 것을 의미한다.

c.　i. 항공운송서류는 전운송이 하나의 동일한 항공운송서류에 의하여 포괄된다면 물품이 환적될 것이라거나 환적될 수 있다는 것을 표시할 수 있다.

　ii. 환적이 될 것이라거나 환적될 수 있다고 표시하는 항공운송서류는 비록 신용장이 환적을 금지하더라도 수리될 수 있다.

제24조 도로, 철도 또는 내수로 운송서류

a. 도로, 철도 또는 내수로 운송서류는 어떤 명칭을 사용하든 간에 다음과 같이 보여야 한다.

　i. 운송인의 명칭을 표시하고 또한

　• 운송인, 또는 운송인을 위한 또는 그를 대리하는 대리인이 서명하거나 또는

　• 운송인 또는 운송인을 위한 또는 대리하는 기명대리인이 서명, 스탬프 또는 부기에 의하여 물품의 수령을 표시하여야 한다.

운송인 또는 대리인에 의한 모든 서명, 스탬프 또는 물품수령 부기는 운송인 또는 대리인의 그것으로서 특정되어야 한다.

대리인에 의한 모든 서명, 스탬프 또는 물품수령 부기는 대리인이 운송인을 위하여 또는 운송인을 대리하여 서명하였거나 행위한 것을 표시하여야 한다.

철도운송서류가 운송인을 특정하지 않았다면, 철도회사의 서명 또는 스탬프가 문서가 운송인에 의하여 서명되었다는 점에 대한 증거로 승인된다.

　ii. 신용장에 기재된 장소에서의 선적일 또는 물품이 선적, 발송, 운송을 위하여 수령된 일자를 표시하여야 한다. 운송서류에 일자가 표시된 수령

credit. Unless the transport document contains a dated reception stamp, an indication of the date of receipt or a date of shipment, the date of issuance of the transport document will be deemed to be the date of shipment.

iii. indicate the place of shipment and the place of destination stated in the credit.

b. i. A road transport document must appear to be the original for consignor or shipper or bear no marking indicating for whom the document has been prepared.

ii. A rail transport document marked "dupli-cate" will be accepted as an original.

iii. A rail or inland waterway transport docu-ment will be accepted as an original whether marked as an original or not.

c. In the absence of an indication on the transport document as to the number of originals issued, the number presented will be deemed to constitute a full set.

d. For the purpose of this article, tranship-ment means unloading from one means of conveyance and reloading to another means of conveyance, within the same mode of transport, during the carriage from the place of shipment, dispatch or carriage to the place of destination stated in the credit.

e. i. A road, rail or inland waterway transport document may indicate that the goods will or may be transhipped provided that the entire carriage is covered by one and the same transport document.

ii. A road, rail or inland waterway transport document indicating that transhipment will or may take place is acceptable, even if the credit prohibits transhipment.

Article 25 Courier Receipt, Post Receipt or Certificate of Posting

a. A courier receipt, however named, evidencing receipt of goods for transport, must appear to:

i. indicate the name of the courier service and be stamped or signed by the named courier service at the place from which the credit states the goods are to be shipped; and

ii. indicate a date of pick-up or of receipt or wording to this effect. This date will be deemed to be the date of shipment.

b. A requirement that courier charges are to be paid or prepaid may be satisfied by a transport document issued by a courier service evidencing

스탬프, 수령일 또는 선적일의 표시가 없다면 운송서류의 발행일을 선적일로 본다.

iii. 신용장에 기재된 선적지와 목적지를 표시하여야 한다.

b. i. 도로운송서류는 송하인 또는 선적인용 원본으로 보이거나 또는 그 서류가 누구를 위하여 작성되었는지에 대한 표시가 없어야 한다.

ii. "duplicate"라고 표시된 도로운송서류는 원본으로 수리된다.

iii 철도 또는 내수로 운송서류는 원본 표시 여부에 관계없이 원본으로 수리된다.

c. 운송서류에 발행된 원본 통수의 표시가 없는 경우 제시된 통수가 전통(full set)을 구성하는 것으로 본다.

d. 이 조항의 목적상 환적은 신용장에 기재된 선적, 발송 또는 운송지로부터 목적지까지의 운송 도중 동일한 운송방법 내에서 어떤 하나의 운송수단으로부터 양하되어 다른 운송수단으로 재적재되는 것을 의미한다.

e. i. 도로, 철도 또는 내수로 운송서류는 전운송이 하나의 동일한 운송서류에 의하여 포괄된다면 물품이 환적될 것이라거나 환적될 수 있다는 것을 표시할 수 있다.

ii. 비록 신용장이 환적을 금지하더라도 환적이 될 것이라거나 될 수 있다는 표시가 된 도로, 철도 또는 내수로 운송서류는 수리될 수 있다.

제25조 특송배달영수증, 우편수령증 또는 우송증명서

a. 어떤 명칭을 사용하든 간에 운송을 위하여 물품을 수령하였음을 증명하는 특송배달영수증은 다음과 같이 보여야 한다.

i. 특송배달업체의 명칭을 표시하고, 신용장에 물품이 선적되기로 기재된 장소에서 기명된 특송배달업체가 스탬프하거나 서명하여야 한다. 그리고

ii. 집배 또는 수령일자 또는 이러한 취지의 문구를 표시하여야 한다. 이 일자를 선적일로 본다.

b. 특송배달료가 지급 또는 선지급되어야 한다는 요건은, 특송배달료가 수하인 이외의 제3자의 부담임을 증명하는 특송배달 업체가 발행한 운송서류에 의하

that courier charges are for the account of a party other than the consignee.	여 충족될 수 있다.
c. A post receipt or certificate of posting, however named, evidencing receipt of goods for transport, must appear to be stamped or signed and dated at the place from which the credit states the goods are to be shipped. This date will be deemed to be the date of shipment.	c. 어떤 명칭을 사용하든 간에 운송을 위하여 물품을 수령하였음을 증명하는 우편영수증 또는 우편증명서는 신용장에 물품이 선적되기로 기재된 장소에서 스탬프되거나 또는 서명되고 일자가 기재되는 것으로 보여야 한다. 이 일자를 선적일로 본다.

Article 26 "On Deck", "Shipper's Load and Count", "Said by Shipper to Contain" and Charges Additional to Freight

a. A transport document must not indicate that the goods are or will be loaded on deck. A clause on a transport document stating that the goods may be loaded on deck is acceptable.	a. 운송서류는 물품이 갑판에 적재되거나 적재될 것이라는 표시를 하여서는 안 된다. 물품이 갑판에 적재될 수도 있다고 기재하는 운송서류상의 조항은 수리될 수 있다.
b. A transport document bearing a clause such as "shipper's load and count" and "said by shipper to contain" is acceptable.	b. "선적인이 적재하고 검수하였음"(shipper's load and count)과 "선적인의 내용신고에 따름"(said by shipper to contain)과 같은 조항이 있는 운송서류는 수리될 수 있다.
c. A transport document may bear a reference, by stamp or otherwise, to charges additional to the freight.	c. 운송서류는 스탬프 또는 다른 방법으로 운임에 추가되는 요금을 언급할 수 있다.

제26조 "갑판적재", "내용물 부지약관"과 운임에 대한 추가비용

Article 27 Clean Transport Document

A bank will only accept a clean transport document. A clean transport document is one bearing no clause or notation expressly declaring a defective condition of the goods or their packaging. The word "clean" need not appear on a transport document, even if a credit has a requirement for that transport document to be "clean on board".	은행은 단지 무고장 운송서류만을 수리한다. 무고장 운송서류는 물품 또는 포장의 하자상태(defective conditions)를 명시적으로 선언하는 조항 또는 부기가 없는 운송서류를 말한다. "무고장"이라는 단어는 비록 신용장이 운송서류가 "무고장 본선적재"일 것이라는 요건을 포함하더라도 운송서류상에 나타날 필요가 없다.

제27조 무고장 운송서류

Article 28 Insurance Document and Coverage

a. An insurance document, such as an insurance policy, an insurance certificate or a declaration under an open cover, must appear to be issued and signed by an insurance company, an under–writer or their agents or their proxies. Any signature by an agent or proxy must indi–cate whether the agent or proxy has signed for or on behalf of the insurance company or underwriter.	a. 보험증권, 보험증서 또는 포괄보험에서의 확인서와 같은 보험서류는 보험회사, 보험인수인 또는 그들의 대리인 또는 수탁인(proxies)에 의하여 발행되고 서명 된 서명된 것으로 나타나야 한다. 보여야 한다. [번역의 일관성을 위하여] 대리인 또는 수탁인에 의한 서명은 보험회사 또는 보험중개인을 대리하여 서명했는지의 여부를 표시하여야 한다.
b. When the insurance document indicates that it has been issued in more than one original, all originals must be presented.	b. 보험서류가 한 통을 초과한 원본으로 발행되었다고 표시하는 경우, 모든 원본 서류가 제시되어야 한다.
c. Cover notes will not be accepted.	c. 잠정적 보험영수증(cover notes)은 수리되지 않는다.
d. An insurance policy is acceptable in lieu of an insurance certificate or a declaration under an open cover.	d. 보험증권은 보험증서나 포괄보험의 확인서를 대신하여 수리 가능하다.
e. The date of the insurance document must be no later than the date of shipment, unless it appears from the insurance document that the cover is	e. 보험서류의 일자는 선적일보다 늦어서는 안 된다. 다만 보험서류에서 부보가 최소한 선적일자 이전에 효력이 발생함을 나타내고 있는 경우에는 그러하지

제28조 보험서류 및 부보범위

effective from a date not later than the date of shipment.

f. i. The insurance document must indicate the amount of insurance coverage and be in the same currency as the credit.

ii. A requirement in the credit for insurance coverage to be for a percentage of the value of the goods, of the invoice value or similar is deemed to be the minimum amount of coverage required.

If there is no indication in the credit of the insurance coverage required, the amount of insurance coverage must be at least 110% of the CIF or CIP value of the goods.

When the CIF or CIP value cannot be deter— mined from the documents, the amount of insurance coverage must be calculated on the basis of the amount for which honour or negotiation is requested or the gross value of the goods as shown on the invoice, whichever is greater.

iii. The insurance document must indicate that risks are covered at least between the place of taking in charge or shipment and the place of discharge or final destination as stated in the credit.

g. A credit should state the type of insurance required and, if any, the additional risks to be covered. An insurance document will be accepted without regard to any risks that are not covered if the credit uses imprecise terms such as "usual risks" or "customary risks".

h. When a credit requires insurance against "all risks" and an insurance document is presented containing any "all risks" notation or clause, whether or not bearing the heading "all risks", the insurance document will be accepted without regard to any risks stated to be excluded.

i. An insurance document may contain reference to any exclusion clause.

j. An insurance document may indicate that the cover is subject to a franchise or excess (deductible).

Article 29 Extension of Expiry Date or Last Day for Presentation

a. If the expiry date of a credit or the last day for presentation falls on a day when the bank to which presentation is to be made is closed for

---

아니하다.

f. ⅰ. 보험서류는 부보금액을 표시하여야 하고 신용장과 동일한 통화로 표시되어야 한다.

ⅱ. 신용장에 부보금액이 물품의 가액, 상업송장 금액 송장가액 또는 그와 유사한 가액에 대한 백분율로 표시되어야 한다는 요건이 있는 경우, 이는 요구되는 부보금액의 최소한으로 본다. 신용장에 부보 범위에 부보금액에 대한 명시가 없는 경우, 부보금액은 최소한 물품의 CIF 또는 CIP 가액의 110%가 되어야 한다. 서류로부터 CIF 또는 CIP 가액을 결정할 수 없는 경우, 부보금액의 범위는 신청된 의무이행 요구된 결제(honor) 또는 매입 금액 또는 상업송장에 송장에 나타난 물품에 대한 총 가액 중 더 큰 금액을 기준으로 산출되어야 한다.

ⅲ. 보험서류는 최소한 신용장에 명시된 수탁지 또는 선적지로부터 양륙지 또는 최종 목적지 사이에 발생하는 위험에 대하여 부보가 되는 것이어야 한다.

g. 신용장은 요구되는 보험의 종류를 명시하여야 하고, 부보되어야 할 추가 위험이 있다면 그것도 명시하여야 한다. 만일 신용장이 "통상의 위험" 또는 "관습적인 위험"과 같이 부정확한 용어를 사용하는 경우 보험서류가 보험서류는 특정위험을 부보하지 않는지 여부와 관계없이 수리된다.

h. 신용장이 "전위험(all risks)"에 대한 부보를 요구하는 경우, 어떠한 "전위험(all risks)" 표시 또는 문구를 부기 또는 조항을[이는 자신이 없습니다. 운송서류와 보험서류의 번역을 의도적으로 달리하신 것인지요?] 포함하는 보험서류가 제시되는 때에는, 제목에 "전위험(all risks)"이 포함되는가에 관계없이, 또한 어떠한 위험이 제외된다고 기재하는가에 관계없이 수리된다.

i. 보험서류는 어떠한 제외문구(exclusion clause)에 대한 언급을 포함할 수 있다.

j. 보험서류는 부보범위가 일정한도 본인부담이라는 조건 또는 일정한도 이상 보상 조건(a franchise or excess) (일정액 공제제도, deductible)의 적용을 받고 있음을 표시할 수 있다.

제29조 유효기일 또는 최종제시일의 연장

a. 신용장의 유효기일 또는 최종제시일이 제시가 되어야 하는 은행이 제36조에서 언급된 사유 외의 사유로 영업을 하지 않는 날인 경우, 유효기일 또는 경

reasons other than those referred to in article 36, the expiry date or the last day for presentation, as the case may be, will be extended to the first following banking day.

b. If presentation is made on the first following banking day, a nominated bank must provide the issuing bank or confirming bank with a statement on its covering schedule that the presentation was made within the time limits extended in accordance with sub-article 29 (a).

c. The latest date for shipment will not be extended as a result of sub-article 29 (a).

Article 30 Tolerance in Credit Amount, Quantity and Unit Prices

a. The words "about" or "approximately" used in connection with the amount of the credit or the quantity or the unit price stated in the credit are to be construed as allowing a tolerance not to exceed 10% more or 10% less than the amount, the quantity or the unit price to which they refer.

b. A tolerance not to exceed 5% more or 5% less than the quantity of the goods is allowed, provided the credit does not state the quantity in terms of a stipulated number of packing units or individual items and the total amount of the drawings does not exceed the amount of the credit.

c. Even when partial shipments are not allowed, a tolerance not to exceed 5% less than the amount of the credit is allowed, provided that the quantity of the goods, if stated in the credit, is shipped in full and a unit price, if stated in the credit, is not reduced or that sub-article 30 (b) is not applicable. This tolerance does not apply when the credit stipulates a specific tolerance or uses the expressions referred to in sub-article 30 (a).

Article 31 Partial Drawings or Shipments

a. Partial drawings or shipments are allowed.

b. A presentation consisting of more than one set of transport documents evidencing shipment commencing on the same means of conveyance and for the same journey, provided they indicate the same destination, will not be regarded as covering a partial shipment, even if they indi-cate different dates of shipment or different ports of loading, places of taking in charge or dispatch. If the presentation consists of more than one set of transport documents, the latest date of shipment as evidenced on any of the sets of transport

우에 따라 최종제시일은 그 다음 첫 은행영업일까지 연장된다.

b. 만일 제시가 그 다음 첫 은행영업일에 이루어지는 경우, 지정은행은 개설은행 또는 확인은행에 제시가 제29조(a)항에 따라 연장된 기한 내에 이루어졌음을 기재한 표지서류를 제공하여야 한다.

c. 최종선적일은 제29조 (a)항에 의하여 연장되지 않는다.

제30조 신용장금액, 수량 그리고 단가의 허용치

a. 신용장 금액 또는 신용장에서 표시된 수량 또는 단가와 관련하여 사용된 "about" 또는 "approximately"라는 단어는, 그것이 언급하는 금액, 수량 또는 단가에 관하여 10%를 초과하지 않는 범위 내에서 많거나 적은 편차를 허용하는 것으로 해석된다.

b. 만일 신용장이 수량을 포장단위 또는 개별단위의 특정 숫자로 기재하지 않고 청구금액의 총액이 신용장의 금액을 초과하지 않는 경우에는, 물품의 수량에서 5%를 초과하지 않는 범위 내의 많거나 적은 편차는 허용된다.

c. 물품의 수량이 신용장에 기재된 경우 전량 선적되고 단가가 신용장에 기재된 경우 감액되지 않은 때, 또는 제30조(b)항이 적용되지 않는 때에는, 분할선적이 허용되지 않더라도 신용장 금액의 5% 이내의 편차는 허용된다. 이 편차는 신용장이 특정 편차를 명시하거나 제30조(a)항에서 언급된 표현을 사용하는 때에는 적용되지 않는다.

제31조 분할청구 또는 분할선적

a. 분할청구 또는 분할선적은 허용된다.

b. 같은 운송수단에서 개시되고 같은 운송구간을 위한 선적을 증명하는 두 세트 이상의 운송서류로 이루어진 제시는, 그 운송서류가 같은 목적지를 표시하고 있는 한 비록 다른 선적일자 또는 다른 선적항, 수탁지 또는 발송지를 표시하더라도 분할선적으로 보지 않는다. 제시가 두 세트 이상의 운송서류로 이루어지는 경우 어느 운송서류에 의하여 증명되는 가장 늦은 선적일를 선적일을 선적일로 본다. 같은 운송방법 내에서 둘 이상의 운송수단상의 선적을 증명하는 하나 또는 둘 이상의 세트의 운송서류로 이루어진 제시는, 비록 운송수단들이 같은 날짜에

documents will be regarded as the date of shipment. A presentation consisting of one or more sets of transport documents evidencing shipment on more than one means of conveyance within the same mode of transport will be regarded as covering a partial shipment, even if the means of conveyance leave on the same day for the same destination. c. A presentation consisting of more than one courier receipt, post receipt or certificate of posting will not be regarded as a partial shipment if the courier receipts, post receipts or certificates of posting appear to have been stamped or signed by the same courier or postal service at the same place and date and for the same destination.	같은 목적지로 향하더라도 분할선적으로 본다. c. 둘 이상의 특송배달영수증, 우편영수증 또는 우송확인서로 이루어진 제시는 만일 특송배달영수증, 우편영수증 또는 우송확인서가 같은 특송배달용역 또는 우체국에 의하여 같은 장소, 같은 날짜 그리고 같은 목적지로 스탬프가 찍히거나 서명된 것으로 보이는 경우에는 분할선적으로 보지 않는다.
Article 32 Instalment Drawings or Shipments If a drawing or shipment by instalments within given periods is stipulated in the credit and any instalment is not drawn or shipped within the period allowed for that instalment, the credit ceases to be available for that and any subsequent instalment.	제32조 할부청구 또는 할부선적 신용장에서 할부청구 또는 할부선적이 일정한 기간 내에 이루어지도록 명시된 경우 동 할부 거래를 위하여 배정된 기간 내에 할부청구나 할부선적이 이루어지지 않으면 동 신용장은 해당 할부분과 향후 할부분에 대하여 더 이상 이용될 수 없다.
Article 33 Hours of Presentation A bank has no obligation to accept a presentation outside of its banking hours.	제33조 제시시간 은행은 자신의 영업시간 외의 제시를 수리할 의무가 없다.
Article 34 Disclaimer on Effectiveness of Documents A bank assumes no liability or responsibility for the form, sufficiency, accuracy, genuineness, falsification or legal effect of any document, or for the general or particular conditions stipulated in a document or superimposed thereon; nor does it assume any liability or responsibility for the description, quantity, weight, quality, condition, packing, delivery, value or existence of the goods, services or other performance represented by any document, or for the good faith or acts or omissions, solvency, performance or standing of the consignor, the carrier, the forwarder, the consignee or the insurer of the goods or any other person.	제34조 서류의 효력에 대한 면책 은행은 어떤 서류의 방식, 충분성, 정확성, 진정성, 위조 여부 또는 법적 효력 또는 서류에 명시되거나 위에 추가된 일반 또는 특정조건에 대하여 어떠한 책임(liability or responsibility)도 지지 않는다. 또한 은행은 어떤 서류에 나타난 물품, 용역 또는 다른 이행의 기술, 수량, 무게, 품질, 상태, 포장, 인도, 가치 또는 존재 여부 또는 물품의 송하인, 운송인, 운송중개인, 수하인 또는 보험자 또는 다른 사람의 선의 또는 작위 또는 부작위, 지불능력, 이행 또는 지위(standing)에 대하여 어떠한 책임도 지지 않는다.
Article 35 Disclaimer on Transmission and 　　　　　Translation A bank assumes no liability or responsibility for the consequences arising out of delay, loss in transit, mutilation or other errors arising in the transmission of any messages or delivery of letters or documents, when such messages, letters or documents are transmitted or sent according to the requirements stated in the credit, or when the bank may have taken the initiative in the choice of	제35조 전송과 번역에 대한 면책 신용장에 명시된 기재된 방법에 따라서 알림 말, 서신 또는 서류가 전송 또는 송부되는 때, 또는 신용장에 송달 서비스의 선택에 대한 지시 사항이 없어서 은행이 자체적인 판단으로 선택하였을 자신의 판단하에 선정하였을[아래 제37조 b의 수정과 일관성이 있기 위하여] 때, 알림 말의 전송 또는 서신이나 서류의 송부 과정에서 일어나는 지연, 전달 도중의 분실, 훼손 또는 다른 실수로 발생하는 결과에 대하여 은행은 어

the delivery service in the absence of such instructions in the credit.

If a nominated bank determines that a presentation is complying and forwards the documents to the issuing bank or confirming bank, whether or not the nominated bank has honoured or negotiated, an issuing bank or confirming bank must honour or negotiate, or reimburse that nominated bank, even when the documents have been lost in transit between the nominated bank and the issuing bank or confirming bank, or between the confirming bank and the issuing bank.

A bank assumes no liability or responsibility for errors in translation or interpretation of technical terms and may transmit credit terms without translating them.

해당 책임도 지지 않는다. 지정은행이 제시가 신용장 조건에 일치한다고 판단한 후 서류를 개설은행 또는 확인은행에 송부한 경우, 지정은행의 결제(honour) 또는 매입 여부와 무관하게, 비록 서류가 지정은행과 개설은행 또는 확인은행 사이 또는 확인은행과 개설은행 사이의 송부 도중 분실된 경우에도 개설은행 또는 확인은행은 결제(honour) 또는 매입을 하거나, 그 지정은행에게 상환하여야 한다. 은행은 기술적인 용어의 번역 또는 해석에서의 잘못에 대하여 어떠한 책임(liability or responsibility)도 지지 않고 그러한 용어를 번역하지 않고 신용장의 조건을 전송할 수 있다.

Article 36 Force Majeure

A bank assumes no liability or responsibility for the consequences arising out of the interruption of its business by Acts of God, riots, civil commotions, insurrections, wars, acts of terrorism, or by any strikes or lockouts or any other causes beyond its control.

A bank will not, upon resumption of its business, honour or negotiate under a credit that expired during such interruption of its business.

제36조 불가항력

은행은 천재지변, 폭동, 소요, 반란, 전쟁, 테러행위 또는 어떤 파업 또는 직장폐쇄 또는 자신의 통제 밖에 있는 원인에 의한 영업의 중단으로부터 발생하는 결과에 대하여 어떠한 책임도 지지 않는다. 은행은 자신의 영업이 중단된 동안에 만료된 신용장 하에서는 결제(honour) 또는 매입을 하지 않는다.

Article 37 Disclaimer for Acts of an Instructed Party

a. A bank utilizing the services of another bank for the purpose of giving effect to the instructions of the applicant does so for the account and at the risk of the applicant.

b. An issuing bank or advising bank assumes no liability or responsibility should the instructions it transmits to another bank not be carried out, even if it has taken the initiative in the choice of that other bank.

c. A bank instructing another bank to perform services is liable for any commissions, fees, costs or expenses ("charges") incurred by that bank in connection with its instructions.

   If a credit states that charges are for the account of the beneficiary and charges cannot be collected or deducted from proceeds, the issuing bank remains liable for payment of charges.

   A credit or amendment should not stipulate that the advising to a beneficiary is conditional upon the receipt by the advising bank or second advising bank of its charges.

d. The applicant shall be bound by and liable to indemnify a bank against all obligations and responsibilities imposed by foreign laws and usages.

제37조 지시받은 당사자의 행위에 대한 면책

a. 개설의뢰인의 지시를 이행하기 위하여 다른 은행의 서비스를 이용하는 은행은 개설의뢰인의 비용과 위험 하에 하는 것이다.

b. 개설은행이나 통지은행은 비록 자신의 판단 하에 다른 은행을 선정하였더라도 그가 다른 은행에 전달한 지시가 이행되지 않은 데 대하여 어떤 책임도 지지 않는다.

c. 다른 은행에게 서비스의 이행을 요청하는 은행은 그러한 지시와 관련하여 발생하는 다른 은행의 요금, 보수, 경비 또는 비용(이하 "수수료"라 한다)에 대하여 책임이 있다. 신용장이 수수료가 수익자의 부담이라고 기재하고 있고 그 수수료가 신용장대금에서 징수되거나 공제될 수 없는 경우 개설은행은 그 수수료에 대하여 여전히 책임이 있다. 신용장 또는 조건변경은 수익자에 대한 통지가 통지은행 또는 둘째 통지은행이 자신의 수수료를 수령하는 것을 조건으로 하여서는 안 된다.

d. 개설의뢰인은 외국의 법과 관행이 부과하는 모든 의무와 책임에 대하여 은행에 보상할 의무와 책임이 있다.

Article 38 Transferable Credits

a. A bank is under no obligation to transfer a credit except to the extent and in the manner expressly consented to by that bank.

b. For the purpose of this article:

Transferable credit means a credit that speci-fically states it is "transferable". A transferable credit may be made available in whole or in part to another beneficiary ("second beneficiary") at the request of the beneficiary ("first bene- ficiary"). Transferring bank means a nominated bank that transfers the credit or, in a credit available with any bank, a bank that is specifically authorized by the issuing bank to transfer and that transfers the credit. An issuing bank may be a transferring bank. Transferred credit means a credit that has been made available by the transferring bank to a second beneficiary.

c. Unless otherwise agreed at the time of transfer, all charges (such as commissions, fees, costs or expenses) incurred in respect of a transfer must be paid by the first beneficiary.

d. A credit may be transferred in part to more than one second beneficiary provided partial drawings or shipments are allowed. A trans- ferred credit cannot be transferred at the request of a second beneficiary to any sub- sequent beneficiary. The first beneficiary is not considered to be a subsequent beneficiary.

e. Any request for transfer must indicate if and under what conditions amendments may be advised to the second beneficiary. The transferred credit must clearly indicate those conditions.

f. If a credit is transferred to more than one second beneficiary, rejection of an amendment by one or more second beneficiary does not invalidate the acceptance by any other second beneficiary, with respect to which the trans- ferred credit will be amended accordingly. For any second beneficiary that rejected the amend- ment, the transferred credit will remain unamended.

g. The transferred credit must accurately reflect the terms and conditions of the credit, including confirmation, if any, with the exception of:
  - the amount of the credit,
  - any unit price stated therein,
  - the expiry date,
  - the period for presentation, or
  - the latest shipment date or given period for shipment,
any or all of which may be reduced or curtailed.

제38조 양도가능신용장

a. 은행은 자신이 명시적으로 승낙하는 범위와 방법에 의한 경우를 제외하고는 신용장을 양도할 의무가 없다.

b. 이 조항에서는 다음과 같이 해석한다.

양도가능신용장이란 신용장 자체가 "양도가능"이라고 특정하여 기재하고 있는 신용장을 말한다. 양도가능신용장은 수익자(이하 "제1수익자"라 한다)의 요청에 의하여 전부 또는 부분적으로 다른 수익자(이하 "제2수익자"라 한다)에게 이용하게 할 수 있다. 양도은행이라 함은 신용장을 양도하는 지정은행, 또는 어느 은행에서나 이용할 수 있는 신용장의 경우에는 개설은행으로부터 양도할 수 있는 권한을 특정하여 받아 신용장을 양도하는 은행을 말한다. 개설은행은 양도은행이 될 수 있다. 양도된 신용장이라 함은 양도은행이 제2수익자가 이용할 수 있도록 한 신용장을 말한다.

c. 양도시에 달리 합의된 경우를 제외하고, 양도와 관련하여 발생한 모든 수수료(요금, 보수, 비용 또는 경비 경비 또는 비용 등)는 제1수익자가 지급해야 한다.

d. 분할청구 또는 분할선적이 허용되는 경우에 신용장은 두 사람 이상의 제2수익자에게 분할양도될 수 있다. 양도된 신용장은 제2수익자의 요청에 의하여 그 다음 수익자에게 양도될 수 없다. 제1수익자는 그 다음 수익자로 간주되지 않는다.

e. 모든 양도 요청은 제2수익자에게 조건변경을 통지하여야 하는지 여부와 그리고 어떠한 조건 하에서 조건변경을 통지하여야 하는지 여부를 표시하여야 한다. 양도된 신용장은 그러한 조건을 명확하게 표시하여야 한다.

f. 신용장이 두 사람 이상의 제2수익자에게 양도되면, 하나 또는 둘 이상의 수익자가 조건변경을 거부하더라도 다른 제2수익자의 수락은 무효가 되지 않으며, 양도된 신용장은 그에 따라 변경된다. 조건변경을 거부한 제2수익자에 대하여는 양도된 신용장은 변경되지 않은 상태로 남는다.

g. 양도된 신용장은 만일 있는 경우 확인을 포함하여 신용장의 조건을 정확히 반영하여야 한다. 다만 다음은 예외로 한다.
  - 신용장의 금액
  - 그곳에 기재된 단가
  - 유효기일
  - 제시기간 또는
  - 최종선적일 또는 주어진 선적기간
위의 내용은 일부 또는 전부 감액되거나 단축될 수 있다.

The percentage for which insurance cover must be effected may be increased to provide the amount of cover stipulated in the credit or these articles. The name of the first beneficiary may be substituted for that of the applicant in the credit. If the name of the applicant is specifically required by the credit to appear in any document other than the invoice, such requirement must be reflected in the transferred credit.

h. The first beneficiary has the right to substitute its own invoice and draft, if any, for those of a second beneficiary for an amount not in excess of that stipulated in the credit, and upon such substitution the first beneficiary can draw under the credit for the difference, if any, between its invoice and the invoice of a second beneficiary.

i. If the first beneficiary is to present its own invoice and draft, if any, but fails to do so on first demand, or if the invoices presented by the first beneficiary create discrepancies that did not exist in the presentation made by the second beneficiary and the first beneficiary fails to correct them on first demand, the transferring bank has the right to present the documents as received from the second bene— ficiary to the issuing bank, without further responsibility to the first beneficiary.

j. The first beneficiary may, in its request for transfer, indicate that honour or negotiation is to be effected to a second beneficiary at the place to which the credit has been transferred, up to and including the expiry date of the credit. This is without prejudice to the right of the first beneficiary in accordance with sub—article 38 (h).

k. Presentation of documents by or on behalf of a second beneficiary must be made to the transferring bank.

Article 39 Assignment of Proceeds

The fact that a credit is not stated to be transferable shall not affect the right of the beneficiary to assign any proceeds to which it may be or may become entitled under the credit, in accordance with the provisions of applicable law. This article relates only to the assignment of proceeds and not to the assign— ment of the right to perform under the credit.

부보되어야 하는 백분율은 신용장 또는 이 규칙에서 명시된 부보금액을 규정하기 위하여 높일 수 있다. 신용장의 개설의뢰인의 이름을 제1수익자의 이름으로 대체할 수 있다.

만일 신용장이 송장을 제외한 다른 서류에 개설의뢰인의 이름이 보일 것을 특정하여 요구하는 경우, 그러한 요건은 양도된 신용장에도 반영되어야 한다.

h. 제1수익자는 신용장에서 명시된 금액을 초과하지 않는 한 만일 있다면 자신의 송장과 환어음을 제2수익자의 그것과 대체할 권리를 가지고, 그러한 대체를 하는 경우 제1수익자는 만일 있다면 자신의 송장과 제2수익자의 송장과의 차액에 대하여 신용장 하에서 청구할 수 있다.

i. 제1수익자가 만일 있다면 자신의 송장과 환어음을 제시하려고 하였으나 첫번째 요구에서 그렇게 하지 못한 경우 또는 제1수익자가 제시한 송장이 제2수익자가 제시한 서류에서는 없었던 하자를 발생시키고 제1수익자가 첫번째 요구에서 이를 정정하지 못한 경우, 양도은행은 제1수익자에 대하여 더 이상의 책임이 없이 제2수익자로부터 받은 그대로 서류를 개설은행에게 제시할 권리를 갖는다.

j. 제1수익자는 양도 요청에서, 신용장이 양도된 장소에서 신용장의 유효기일 이전에 제2수익자에게 결제 또는 매입이 이루어져야 한다는 것을 표시할 수 있다. 이는 제38조 (h)항에 따른 제1수익자의 권리에 영향을 미치지 않는다.

k. 제2 수익자에 의한 또는 그를 위한 제시는 양도은행에 대하여 이루어져야 한다.

제39조 대금의 양도

신용장이 양도가능하다고 기재되어 있지 않다는 사실은, 수익자가 신용장 하에서 받거나 받을 수 있는 어떤 대금을 준거법의 규정에 따라 양도할 수 있는 권리에 영향을 미치지 않는다. 이 조항은 오직 대금의 양도에 관한 것이고 신용장 하에서 이행할 수 있는 권리를 양도하는 것에 관한 것은 아니다.

Section 02　추심에 관한 통일규칙(URC 522)

A. General Provisions and Definitions	A. 총칙 및 정의
Art 1 Application of URC 522	제1조 URC 522의 적용
a. The Uniform Rules for Collections, 1995 Revision, ICC Publication No. 522, shall apply to all collections as defined in Article 2 where such rules are incorporated into the text of the "collection instruction" referred to in Article 4 and are binding on all parties thereto unless otherwise expressly agreed or contrary to the provisions of a national, state or local law and/or regulation which cannot be departed from.	a. 1995년도 개정판, ICC간행물 번호 제522호, 추심에 관한 통일규칙은 본 규칙의 준거문언이 제4조에 언급된 "추심지시서"의 본문에 삽입된 경우 제2조에 정의된 모든 추심에 적용할 수 있으며, 별도의 명시적인 합의가 없거나 또는 위반할 수 없는 국가, 주, 또는 현지법 및/또는 규정에 반하지 아니하는 한 모든 당사자들을 구속한다.
b. Banks shall have no obligation to handle either a collection or any collection instruction or subsequent related instructions.	b. 은행은 추심 또는 추심지시 또는 관련된 후속지시를 취급해야 할 의무를 지지 아니한다.
c. If a bank elects, for any reason, not to handle a collection or any related instruction received by it, it must advise the party from whom it received the collection or the instructions by telecommunication or, if that is not possible, by other expeditious means, without delay.	c. 은행이 어떠한 이유에서든지, 접수된 추심 또는 모든 관련지시를 취급하지 않기로 결정한다면 추심 또는 지시를 송부한 당사자에게 전신 또는 그것이 불가능한 경우, 다른 신속한 수단으로 지체없이 통지해야 한다.
Art 2. Definition of Collection	제2조 추심의 정의
For the purpose of these Articles:	본 규칙의 목적상,
a. "Collection" means the handling by banks of documents as defined in sub-Article 2(b), in accordance with instructions received, in order to:	a. "추심"이란 은행들이
i. obtain payment and/or acceptance, or	i. 지급 및/또는 인수를 취득하거나, 또는
ii. deliver documents against payment and/or against acceptance, or	ii. 지급에 대하여 그리고/또는 인수에 대하여 서류를 인도하거나
iii. deliver documents on other terms and conditions.	iii. 기타 조건에 따라 서류를 인도하기 위하여 접수된 지시에 따라 제2조 b항에 정의된 서류들을 취급하는 것을 의미한다.
b. "Documents" means financial documents and/or commercial documents:	b. "서류"란 금융서류 및/또는 상업서류를 의미한다.
i. "Financial documents" means bills of exchange, promissory notes, cheques, or other similar instruments used for obtaining the payment of money;	i. "금융서류"란 환어음, 약속어음, 수표 또는 금전의 지급을 받기 위하여 사용되는 기타 유사한 증서들을 의미하며,
ii. "Commercial documents" means invoices, transport documents, documents of title or other similar documents, or any other documents whatsoever, not being financial documents.	ii. "상업서류"란 송장, 운송서류, 권리증권 또는 이와 유사한 서류, 또는 금융서류가 아닌 모든 기타 서류들을 의미한다.
c. "Clean collection" means collection of financial documents not accompanied by commercial	c. "무화환추심"이란 상업서류가 첨부되지 않은 금융서류의 추심을 의미한다.

documents.

d. "Documentary collection" means collection of:

   i . Financial documents accompanied by commercial documents;

   ii. Commercial documents not accompanied by financial documents.

Art 3. Parties to a Collection

a. For the purpose of these Article the "parties thereto" are:

   i. the "principal" who is the party entrusting the handling of a collection to a bank;

   ii. the "remitting bank" which is the bank to which the principal has entrusted the handling of a collection;

   iii. the "collecting bank" which is any bank, other than the remitting bank, involved in processing the collection;

   iv. the "presenting bank" which is the collecting bank making presentation to the drawee.

b. The "drawee" is the one to whom presentation is to be made in accordance with the collection instruction.

B. Form and Structure of Collections

Art 4. Collection Instruction

a. i. All documents sent for collection must be accompanied by a collection instruction indicating that the collection is subject to URC 522 and giving complete and precise instructions. Banks are only permitted to act upon the instructions given in such collection instruction, and in accordance with these Rules.

   ii. Banks will not examine documents in order to obtain instructions.

   iii. Unless otherwise authorised in the collection instruction, banks will disregard any instructions from any party/bank other than the party/bank from whom they received the collection.

b. A collection instruction should contain the following items of information, as appropriate.

   i. Details of the bank from which the collection was received including full name, postal and SWIFT addresses, telex, telephone, facsimile numbers and reference.

   ii. Details of the principal including full name, postal address, and if applicable telex, telephone and facsimile numbers.

   iii. Details of the drawee including full name, postal address, or the domicile at which

---

d. "화환추심"이란

   i. 상업서류가 첨부된 금융서류의,

   ii. 금융서류가 첨부되지 않은 상업서류의 추심을 의미한다.

제3조 추심의 당사자

a. 본 규칙의 목적상 관계당사자란 다음과 같은 자들이다.

   i. 은행에 추심의 취급을 위임하는 당사자인 "추심의뢰인",

   ii. 추심의뢰인이 추심의 취급을 위임하는 은행인 "추심의뢰은행"

   iii. 추심과정에 참여하는 추심의뢰은행이 아닌 모든 은행인 "추심은행"

   iv. 지급인에게 제시를 이행하는 추심은행인 "제시은행"

b. "지급인"이란 추심지시에 따라 제시가 이행되는 자를 말한다.

B. 추심의 형식과 구조

제4조 추심지시서

a. i. 추심을 위해 송부되는 모든 서류에는 그 추심이 URC 522에 적용되고 있음을 표시하고, 완전하고 정확한 지시가 기재된 추심지시서를 첨부해야 한다. 은행은 그러한 추심지시서에 기재된 지시에 대하여, 그리고 본 규칙에 따라서만 행동하도록 허용되어 있다.

   ii. 은행은 지시를 얻기 위하여 서류를 심사하지 않는다.

   iii. 추심지시서에 달리 수권되지 않았으면, 은행은 추심을 송부한 당사자/은행 이외의 모든 당사자/은행의 모든 지시를 무시한다.

b. 추심지시서에는 다음과 같은 정보사항을 적절하게 포함하여야 한다.

   i. 추심을 송부한 은행의 완전한 이름, 우편주소 및 SWIFT주소, 텔렉스, 전화, 팩스번호 및 참조번호를 포함한 명세.

   ii. 추심의뢰인의 완전한 이름, 우편주소, 그리고 해당되는 경우, 텔렉스, 전화, 팩스번호를 포함한 명세.

   iii. 지급인의 완전한 이름, 우편주소 또는 제시가 이행될 장소 및 해당되는 경우 텔렉스, 전화

presentation is to be made and if applicable telex, telephone and facsimile numbers.

iv. Details of the presenting bank, if any, including full name, postal address, and if applicable telex, telephone and facsimile numbers.

v. Amount(s) and currency(ies) to be collected.

vi. List of documents enclosed and the numerical count of each document.

vii. a. Terms and conditions upon which payment and/or acceptance is to be obtained.

    b. Terms of delivery of documents against:

      1) Payment and/or acceptance

      2) other terms and conditions

It is the responsibility of the party preparing the collection instruction to ensure that the terms for the delivery of documents are clearly and unambiguously stated, otherwise banks will not be responsible for any consequences arising therefrom.

viii. Charges to be collected, indicating whether they may be waived or not.

ix. Interest to be collected, if applicable whether they may be waived or not, including:

    a. rate of interest

    b. interest period

    c. basis of calculation (for example 360 or 365 days in a year) as applicable.

x. Method of payment and form of payment advice.

xi. Instructions in case of non−payment, non− acceptance and/or non−compliance with other instructions.

c. i. Collection instructions should bear the complete address of the drawee or of the domicile at which the presentation is to be made. If the address is incomplete or incorrect, the collecting bank may, without any liability or responsibility on its part, endeavour to ascertain the proper address.

  ii. The collecting bank will not be liable or responsible for any ensuing delay as a result of an incomplete/incorrect address being provided.

C. Form and Structure of Collections

Art 5. Presentation

a. For the purpose of these Articles, presentation is the procedure whereby the presenting bank makes the documents available to the drawee as instructed.

b. The collection instruction should state the exact period of time within which any action is to be

및 팩스번호를 포함한 명세.

iv. 있는 경우 제시은행의 완전한 이름, 우편주소 및 해당되는 경우 텔렉스, 전화 및 팩스번호를 포함한 명세.

v. 추심되어야 하는 금액과 통화.

vi. 동봉한 서류의 목록과 각 서류의 부수.

vii. a. 지급 및/또는 인수가 취득될 수 있는 조건.

    b. 다음에 대한 서류의 인도조건.

      1) 지급 및/또는 인수.

      2) 기타 조건.

추심지시서를 준비하는 당사자는 서류의 인도조건 이 분명하고 명확하게 기술되었음을 확인할 책임 이 있으며, 그렇지 않은 경우, 은행은 이로 인해 발 생하는 모든 결과에 대해서 책임을 지지 아니한다.

viii. 추심될 수수료. 수수료가 면제될 수 있는지의 여부.

ix. 해당되는 경우, 추심될 이자. 면제될 수 있는 지의 여부와 다음 사항.

    a. 이자율.

    b. 이자기간.

    c. 적용되는 계산방법(예를 들어, 1년을 365일 또는 360일).

x. 지급방법과 지급통지의 형식.

xi. 지급거절, 인수거절 및/또는 기타 지시와 불일 치의 경우, 지시사항.

c. i. 추심지시서에는 지급인의 완전한 주소 또는 제 시가 이행 되어야 할 곳의 완전한 주소를 기재 하여야 한다. 주소가 불완전하거나 부정확한 경 우, 추심은행은 자행에 아무런 의무나 책임이 없이 올바른 주소를 확인하기 위해 노력할 수 있다.

  ii. 추심은행은 불완전하거나 부정확한 주소로 인해 발생하는 모든 지연에 대해서 의무나 책임을 지 지 아니한다.

C. 제시의 형식

제5조 제시

a. 이 규칙의 목적상, 제시란 제시은행이 지시받은 대 로 서류를 지급인이 사용할 수 있도록 만드는 절 차이다.

b. 추심지시서는 지급인이 행동을 취해야 하는 정확 한 기간을 명기하여야 한다. 제시 또는 지급인에

taken by the drawee. Expression such as "first", "prompt", "immediate", and the like should not be used in connection with presentation or with reference to any period of time within which documents have to be taken up or for any other action that is to be taken by the drawee. If such terms are used banks will disregard them.

c. Documents are to be presented to the drawee in the form in which they are received, except that banks are authorised to affix any necessary stamps, at the expense of the party from whom they received the collection unless otherwise instructed, and to make any necessary endorsements or place any rubber stamps or other identifying marks or symbols customary to or required for the collection operation.

d. For the purpose of giving effect to the instructions of the principal, the remitting bank will utilise the bank nominated by the principal as the collecting bank. In the absence of such nomination, the remitting bank will utilise any bank of its own, or another bank's choice in the country of payment or acceptance or in the country where other terms and conditions have to be complied with.

e. The documents and collection instruction may be sent directly by the remitting bank to the collecting bank or through another bank as intermediary.

f. If the remitting bank does not nominate a specific presenting bank, the collecting bank may utilise a presenting bank of its choice.

의해 서류가 인수되거나 지급인에 의해 서류가 인수되어야 하는 기간에 대한 언급과 관련하여, 또는 지급인에 의해 취해져야 하는 다른 조치에 대하여 "첫째", "신속한", "즉시" 그리고 이와 유사한 표현들을 사용하지 않아야 한다. 만일 그러한 용어가 사용된 경우 은행은 이를 무시한다.

c. 서류는 접수된 형태로 지급인에게 제시되어야 한다. 다만 은행은 별도의 지시가 없는 한, 추심의뢰인의 비용부담으로 필요한 인지를 첨부할 수 있도록 수권되어 있는 경우, 그리고 필요한 배서를 하거나 또는 추심업무에 관례적이거나 요구되는 고무인 또는 기타 인식표시나 부호를 표시할 수 있도록 수권되어 있는 경우에는 그러하지 아니하다.

d. 추심의뢰인의 지시를 실행할 목적으로, 추심의뢰은행은 추심의뢰인에 의해 지정된 은행을 추심은행으로 이용할 수 있다. 그러한 지정이 없는 경우에는 추심의뢰은행은 지급국가 또는 인수국가, 또는 기타 조건이 준수되어야 하는 국가 내에 자신이 또는 다른 은행이 선택한 모든 은행을 이용할 수 있다.

e. 서류와 추심지시서는 추심의뢰은행이 추심은행으로 직접 송부하거나, 다른 은행을 중개인으로 하여 송부될 수 있다.

f. 추심의뢰은행이 특정 제시은행을 지정하지 않은 경우에는 추심은행은 자신이 선택한 제시은행을 이용할 수 있다.

Art. 6 Sight/Acceptance

In the case of documents payable at sight the presenting bank must make presentation for payment without delay.

In the case of documents payable at a tenor other than sight the presenting bank must, where acceptance is called for, make presentation for acceptance without delay, and where payment is called for, make presentation for payment not later than the appropriate maturity date.

제6조 일람지급/인수

서류가 일람지급인 경우에는 제시은행은 신속하게 지급을 위한 제시를 하여야 한다.

서류가 일람지급이 아닌 기한부지급조건인 경우에는 제시은행은 인수가 요구되는 때에는 신속하게 인수를 위한 제시를, 그리고 지급이 요구되는 때에는 적절한 만기일 이내에 지급을 위한 제시를 해야 한다.

Art. 7 Release of Commercial Documents

Documents Against Acceptance (D/A) vs. Documents Against Payment (D/P)

a. Collections should not contain bills of exchange payable at a future date with instructions that commercial documents are to be delivered

제7조 상업서류의 인도

인수인도(D/A)와 지급인도(D/P)

a. 추심은 상업서류가 지급에 대하여 인도되어야 한다는 지시와 함께 미래일자에 지급되는 환어음을 포함하여서는 아니 된다.

against payment. b. If a collection contains a bill of exchange payable at a future date, the collection instruction should state whether the commercial documents are to be released to the drawee against acceptance (D/A) or against payment (D/P). In the absence of such statement commercial documents will be released only against payment and the collecting bank will not be responsible for any consequences arising out of any delay in the delivery of documents. c. If a collection contains a bill of exchange payable at a future date and the collection instruction indicates that commercial documents are to be released against payment, document will be released only against such payment and the collecting bank will not be responsible for any consequences arising out of any delay in the delivery of documents.	b. 추심이 미래일자 지급조건의 환어음을 포함하는 경우, 추심지시서에는 상업서류가 인수인도(D/A) 또는 지급인도(D/P) 중 어느 조건으로 지급인에게 인도되어야 하는지를 명시해야 한다. 그러한 명시가 없는 경우, 상업서류는 지급에 대해서만 인도되어야 하며, 서류인도의 지연에 따른 모든 결과에 대해서 추심은행은 책임을 지지 아니한다. c. 만일 추심이 미래일자 지급조건의 환어음을 포함하고 추심지시서에 상업서류는 지급에 대하여 인도되어야 한다고 기재된 경우에는, 서류는 오직 그러한 지급에 대해서만 인도되고, 추심은행은 서류인도의 모든 지연에서 발생하는 모든 결과에 대해서 책임을 지지 아니한다.
Art. 8 Creation of Documents Where the remitting bank instructs that either the collecting bank or the drawee is to create documents (bills of exchange, promissory notes, trust receipts, letters of undertaking or other documents) that where not included in the collection, the form and wording of such documents shall be provided by the remitting bank, otherwise the collecting bank shall not be liable or responsible for the form and wording of any such document provided by the collecting bank and/or the drawee.	제8조 서류의 생성 추심의뢰은행이 추심은행 또는 지급인이 추심에 포함되어 있지 않은 서류(환어음, 약속어음, 화물대도증서, 확약서 또는 기타 서류)를 만들도록 지시하는 경우에는 그러한 서류의 형식과 문언이 추심의뢰은행에 의해 제공되어야 한다. 그렇지 않은 경우 추심은행은 추심은행 및/또는 지급인에 의해 제공된 그러한 서류의 형식과 문언에 대하여 의무나 책임을 지지 아니한다.
D. Liabilities and Responsibilities	D. 의무와 책임
Art. 9 Good Faith and Reasonable Care Banks will act in good faith and exercise reasonable care.	제9조 신의성실과 합리적 주의의무 은행은 신의성실로서 행동하고 합리적인 주의를 기울여야 한다.
Art. 10 Documents vs. Goods/Services/Performances a. Goods should not be despatched directly to the address of a bank or consigned to or to the order of a bank without prior agreement on the part of that bank. Nevertheless, in the event that goods are despatched directly to the address of a bank or consigned to or to the order of a bank for release to a drawee against payment or acceptance or upon other terms and conditions without prior agreement on the part of that bank, such bank shall have no obligation to take delivery of the goods, which remain at the risk and responsibility of the party despatching the goods.	제10조 서류와 상품/용역/이행 a. 물품은 은행의 사전동의 없이 은행의 주소로 직접 발송되거나 은행 또는 은행의 지시인에게 탁송되어서는 아니 된다. 그럼에도 불구하고 물품이 은행의 사전동의 없이 지급인에게 지급인도, 인수인도, 또는 기타의 조건으로 인도하기 위하여 직접 발송되거나, 은행 또는 은행의 지시인으로 탁송되는 경우에는 그 은행은 물품을 인수할 의무를 지지 아니하며 그 물품은 물품을 발송하는 당사자의 위험과 책임으로 남는다.

b. Banks have no obligation to take any action in respect of the goods to which a documentary collection relates, including storage and insurance of the goods even when specific instructions are given to do so. Banks will only take such action if, when, and to the extent that they agree to do so in each case. Notwithstanding the provisions of sub−Article 1(c), this rule applies even in the absence of any specific advice to this effect by the collecting bank.

c. Nevertheless, in the case that banks take action for the protection of the goods, whether instructed or not, they assume no liability or responsibility with regard to the fate and/or condition of the goods and/or for any acts and/or omissions on the part of any third parties entrusted with the custody and/or protection of the goods. However, the collecting bank must advise without delay the bank from which the collection instruction was received of any such action taken.

d. Any charges and/or expenses incurred by banks in connection with any action taken to protect the goods will be for the account of the party from whom they received the collection.

e. i. Notwithstanding the provisions of sub−Article 10(a), where the goods are consigned to or to order of the collecting bank and the drawee has honoured the collection by payment, acceptance or other terms and conditions, and the collecting bank arranges for the release of the goods, the remitting bank shall be deemed to have authorised the collecting bank to do so.

ii. Where a collecting bank on the instructions of the remitting bank or in terms of sub−Article 10(e)i, arranges for the release of the goods, the remitting bank shall indemnify such collecting bank for all damages and expenses incurred.

Art. 11 Disclaimer For Acts of an Instructed Party

a. Banks utilising the services of another bank or other banks for the purpose of giving effect to the instructions of the principal, do so for the account and at the risk of such principal.

b. Banks assume no liability or responsibility should the instructions they transmit not be carried out, even if they have themselves taken the initiative in the choice of such other bank(s).

c. A party instructing another party to perform services shall be bound by and liable to

b. 은행은 화환추심과 관계되는 물품에 대하여 물품의 보관, 부보를 포함한 어떠한 조치도 취할 의무가 없으며, 그러한 조치를 취하도록 지시를 받은 경우에도 그러하다.
은행이 그러한 조치를 취하기로 동의한다면, 동의한 때에 동의한 한도까지만 그러한 조치를 취한다.
제1조 c항의 규정에도 불구하고 이 규칙은 추심은행에 의한 모든 특정통지를 하지 않은 경우에도 적용된다.

c. 그럼에도 불구하고, 은행이 지시를 받았든 받지 않았든, 그 물품의 보호를 위해 조치를 취한 경우에는 그 결과 및/또는 물품의 상태 및/또는 물품의 보관 및/또는 보호를 위임받은 모든 제3자 측의 모든 작위 및/또는 부작위에 관하여 어떠한 의무나 책임도 지지 아니한다. 그러나 추심은행은 취한 조치에 대하여 신속하게 추심지시를 송부한 은행에게 통지해야 한다.

d. 물품을 보호하기 위해 취해진 조치와 관련하여 은행에게 발생한 모든 수수료 및/또는 비용은 추심을 송부한 당사자의 부담으로 한다.

e. i. 제10조 a항의 규정에도 불구하고, 물품이 추심은행 또는 추심은행의 지시인에게 탁송되고, 지급인이 추심에 대해 지급, 인수, 또는 기타 조건을 충족시켰으며, 추심은행이 물품의 인도를 주선하는 경우에는, 추심의뢰은행이 추심은행에게 그렇게 하도록 수권한 것으로 간주된다.

ii. 추심은행이 추심의뢰은행의 지시에 의거하여 또는 제10조 e항 i호와 관련하여 물품의 인도를 주선하는 경우에는 추심의뢰은행은 그 추심은행에게 발생한 모든 피해와 비용을 배상해야 한다.

제11조 지시받은 당사자의 행위에 대한 면책

a. 추심의뢰인의 지시를 이행하기 위하여 다른 은행의 편의를 이용하는 은행은 그 추심의뢰인의 비용과 위험부담으로 이를 행한다.

b. 은행은 은행 자신이 그러한 다른 은행(들)의 선택을 주도한 경우에도 은행이 전달한 지시가 이행되지 않은 경우에 의무나 책임을 지지 아니한다.

c. 다른 당사자에게 편의를 이행하도록 지시하는 당사자는 외국 법률과 관행으로 부과되는 모든 의무

indemnify the instructed party against all obligations and responsibilities imposed by foreign laws and usages.	와 책임을 져야 하며, 또 이에 대하여 지시받은 당사자에게 배상하여야 한다.
Art. 12 Disclaimer on Documents Received a. Banks must determine that the documents received appear to be as listed in the collection instruction and must advise by telecommunication or, if that is not possible, by other expeditious means, without delay, the party from whom the collection instruction was received of any documents missing, or found to be other than listed. Banks have no further obligation in this respect.	**제12조 접수받은 서류에 대한 면책** a. 은행은 접수된 서류가 추심지시서에 열거된 것으로서 보이는지를 결정하여야 하며, 누락되거나 열거된 것과 다른 모든 서류들에 대하여 신속하게 전신으로, 이것이 불가능하면 기타 신속한 수단으로 지체없이 추심지시서를 송부한 당사자에게 통지해야 한다. 은행은 이와 관련하여 더 이상의 의무가 없다.
b. If the documents do not appear to be listed, the remitting bank shall be precluded from disputing the type and number of documents received by the collecting bank.	b. 만일 서류가 열거된 것과 다르게 보이는 경우, 추심의뢰은행은 추심은행에 의해 접수된 서류의 종류와 부수에 대하여 반박할 수 없다.
c. Subject to sub−Article 5(c) and sub−Article 12(a) and 12(b) above, banks will present documents as received without further examination.	c. 제5조 c항 그리고 제12조 a항과 제12조 b항을 조건으로, 은행은 더 이상 심사하지 않고 접수된 대로 서류를 제시한다.
Art. 13 Disclaimer on Effectiveness of Documents Banks assume no liability or responsibility for the form, sufficiency, accuracy, genuineness, falsification or legal effect of any document(s), or for the general and/or particular conditions stipulated in the document(s) or superimposed thereon; nor do they assume any liability or responsibility for the description, quantity, weight, quality, condition, packing, delivery, value or existence of the goods represented by any document(s), or for the good faith or acts and/or omissions, solvency, performance or standing of the consignors, the carriers, the forwarders, the consignees or the insurers of the goods, or any other person whomsoever.	**제13조 서류의 유효성에 대한 면책** 은행은 서류의 형식, 충분성, 정확성, 진정성, 허위성 또는 법적 효력에 대하여, 서류에 규정되거나 첨가된 일반적 조건 및/또는 특정조건에 대하여 어떠한 의무나 책임도 지지 아니한다. 또한 은행은 서류에 의해 표시되는 물품의 명세, 양, 무게, 품질, 상태, 포장, 인도, 가격, 또는 존재에 대하여, 또는 물품의 탁송인, 운송인, 운송주선인, 수하인, 또는 보험자, 또는 다른 모든 사람의 신의성실, 작위 및 또는 부작위, 파산, 이행 또는 지위에 대하여 어떠한 의무나 책임도 지지 아니한다.
Art. 14 Disclaimer on Delays, Loss in Transit and Translation a. Banks assume no liability or responsibility for the consequences arising out of delay and/or loss in transit of any message(s), letter(s) or document(s), or for delay, mutilation or other error(s) arising in transmission of any telecommunication or for error(s) in translation and/or interpretation of technical terms. b. Banks will not be liable or responsible for any delays resulting from the need to obtain clarification of any instructions received.	**제14조 송달중의 지연, 분실 및 번역에 대한 면책** a. 은행은 모든 통보, 서신, 또는 서류의 송달중의 지연 및/또는 멸실로 인하여 발생하는 결과, 또는 모든 전기통신의 송신 중에 발생하는 지연, 훼손 또는 기타의 오류, 또는 전문용어의 번역이나 해석상의 오류에 대하여 어떠한 의무나 책임도 지지 아니한다. b. 은행은 접수된 지시의 설명을 취득할 필요에서 기인하는 모든 지연에 대해서 책임을 지지 아니한다.
Art. 15 Force Majeure Banks assume no liability or responsibility for consequences arising out of the interruption of their business by Acts of God, riots, civil	**제15조 불가항력** 은행은 천재, 소요, 폭동, 반란, 전쟁 또는 기타 불가항력의 사유 또는 동맹파업이나 직장폐쇄로 인해 발생하는 결과에 대하여 어떠한 의무나 책임도 지지 아

commotions, wars, or any other causes beyond their control or by strikes or lockouts.	니한다.

E. Payment	E. 지급

Art. 16 Payment Without Delay	제16조 지연 없는 지급
a. Amounts collected (less charges and/or disbursements and/or expenses where applicable) must be made available without delay to the party from whom the collection instruction was received in accordance with the terms and conditions of the collection instruction.	a. 추심된 금액은(해당되는 경우 수수료 및/또는 지출금 및/또는 비용을 공제하고) 추심지시서의 조건에 따라 추심지시서를 송부한 당사자에게 신속하게 지급되어야 한다.
b. Notwithstanding the provisions of sub-Article 1(c) and unless otherwise agreed, the collecting bank will effect payment of the amount collected in favour of the remitting bank only.	b. 제1조 c항의 규정에도 불구하고, 별도의 합의가 없는 경우에는 추심은행은 추심의뢰은행을 수혜자로 하여 추심금액의 지급을 이행한다.

Art. 17 Payment in Local Currency	제17조 내국통화로 지급
In the case of documents payable in the currency of the country of payment (local currency), the presenting bank must, unless otherwise instructed in the collection instruction, release the documents to the drawee against payment in local currency only if such currency is immediately available for disposal in the manner specified in the collection instruction.	지급국가의 통화 (내국통화)로 지급하도록 한 서류의 경우에는, 제시은행은 추심지시서에 별도의 지시가 없는 한, 내국통화가 추심지시서에 명시된 방법으로 즉시 처분할 수 있는 경우에만 현지화에 의한 지급을 받고 지급인에게 서류를 인도해야 한다.

Art. 18 Payment in Foreign Currency	제18조 외국통화로 지급
In the case of documents payable in a currency other than that of the country of payment (foreign currency), the presenting bank must, unless otherwise instructed in the collection instruction, release the document to the drawee against payment in the designated foreign currency only if such foreign currency can immediately be remitted in accordance with the instructions given in the collection instruction.	지급국가의 통화 이외의 통화(외국통화)로 지급하도록 한 서류의 경우에는, 제시은행은 추심지시서에 별도의 지시가 없는 한, 그 외국통화가 추심지시서의 지시에 따라 즉시 송금될 수 있는 경우에 한하여 그 외국통화에 의한 지급을 받고 지급인에게 서류를 인도해야 한다.

Art. 19 Partial Payments	제19조 분할지급
a. In respect of clean collection, partial payments may be accepted if and to the extent to which and on the conditions on which partial payments are authorised by the law in force in the place of payment. The financial document(s) will be released to the drawee only when full payment thereof has been received.	a. 무화환추심에 있어서 분할지급은 지급지의 유효한 법률에 의하여 허용되는 경우에 그 허용되는 범위와 조건에 따라 인정될 수 있다. 금융서류는 지급전액이 수령되었을 때에만 지급인에게 인도된다.
b. In respect of documentary collection, partial payments will only be accepted if specifically authorised in the collection instruction. However, unless otherwise instructed, the presenting bank will release the documents to the drawee only after full payment has been received, and the presenting bank will not be responsible for any consequences arising out of any delay in the	b. 화환추심에 있어서 분할지급은 추심지시서에서 특별히 허용된 경우에만 인정된다. 그러나 별도의 지시가 없는 한, 제시은행은 지급전액을 수령한 후에 한하여 서류를 지급인에게 인도하며, 제시은행은 서류인도의 지연에 따르는 어떠한 결과에 대해서도 책임을 지지 아니한다.

delivery of documents.

c. In all cases partial payments will be accepted only subject to compliance with the provision of either Article 17 or Article 18 as appropriate. Partial payment, if accepted, will be dealt with in accordance with the provisions of Article 16.

c. 모든 경우에 있어서 분할지급은 제17조 또는 제18조의 해당되는 규정에 따라서만 허용된다. 분할지급이 허용되는 경우 제16조의 규정에 따라 취급된다.

F. Interest, Charges and Expenses

Art. 20 Interest

a. If the collection instruction specifies that interest is to be collected and the drawee refuses to pay such interest, the presenting bank may deliver the document(s) against payment or acceptance or on other terms and conditions as the case may be, without collecting such interest, unless sub−Article 20(c) applies.

b. Where such interest is to be collected, the collection instruction must specify the rate of interest, interest period and basis of calculation.

c. Where the collection instruction expressly states that interest may not be waived and the drawee refuses to pay such interest the presenting bank will not deliver documents and will not be responsible for any consequences arising out of any delay in the delivery of document(s). When payment of interest has been refused, the presenting bank must inform by telecommunication or, if that is not possible, by other expeditious means without delay the bank from which the collection instruction was received.

F. 이자, 수수료 및 비용

제20조 이자

a. 추심지시서에서 이자가 추심되어야 함을 명시하고 지급인이 그 이자의 지급을 거절할 경우에는 제20조 c항에 해당되지 아니하는 한 제시은행은 그 이자를 추심하지 아니하고 서류를, 경우에 따라, 지급인도 또는 인수인도, 또는 기타의 조건으로 인도할 수 있다.

b. 그러한 이자가 추심되어야 하는 경우, 추심지시서에는 이자율, 이자기간 및 계산방법을 명시하여야 한다.

c. 추심지시서가 이자는 면제될 수 없음을 확실하게 명기하고, 지급인이 그러한 이자의 지급을 거절하는 경우, 제시은행은 서류를 인도하지 아니하며, 서류인도의 지연에 따르는 모든 결과에 대해서 책임을 지지 아니한다. 이자의 지급이 거절되었을 때, 제시은행은 전신, 또는 이것이 불가능한 경우 기타 신속한 수단으로 지체없이 추심지시서를 송부한 은행에게 통보해야 한다.

Art. 21 Charges and Expenses

a. If the collection instruction specifies that collection charges and/or expenses are to be for account of the drawee and the drawee refuse to pay them, the presenting bank may deliver the document(s) against payment or acceptance or on other terms and conditions as the case may be, without collecting charges and/or expenses, unless sub−Article 21(b) applies.
Whenever collection charges and/or expenses are so waived they will be for the account of the party from whom the collection was received and may be deducted from the proceeds.

b. Where the collection instruction expressly states that charges and/or expenses may not be waived and the drawee refuses to pay such charges and/or expenses, the presenting bank will not deliver documents and will not be responsible for any consequences arising out of any delay in the delivery of the document(s).

제21조 수수료와 비용

a. 추심지시서에 추심수수료 및/또는 비용은 지급인의 부담으로 하도록 명시하고 있으나 그 지급인이 이것의 지급을 거절한다면, 제시은행은 제21조 b항에 해당하지 아니하는 한 수수료 및/또는 비용을 추심하지 아니하고 서류를, 경우에 따라, 지급인도, 인수인도, 또는 기타 조건으로 인도할 수 있다.
이와 같이 추심수수료 및/또는 비용이 포기되는 경우에는 언제나, 추심을 송부한 당사자의 부담으로 하며 추심대금에서 공제될 수 있다.

b. 추심지시서에서 수수료 및/또는 비용은 면제되어서는 안 된다는 것을 확실하게 명기하고 지급인이 이의 지급을 거절하는 경우, 제시은행은 서류를 인도하지 아니하며 서류인도의 지연에 따르는 모든 결과에 대해서 책임을 지지 아니한다. 추심수수료 및/또는 비용의 지급이 거절되었을 때 제시은행은 반드시 전신, 또는 이것이 불가능한 경우

When payment of collection charges and/or expenses has been refused the presenting bank must inform by telecommunication or, if that is nit possible, by other expeditious means without delay the bank from which the collection instruction was received.

c. In all cases where in the express terms of a collection instruction or under these Rules, disbursements and/or expenses and/or collection charges are to be borne by the principal, the collecting bank(s) shall be entitled to recover promptly outlays in respect of disbursements, expenses and charges from the bank from which the collection instruction was received, and the remitting bank shall be entitled to recover promptly from the principal any amount so paid out by it, together with its own disbursements, expenses and charges, regardless of the fate of the collection.

d. Banks reserve the right to demand payment of charges and/or expenses in advance from the party from whom the collection instruction was received, to cover costs in attempting to carry out any instructions, and pending receipt of such payment also reserve the right not to carry out such instructions.

기타 신속한 수단으로 지체없이 추심지시서를 송부한 은행에게 통보하여야 한다.

c. 추심지시서의 명시된 조건에서 또는 이 규칙에 따라 지출금 및/또는 비용 및/또는 추심수수료를 추심의뢰인의 부담으로 하는 모든 경우에 있어서 추심은행은 지출금, 비용, 수수료와 관련한 지출경비를 추심지시서를 송부한 은행으로부터 즉시 회수할 권리가 있다. 또 추심의뢰은행은 추심의 결과에 관계없이, 자신이 이렇게 지급한 모든 금액과 자신의 지출금, 비용 및 수수료를 추심의뢰인으로부터 즉시 회수할 권리가 있다.

d. 은행은 모든 지시를 이행하려고 시도하는 데 있어서의 경비를 충당하기 위하여 수수료 및/또는 비용의 사전지급을 추심지시서를 송부한 당사자에게 요구할 권리를 보유하며, 그 지급을 받을 때까지 그러한 지시를 이행하지 아니 할 권리를 보유한다.

G. Other Provisions

Art. 22 Acceptance
The presenting bank is responsible for seeing that the form of the acceptance of a bill of exchange appears to be completed and correct, but is not responsible for the genuineness of any signature or for the authority of any signatory to sign the acceptance.

Art 23. Promissory Notes and Other Instruments
The presenting bank is not responsible for the genuineness of any signature or for the authority of any signatory to sign a promissory note, receipt, or other instruments.

Art. 24 Protest
The collection instruction should give specific instructions regarding protest (or other legal process in lieu thereof), in the event of non-payment or non-acceptance.

In the absence of such specific instructions, the banks concerned with the collection have no obligation to have the document(s) protested (or subjected to other legal process in lieu thereof) for non-payment or non-acceptance.

G. 기타 조항

제22조 인수
제시은행은 환어음의 인수형식이 완전하고 정확하게 보이는지를 확인해야 할 책임이 있다. 그러나 제시은행은 모든 서명의 진정성이나 인수의 서명을 한 모든 서명인의 권한에 대하여 책임을 지지 아니한다.

제23조 약속어음과 기타증서
제시은행은 모든 서명의 진정성 또는 약속어음, 영수증, 또는 기타 증서에 서명을 한 모든 서명인의 권한에 대하여 책임을 지지 아니한다.

제24조 지급거절증서
추심지시서에는, 인수거절 또는 지급거절의 경우, 거절증서(또는 이에 갈음하는 기타 법적절차)에 관한 구체적인 지시를 주어야 한다.

그러한 별도의 지시가 없는 경우, 추심에 관여하는 은행은 지급거절 또는 인수거절에 대하여 서류의 거절증서를 작성할(또는 이를 대신하는 법적절차가 취해지도록 할) 의무를 지지 아니한다.

Any charges and/or expenses incurred by banks in connection with such protest, or other legal process, will be for the account of the party from whom the collection instruction was received.	그러한 거절증서 또는 기타 법적절차와 관련하여 은 행에서 발생하는 모든 수수료 및/또는 비용은 추심지 시서를 송부한 당사자의 부담으로 한다.
Art. 25 Case-of-Need If the principal nominates a representative to act as case-of-need in the event of non-payment and/or non-acceptance the collection instruction should clearly and fully indicate the powers of such case-of-need. In the absence of such indication banks will not accept any instructions from the case-of-need.	**제25조 추심도우미** 만일 추심의뢰인이, 인수거절 및/또는 지급거절의 경 우 추심참고인으로서 행동할 도우미를 지명하는 경우 에는, 추심지시서에 그러한 추심도우미의 권한을 명 확하고 완전하게 기재하여야 한다. 그러한 지시가 없 는 경우에는 은행은 추심도우미로부터의 어떠한 지시 에도 응하지 아니한다.
Art. 26 Advices Collecting banks are to advise fate in accordance with the following rules: a. Form of Advice 　All advices or information from the collecting bank to the bank from which the collection instruction was received, must bear appropriate details including, in all cases, the latter bank's reference as stated in the collection instruction. b. Method of Advice 　It shall be the responsibility of the remitting bank to instruct the collecting bank regarding the method by which the advices detailed in (c)i, (c)ii and (c)iii are to be given. In the absence of such instructions, the collecting bank will send the relative advices by the method of its choice at the expense of the bank from which the collection instruction was received. c. i. Advice of Payment 　The collecting bank must send without delay advice of payment to the bank from which the collection instruction was received, detailing the amount or amounts collected, charges and/or disbursements and/or expenses deducted, where appropriate, and method of disposal of the funds. ii. Advice of Acceptance 　The collecting bank must send without delay advice of acceptance to the bank om which the collection instruction was received. iii. Advice of Non-Payment and/or Non-Acceptance 　The presenting bank should endeavour to ascertain the reasons for non-payment and/or advice of non-acceptance and advise accordingly, without delay, the bank from which it received the collection instruction. 　The presenting bank must send without	**제26조 통지** 추심은행은 다음과 같은 규칙에 따라 추심결과를 통 지하여야 한다. a. 통지의 형식 　추심은행이 추심지시서를 송부한 은행으로 보내는 모든 지시 또는 정보에는 항상 추심지시서에 언급 된 은행참조번호를 포함한 적절한 명세를 기재하 여야 한다. b. 통지의 방법 　추심의뢰은행은 추심은행에게 c항 1호, c항 2호 및 c항 3호에 상술된 통지를 주는 방법에 대해 지시 해야 할 의무가 있다. 　그러한 지시가 없는 경우에는, 추심은행은 자신이 선택한 방법으로 추심지시서를 송부한 은행의 부 담으로 관련통지를 보낸다. c. i. 지급통지 　추심은행은 추심의뢰서를 송부한 은행에게 추심 한 금액, 해당되는 경우 공제한 수수료 및/또는 지출금 및/또는 비용 및 그 자금의 처분방법을 상술한 지급통지를 지체없이 보내야 한다. ii. 인수통지 　추심은행은 추심의뢰서를 송부한 은행으로 인수 의 통지를 지체없이 보내야 한다. iii. 지급거절 또는 인수거절의 통지 　제시은행은 지급거절 또는 인수거절의 사유를 확인하기 위하여 노력하고 그 결과를 추심지시서 를 송부한 은행에게 지체없이 통보하여야 한다. 　제시은행은 지급거절 또는 인수거절의 통보를

delay advice of non−payment and/or advice of non−acceptance to the bank from which it received the collection instruction.

On receipt of such advice the remitting bank must give appropriate instructions as to the further handling of the documents. If such instructions are not received by the presenting bank within 60 days after its advice of non−payment and/or non−acceptance, the documents may be returned to the bank from which the collection instruction was received without any further responsibility on the part of the presenting bank. (End)

지체없이 추심지시서를 송부한 은행으로 보내야 한다.

추심의뢰은행은 그러한 통보를 받은 때에는 향후의 서류취급에 대한 적절한 지시를 주어야 한다. 만일 그러한 지시가 지급거절 또는 인수거절을 통지한 후 60일 이내에 제시은행에 의해 접수되지 않는 경우에는 서류는 제시은행 측에 더 이상의 책임 없이 추심지시서를 송부한 은행으로 반송될 수 있다. (끝)

Adodo, Ebenezer (2009) "Establishing Purchase of Documents under a Negotiation Letter of Credit". *Sing. J. Legal Stud.*: 618–645.

Adodo, Ebenezer (2014) *Letters of Credit: The Law and Practice of Compliance*. Oxford University Press, Oxford, U.K.

Affaki, George and Goode, Roy (2011) *Guide to ICC Uniform Rules for Demand Guarantees URDG 758*. ICC Services Publications, Paris, France.

Bertrams, Roeland F. (2013) *Bank Guarantees in International Trade*, 4th ed. Kluwer Law International, Hague, Netherlands.

Bishop, Eric (2006) *Finance of International Trade*. Elsevier, Oxford, USA.

Byrne, James E. (2000) *ISP98 & UCP 500 Compared*. Institute of International Banking Law & Practice, Montgomery, USA.

Carr, Indira (2010) *International Trade Law*, 4th ed. Routledge–Cavendish, Abingdon, U.K.

Chow, Daniel C.K. and Schoenbaum, Thomas J. (2010) *International Business Transactions: Problems, Cases, and Materials*, 2nd ed. Wolters Kluwer, New York, USA.

Collyer, Gary (2007) *The Guide to Documentary Credits*, 3rd ed. ifs School of Finance, Cantebury, U.K..

Collyer, Gary (2017) *Guide to Documentary Credits*, 5th ed. London Institute of Banking & Finance, Cantebury, U.K.

Davidson, Alan (2003) "Fraud; the Prime Exception to the Autonomy Principle in Letters of Credit". *Int'l. Trade & Bus. L. Ann.* 23: 23–55.

Donnelly, Michele (2010) *Certificate in International Trade and Finance*. ifs School of Finance, Cantebury, U.K.

Egger, Peter and Uri, Thomas (2006) "Public Export Credit Guarantees and Foreign Trade Structure: Evidence from Austria". *World Economy* 29(4): 399–418.

Folsom, Ralph H., et al. (2012) *International Business Transactions: A Problem–Oriented Coursebook*, 11th ed. Thomson Reuters, St. Paul, USA.

Folsom, Ralph H., et al. (2016) *International Business Transactions in a Nutshell*, 10th ed. West Academic, St. Paul, USA.

Goode, Roy (1995) *Guide to the ICC Uniform Rules for Demand Guarantees*. ICC Publication

No. 510, PAris, France.

Grath, Anders (2014) *The Handbook of International Trade and Finance*, 3rd ed., Kogan Page, London, U.K.

Hennah, David J. (2013) *The ICC Guide to the Uniform Rules for Bank Payment Obligations*. ICC Publication No. 751E, Paris, France.

ICC (2007) *Commentary on UCP 600*. ICC Publication No. 680, Paris, France.

Jimenez, Guillermo C. (2012) *ICC Guide to Export/Import: Global Standards for International Trade*, 4th ed. ICC Publication No. 686, Paris, France.

Kurkela, Matti S. (2008) *Letters of Credit and Bank Guarantee under International Trade Law*, 2nd ed. Oxford University Press, New York, USA.

Kim, Sang Man (2019) "The Fraud Exception in a Documentary Credit (or Letter of Credit) under Korean Law". *Banking Law Journal* 136(10): 587−612.

Kim, Sang Man (2020) Payment Methods and Finance for International Trade, Springer, Singapore.

Meral, Nevin (2012) "The Fraud Exception in Documentary Credits: A Global Analysis". *Ankara Bar Review* 12: 39-76.

Murray, Carole, et al. (2010) *Schmitthoff's Export Trade: The Law and Practice of International Trade*, 11th ed. Thomson Reuters, London, U.K.

OECD (2011) *Smart Rules for Fair Trade: 50 Years of Export Credits*. OECD Publishing.

Palmer, Howard (1999) *International Trade and Pre−export Finance*, 2nd ed. Euromoney, London, U.K.

Ray, John E. (1996) *Managing Official Export Credits: The Quest for a Global Regime*. Institute for International Economics, Washington D.C., USA.

Seyoum, Belay (2009) *Export−Import Theory, Practices, and Procedures*, 2nd ed. Routledge, New York, USA.

Stephens, Malcolm (1999) *The Changing Role of Export Credit Agencies*. IMF Washington, Washington D.C., USA.

US Commercial Services (2015) *A Basic Guide to Exporting*, 11th ed. US Commercial Services, Washington D.C., USA.

US Department of Commerce/International Trade Administration (2012) *Trade Finance Guide: A Quick Reference for US Exporters*. US Department of Commerce, Washington D.C., USA.

Venedikian, Harry M. and Warfield, Gerald A. (1996) *Export−Import Financing*, 4th ed. John Wiley & Sons, Hoboken, USA.

Willsher, Richard (1995) *Export Finance: Risks, Structures and Documentation*. Macmillan Press, Basingstoke, U.K..

Wood, Phillip (2008) *Law and Practice of International Finance*. Thomson Reuters, London, U.K

Xiang Gao (2002) *The Fraud Rule in the Law of Letters of Credit*. Kluwer Law International, Hague, Netherlands.

Xiang Gao (2007) "The Fraud Rule in Law of Letters of Credit in the P.R.C.". *Int'l. Law.* 41(4): 1067–1090.

찾아보기

저자약력

김상만
고려대학교 법과대학(법학과)
고려대학교 법무대학원(법학석사/국제거래법 전공)
미국 University of Minnesota Law School(법학석사)
고려대학교 대학원(법학박사/상법 전공)
한국무역보험공사 팀장
경남대학교 경제무역학부 조교수
사법시험·변호사시험·행정고시·공무원시험 위원
대한상사중재원 중재인/조정인
현) 덕성여자대학교 국제통상학과 교수
　　미국 뉴욕주 변호사

[주요 국내외저서]

Payment Methods and Finance for International Trade(Springer)
A Guide to Financing Mechanisms in International Business Transactions(Cambridge Scholars Publishing)
국제거래법 제3판(박영사)
무역계약론(박영사)
Payment Methods in International Trade(Dunam)
실무중심 무역영어 개정2판(두남)
국제물품매매계약에 관한 유엔협약(CISG) 해설(한국학술정보)

[International Articles]

- Export Credit Guarantee and Prohibited Subsidies under the SCM Agreement (Journal of World Trade, Wolters Kluwer, 2020)
- Australia – Anti-Dumping Measures on A4 Copy Paper, DS529 (World Trade Review, Cambridge University Press, 2020)
- Negotiating Bank in a Documentary Credit(The Banking Law Journal, LexisNexis, 2021)
- The Fraud Exception in a Documentary Credit under Korean Law (The Banking Law Journal, LexisNexis, 2019)
- Case Study on Fraud in Export Credit Insurance for Export Financing against Account Receivables (Global Trade and Customs Journal, Wolters Kluwer, 2019)
- Can a Change of Circumstances Qualify as an Impediment under Article 79 of the CISG (Chinese Journal of International Law, Oxford Academic Press, 2019)
- Flag of Convenience in the Context of the OECD BEPS Package (Journal of Maritime Law and Commerce, Jefferson Law Book Co., 2018)
- Use of Zeroing in the W-T Comparison Methodology and Targeted Dumping (United States – Anti-dumping Measures on Large Residential Washers from Korea (DS464)) (Journal of Korea Trade, Emerald, 2017)
- The Legal Effect of the Unknown Clause in a Bill of Lading under the International Rules (North Carolina Journal of International Law, University of North Carolina, 2016)

핵심무역결제론

초판발행   2021년 1월 10일

지은이   김상만
펴낸이   안종만 · 안상준

편 집   전채린
기획/마케팅   김한유
표지디자인   박현정
제 작   고철민 · 조영환

펴낸곳   (주) 박영사
              서울특별시 금천구 가산디지털2로 53, 210호(가산동, 한라시그마밸리)
              등록   1959. 3. 11. 제300-1959-1호(倫)

전 화   02)733-6771
f a x   02)736-4818
e-mail   pys@pybook.co.kr
homepage   www.pybook.co.kr
ISBN   979-11-303-1164-7   93320

정 가   20,000원